ARKANA

Buch

Der kabbalistische Gebrauch der Zahl ist ein einfaches und klares System, durch die Analyse des Geburtstags und des Namens zu einer tieferen Einsicht in das menschliche Wesen zu kommen. Zudem ermöglicht die Deutung historischer Daten, Aufschluss über den Rhythmus der Geschichte zu erhalten. Sofos gibt eine leicht verständliche und den Erfordernissen des 21. Jahrhunderts gemäße Anleitung zur praktischen Anwendung der kabbalistischen Analyse. Er stützt sich dabei auf das klangorientierte Umrechnungssystem von Sprache in Zahlen, das der Okkultist Cheiro in seinem Buch der Zahlen überliefert hat und das den alten Chaldäern und Hebräern zugeschrieben wird. Zahlreiche Deutungsbeispiele helfen dem Leser, den eigenen Lebensrhythmus zu erforschen und seine persönliche Schicksalsanalyse durchzuführen.

Autor

Sofos wurde 1957 in Österreich geboren. Er ist freier Journalist und lebt mit seiner Familie an der Küste Südenglands. Inspiriert von André van Lysebeths Werk über Hatha Yoga, erlernte er transzendentale Meditationstechniken. 1978 begann er mit zahlenphilosophischen Experimenten und vertiefte sich in die Kunst des Tarot. 1984 promovierte er in Vergleichender Literaturwissenschaft. Darüber hinaus ließ er sich in Nord-Shaolin-Kung-Fu ausbilden und studierte Astrologie bei einem der führenden Astrologen Europas.

SOFOS
DIE ZAHL–
DEIN LEBEN

Eine Numerologie
des 21. Jahrhunderts

ARKANA

GOLDMANN

Umwelthinweis:
Alle bedruckten Materialien dieses Taschenbuches
sind chlorfrei und umweltschonend.

Originalausgabe Januar 2001
© 2001 Wilhelm Goldmann Verlag, München
in der Verlagsgruppe Random House GmbH
Umschlaggestaltung: Design Team München
Redaktion: Ralf Lay
Satz: DTP Service Apel, Hannover
Druck: Elsnerdruck, Berlin
Verlagsnummer: 21571
WL · Herstellung: Heidrun Nawrot
Made in Germany
ISBN 3-442-21571-4
www.goldmann-verlag.de

2. Auflage

Inhalt

Vorwort 7

Einleitung 15
  Zahlenmystik – ein finstererer Aberglaube? 15
  Zahlen in Aktion 27

Die Zahl des Charakters 47

Die Zahl des Namens 87
  Buchstabe und Zahlenwert 87
  Die 81 Grundcharaktere 92

Doppelzahlen 179

Die Zahl des Lebenswegs 211
  Die Berechnung des Lebenswegs 216
  Wie wird das Jahr? 228

Die Kunst der Deutung 235

Musterinterpretationen 243
  Der Tycoon 243
  Unternehmer und Manager 246
  Die Zahl der Kommunikation 252
  Die Tänzerin 255
  Politiker 258
  Ein Mörder und Literat 269
  Ingeborg Bachmanns Feuertod 272
  Eine zweigeteilte Frau 275

Experimente 285
  Wie wirke ich? 285

»Gute« und »schlechte« Zahlen 287
Den Namen ändern? 294
Zahlen und Zweierbeziehungen 299
Die Initialen eines Namens 301
Die Zahl des Todes 304

Schlusswort 309

Vorwort

*»Ich fürchte wohl, dass nicht alleine diese so genann-
ten Astrologen, sondern auch alle Magier, alle Theo-
sophen, alle Okkultisten und gegenwärtigen Kabbalisten absolut nichts wissen – die, die ich kenne, sind
zweifelsohne vollkommene, unwissende und unbe-
streitbare Dummköpfe.«*

(Der Astrologe Des Hermies in Joris K. Huysmans'
Roman *Tief unten*)

Noch ein Buch über Zahlen ...

Vielleicht haben Sie schon ein wenig Erfahrung gesammelt
im kabbalistischen Einsatz der Zahl zur Deutung von Charakter und Lebenslauf. Wenn Sie einmal in einem numerologischen Buch geblättert haben, ist die Chance jedenfalls
groß, dass es das ... falsche war. Wer sich die Mühe macht
(und ich habe es bei einer Anzahl von Werken zur Numerologie getan), die Deutungen auf Strich und Punkt an der
Wirklichkeit zu überprüfen, wird in den meisten Fällen weniger über den Wahrheitsgehalt der Prognosen als über die
interpretatorische Willkür der Autoren erstaunt sein. Genau deswegen ist dieses Buch notwendig.

Zusammengefasst gibt es zwei gravierende Gründe, warum fast alle vorliegenden Zahlenbücher unbrauchbar sind:
Erstens benutzen die Zahlenmystiker an zentraler Stelle
eine bestimmte Methode, die Ziffern des Geburtsdatums zu
addieren, um daraus eine wesentliche Deutungsmöglichkeit

von Schicksal und Charakter zu gewinnen. Leider funktioniert diese Vorgehensweise nicht.

Zweitens hängen die modernen Numerologen bis auf wenige Ausnahmen dem so genannten »pythagoreischen« System der Umrechnung von Buchstaben in Zahlen an. Ich werde noch darauf zu sprechen kommen, was man darunter versteht. So viel vorweg: Es ist nicht stichhaltig.

Das einzige angemessene Umrechnungssystem von Buchstaben in Zahlen hat meines Erachtens Cheiro (das Pseudonym eines normannischen Adeligen) in seinem Buch der Zahlen überliefert. Er kann seine Quellen nicht exakt benennen; kabbalistische Einflüsse sind aber unübersehbar (er spricht allgemein von Chaldäern und Hebräern). Wer noch Beachtung verdient, ist Herbert Reichstein (Praktisches Lehrbuch der Kabbala), der im Grunde dasselbe System verwendet und bisweilen zu verlässlichen Ergebnissen kommt; gegen ihn sprechen aber weltanschauliche Vorbehalte (auch dazu später mehr).

Ist die Zahlenmystik ein »harmloser Unsinn?«

Da wir einen angeborenen Sinn für Harmonie und Symmetrie haben, wird es wenig verwundern, dass ein auffälliges Datum wie der 9.9.1999 gesteigerte Aufmerksamkeit erhielt. Viele Paare heirateten an diesem Tag, hin und wieder bestärkt von amerikanischen »Zahlenhellsehern«. Eine Standesamtsleiterin in Wien bestätigte, dass sie in ihrer 20-jährigen Amtszeit noch nie so viele Eheschließungen auf einmal erlebt hatte. Allein in Wien gaben sich 173 Paare das Jawort – vier Mal mehr als sonst.

Die 9 steht tatsächlich für Energie, aber für kämpferische, und die ist in einer Ehe alles andere als harmlos oder gar förderlich. Wenn schon, dann sind ideale Hochzeitstage jene, die in der Ziffernsumme eine 6 ergeben (also der 6., 15. und 24. eines jeden Monats).

Während einer Zugfahrt saß einmal ein junger Rekrut in meinem Abteil, der nicht aufhören konnte, vom Militär zu schwärmen. Als mir die Jubelei schließlich auf die Nerven ging, fragte ich ihn, ob er an einem Tag geboren sei, dessen Ziffernsumme eine 9 ergäbe. Er dachte kurz nach und bejahte dann verblüfft. Als Erklärung sagte ich ihm nur: 9 ist die Zahl des Mars, des Krieges und der Aggression. Kämpferische Menschen sind häufig an einem 9er-Tag geboren. Das gilt auch für engagierte Frauen wie Simone de Beauvoir, Joan Baez, Irene Papas, Melina Mercouri, Mia Farrow, Margaret Atwood oder Yoko Ono. Die Liste ließe sich noch beträchtlich verlängern, zählte man jene Persönlichkeiten dazu, deren Namenszahl eine 9 ergibt (z. B. Ingeborg Bachmann, Luise Rinser oder Janis Joplin).

Von Cheiro aus weitergehen

Der bereits erwähnte Okkultist Cheiro überlieferte zwar das Werkzeug einer esoterischen Lehre zur Erforschung des eigenen Wesens und des Lebensrhythmus, allerdings verrät er im Buch der Zahlen (erschienen Anfang des 20. Jahrhunderts) nicht alle Anwendungen.

Zudem hat sich der »Lauf der Welt« im 20. Jahrhundert gravierend gewandelt. Die plutonische Kraft der Atomspaltung hat unser aller Schicksal nachhaltig beeinflusst. Der

Planet Pluto – Symbol für Macht, Transformation, Aufdeckung verborgener Inhalte – wurde erst im Jahre 1930 entdeckt. Es handelt sich bei ihm um eine archetypische Kraft mit kollektiven Auswirkungen.

Pluto kommt bei Cheiro natürlich noch nicht vor, weshalb es an der Zeit ist, eine gewisse Weiterentwicklung seiner Lehre vorzunehmen – sie soll in diesem Buch geleistet werden.

2000 – ein Jahr wie jedes andere?

In zahlreichen Interviews überschlugen sich »kritische«, »rationale« Menschen mit Beteuerungen, für sie sei der Jahreswechsel 1999/2000 nicht anders einzustufen als jede andere Jahreswende auch. Einfach belanglos. Von der Zahl 2000 gehe weder Magie noch Wirkung aus. Von ihrem Standpunkt aus haben sie natürlich Recht. Menschen, deren oberste Götter die Gene sind, deren Dasein ausschließlich vom Zufall bestimmt ist (so wie die gesamte Existenz des Universums), werden niemals daran denken, in ihrem Leben (ihrem Charakter) eine gewisse Gesetzmäßigkeit zu suchen, die über das rationale Vorstellungsvermögen hinausgeht. Dennoch existiert sie – man muss nur hinsehen wollen.

Numerologisch betrachtet stehen wir vor einer gewaltigen Wende. Das vorangegangene Jahrtausend begann mit der Zahl »1«, die für das Männliche (im Sinne von Yang) steht, für Schöpferkraft ebenso wie für Egoismus, für Autorität und Durchsetzungsfähigkeit ebenso wie für Abenteuerlust und Unruhe. Das letzte Jahrhundert erhält eine zusätzliche Färbung durch die Zahl 9 an zweiter Stelle, die eine Betonung des Willens hervorruft – und tatsächlich hat es den individuellen Willen angebetet wie keine Zeit zuvor. Große Leistungen sind daraus hervorgegangen, aber auch viel seelisches Leid, da nun selbst der »unbedeutendste« Mensch voll für sein Leben, sein Glück, sein Scheitern verantwortlich ist.

Das neue Jahrtausend steht nun unter dem Einfluss der »2«, und es wird völlig anders sein als das vorangegangene. Die Zahl 2 repräsentiert das Weibliche (im Sinne von Yin), Gefühle werden der Ratio als gleichwertig beigestellt werden, die Kunst erlebt einen Aufschwung und macht der Wissenschaft den Rang als einziges und alleiniges Erkenntnisinstrument streitig, unser materialistisch-hedonistisch-technisches Zeitalter wird weiter bestehen, jedoch eine stark idealistisch-romantische Note erhalten. Aber das ist noch in weiter Ferne.

Im Jahr 2000 spürte man noch nichts davon, da es gewissermaßen leer war (000). Für viele ist es das letzte Jahr des alten Jahrtausends (da es kein Jahr 0 gegeben hat). So mag man den Beginn des nächsten Millenniums bei 2001 ansetzen. Vermutlich wird das neue Jahrtausend noch lange orientierungslos »schwanken«, ehe es seine eigene Note erhält.

Das alte, männliche Prinzip der 1 wird nochmals eine späte Blüte ab dem Jahr 2100 erleben und ein Jahrhundert färben, ehe es ab 2200 für immer verschwindet – erst dann wird das »weibliche Jahrtausend« richtig begonnen haben. Was eigentlich schon rein faktisch Sinn macht, da Frauen den größeren Bevölkerungsanteil stellen und zudem länger leben.

Dabei reicht es nicht, einfach per Postulat das weibliche dem männlichen Geschlecht politisch oder wirtschaftlich gleichzustellen – solche kollektivistischen Forderungen gehen in der Praxis immer schief, in wettbewerbsorientierten Systemen wie Politik und Wirtschaft wird sich immer der Mensch mit der stärkeren marsischen Energie durchsetzen. Daher geht es vielmehr darum, Yin und Yang einander gleichzustellen – Frauen akzeptieren, dass auch sie aggressiv sind, Männer akzeptieren ihre Gefühle. Es gibt in der Welt der Erscheinungen nichts, was rein Yin oder rein Yang ist – alles Seiende ist eine Mischung aus (positiver) Elektrizität und (negativem) Magnetismus.

Typisch für unsere yangbetonte Kultur ist auch, dass in der westlichen Astrologie die Sonne eine absolut dominante Stellung einnimmt – als Sinnbild für die Ratio, den Vater, Autorität usw. In der indischen Astrologie erhält der Mond eine ebenso bevorzugte Stellung, als Prinzip der Kühlung und der Umverteilung der aggressiven Sonnenenergie (was kein Wunder ist in diesem heißen Land …). Ich wage zu prophezeien, dass wir in den kommenden Jahren einen großen Aufstieg der indischen (vedische) Astrologie, auch »Jyotish« genannt, erleben werden. Und dass wir uns von dem Irrglauben befreien werden, unser Leben vollkommen in Eigenregie gestalten zu können. Das Schicksal im Sinne von individueller Berufung (aber auch persönlicher Begrenzung) wird ebenfalls zu einem Thema der kommenden Jahre werden. Spätestens dann, wenn die Gentechniker öffentlich zugeben müssen, dass sie das Leben weder erschaffen noch verbessern können.

Bleiben Sie kritisch ...

Nicht zu übersehen ist das Wuchern von Sekten. Falsche Propheten sonder Zahl tauchen auf. Manche sind Scharlatane, die Mehrzahl der Blender einfach spirituelle Lehrlinge, die aus ihrem Interesse einen Beruf machen möchten und sich zu diesem Zweck als Meister ausgeben. Unmittelbar werden sie kaum großen Schaden anrichten, sie könnten aber viele Menschen enttäuschen, die ernstlich auf der Suche nach ihrem Selbst sind. Deswegen ist dieses Buch auch gegen jene falschen Propheten gerichtet, die Einsichten vortäuschen, die sie nicht haben.

Falls Sie mein Vorwort für ein spirituelles Buch seltsam kämpferisch anmutet, wo Sie vielleicht eher salbungsvolle Töne gewohnt sind, so kann ich Sie zu Ihrem wachen Geist nur beglückwünschen. Die hier vorgestellte Zahlenlehre setzt keinerlei Glauben voraus (auch nicht an Reinkarnation) und lässt sich rein rational einsetzen – wenn auch Zahlenmystik im Grunde eine magische Operation ist und bleibt. Gehen Sie mit kritischer Aufmerksamkeit an dieses Buch wie an alle esoterischen Lehren heran, und Sie werden Nutzen daraus ziehen, wenn Sie die vielfältigen und geheimnisvollen Rhythmen Ihres Lebens entdecken.

Einleitung

»Zahlen sind die in der Welt selbst präsente Form
der Weisheit Gottes,
die vom menschlichen Geist erkannt werden kann.«

(Augustinus)

Zahlenmystik – ein finsterer Aberglaube?

Wozu eine uralte Weisheitslehre propagieren im Zeitalter
der konsumierbaren Instant-Erleuchtung? Eine esoterische
Methode zur Charakter- und Schicksalsanalyse in einer
Zeit, in der die vollkommene genetische Steuerung des
Menschen diskutiert wird? In der extreme Feministinnen
behaupten, »Mann« und »Frau« existierten nur als gesell-
schaftliches Konstrukt? Abgesehen davon, dass die Alltags-
erfahrungen gegen eine solch radikale Annahme sprechen,
ist esoterisch gesehen ein »eingeschlechtliches« Universum
undenkbar: Wenn der Urgrund der Schöpfung, wenn das
Sein ins Dasein tritt, dann muss sich die Einheit teilen, in
Yin und Yang – ein unipolares Universum würde auf der
Stelle im Nichts verschwinden.

Ich glaube, dass es höchste Zeit ist, die alte Feindschaft
zwischen Vernunft und Intuition in den Mülleimer der Geschichte zu werfen. Eine Zivilisation, die auf Wissen und
Vernunft basiert, braucht sehr wohl Emotion, Intuition,
Mitleid, Liebe: Reiner Rationalismus führt zu Technokratie
und Faschismus; pure Wettbewerbswirtschaft schafft tiefe

Gräben zwischen Gewinnern und Verlierern; harter Materialismus stiftet weder Lebenssinn, noch vermag er die Unruhe unserer Herzen zu besänftigen oder uns die Angst vor dem Tod zu nehmen.

Der »alte« Gott, der uns unwissend und demütig halten wollte, ist für die meisten Menschen im Westen gestorben. Was bleibt? Auch die Vernunftapostel stehen vor einem schwarzen Loch: Warum existiert überhaupt etwas und nicht nichts? Was war vor dem Urknall? Woher kommt die kosmische Energie? Wozu und woher Evolution, was ist ihr Ziel? Warum wird sie mit »göttlicher« Macht versehen? Ich verstehe weder den Anfang noch das Ende meines Daseins, und schon ist es vorüber. Das Trio von Sex, Konsum und Karriere ist schön und gut – zu ihrer jeweiligen Zeit –, menschliches und spirituelles Wachstum fördern sie allein jedoch nicht. Und das spüren immer mehr Menschen …

Der Weg der Zahlen ist ein einfaches und klares System, durch die Analyse der Geburtsdaten und des Namens zu einer tieferen Einsicht in das menschliche Wesen zu kommen. In der Esoterik gilt uneingeschränkt der hermetische Satz (nach Hermes Trismegistos): Wie oben (im Himmel), so unten (auf Erden), wie außen (in der Natur) so innen (in der Seele). Eine vollkommene Wesensschau umschließt auch das Walten der Schöpfungskraft. Mit rein logischem Denken vermögen wir nicht hinter den Urknall zu dringen, aus dem unser Universum hervorgegangen sein soll. Der praktische Verstand sagt uns, dass vorher etwas gewesen sein muss. Sich auf die Laborwissenschaft zu berufen und Fragen solcher Art von vornherein als »unwissenschaftlich« zu diskreditieren ist für einen kritischen Geist genauso wenig annehmbar wie für ein unruhiges Herz.

Es kann auch nicht befriedigend sein, wie die Evolutionsbiologen ständig von Zufall zu sprechen. Wenn das Universum, die Erde, das Leben, der Mensch, die Intelligenz und die Liebe aus einer unwahrscheinlich langen Kette aus unwahrscheinlichen Zufällen entstanden ist, dann liegt für mich in dieser Erklärung wenig Erkenntniswert – schon gar nicht, wenn die Frage nach dem Ursprung verboten ist, weil sie auf diese Weise nicht beantwortet werden kann. Ein Beispiel: Der schon in jungen Jahren verehrte Schauspieler River Phoenix verstarb im Alter von 23 Jahren. Laut Zeitungsangaben erblickte er am 23. 8. 1970 in Oregon (USA) das Licht der Welt. In seinem Horoskop befindet sich der Mars auf 23 Grad Löwe und der Saturn auf 23 Grad Stier; diese Planeten bilden also ein Quadrat zueinander. Zum Zeitpunkt seines Todes stand am Himmel der Saturn auf 23 Grad Wassermann (im Quadrat zu seiner Geburtsstellung), wenige Tage zuvor war auch Pluto auf 23 Grad, im Skorpion. Eingeweihte Astrologen, die auf der Suche nach Konstellationen sind, die den Tod auslösen, wissen, dass sechs Tage vor der Geburt des Schauspielers eine Sonnenfinsternis war – auf 23 Grad Wassermann. Sind das nun lauter Zufälle? Für einen ernsthaft Suchenden, der nicht schon im Vorhinein auf alles eine Antwort weiß, sind solche faszinierenden Muster ein Hinweis auf eine verborgene Ordnung, die es zu erkennen gilt. Sogar stocknüchterne Mathematiker beurteilen eine neue Theorie danach, ob sie »schön« ist, »elegant« und »einfach«. Das Zusammenspiel zwischen Zahlenmystik und Astrologie kann natürlich kein Zufall sein, weil beide Systeme die gleiche Wirklichkeit beschreiben.

Tatsache ist jedenfalls, dass Menschen von Zahlen in den

Bann gezogen werden. Wir feiern runde Geburtstage besonders (man kann sich ein 26,3-jähriges Firmenjubiläum nicht ernsthaft als außergewöhnlichen Grund zum Feiern vorstellen). Runde Zahlen scheinen auf uns auch »größer« zu wirken – mit 29 fühlen Sie sich noch als jugendlich, mit 30 plötzlich schmerzhaft erwachsen. Kein Geschäftsmann bietet Waren in der Auslage um 100 Euro an, und wenn er zu dem »Kunstgriff« 99,90 Euro greifen muss … Philip Storck von der Erasmus-Universität in Rotterdam hat sogar herausgefunden, dass der Index der Aktienkurse ein abweichendes Verhalten aufweist, sobald er in die Nähe von ganzen 100er- oder 1000er-Zahlen kommt: Kurse, die längere Zeit gestiegen sind, scheinen plötzlich an einer unsichtbaren Mauer zu verharren, sobald sie an eine solche runde Zahl anstoßen.

Jeder Schritt auf dem Pfad der Erkenntnis, auch der kleinste, ist lohnend. Nur weil wir eine physisch-soziale Existenz haben mit all ihren Nöten und Freuden, müssen wir noch lange nicht jenes stille Sehnen nach *Erkennen und Erkanntwerden* zuschütten. Wer Rat und Antwort findet in den Lehren etablierter Religionen, mag damit zufrieden sein. Wer seine Existenz als rein gesellschaftliche sieht, mag seinen Lebenssinn auf Partys und in Klatschspalten erschöpfen. Wer aber einmal einen Tropfen der Quintessenz gekostet hat, kann nicht länger so weiterleben, als bestünde unser Leben nur aus Bankkonto und sozialer Anerkennung.

Persönlichkeit = Charakter + Umwelt

Dass nicht aus jedem Neugeborenen ein Schachgroßmeister, ein Olympiasieger, ein weltberühmter Schauspieler, ein charismatischer Politiker werden kann, ist eine Binsenweisheit. Die grundlegenden Anlagen eines Menschen sind sein »Schicksal« im zweifachen Sinn: Zum einen sind sie vorgegeben, ohne dass man Einfluss hätte nehmen können auf Art und Umfang seiner Fähigkeiten und seiner Vitalenergie (sowie des Milieus). Zum anderen sind Begabungen auch insofern Schicksal, als man ihnen gerecht werden muss, da nur das Erkennen und Leben des (angeborenen) Potenzials dem Dasein Sinn verleihen.

Wie viele Weisheitslehren ist die Kabbalistik dem Denken in Analogien verpflichtet. In modernere Worte gekleidet: Die Umstände und Anlagen, mit denen wir ins Leben treten, haben eine symbolische Entsprechung. Die Astrologen versuchen die »Qualität der Zeit« zu messen, indem sie die Konstellationen des gestirnten Himmels zum Zeitpunkt der Geburt fest halten. Genauso will der Kabbalist aus dem Namen eines Menschen dessen Lebensaufgabe (und vielleicht den Lebenslauf im Groben) deuten. *Wie* jemand mit den Kräften und Krisen seines Lebens umgehen wird, kann weder der Astrologe noch der Kabbalist vorhersagen; das ist das Ergebnis des freien Willens eines jeden Einzelnen. Auch wenn der Spielraum möglicherweise viel enger ist, als Mann und Frau sich das wünschen.

In der Psychologie geht man davon aus, dass die Persönlichkeit eines Menschen Resultat seiner frühkindlichen Konflikte und der späteren Reaktionen darauf ist. Tatsache ist aber ebenso, dass wir mit vorgefertigten Reaktionsmustern auf die Welt kommen. Die Psychologie fixiert sich im Grunde weitgehend auf ein primitives Reiz-Reaktions-Schema, das nur wenige Determinanten kennt:

Rollenzwang der Eltern, nicht genügend unterstützter Eigenwert, mangelnde Abgrenzung, gehemmte Durchsetzungsfähigkeit. In Wirklichkeit kommen wir jedoch nicht als unbeschriebenes Blatt auf die Welt; Erklärungen von intrauterinen Hormonschwankungen der werdenden Mutter sind zu dürftig, um daraus die Eigenart und seelischen Probleme eines Menschen zu begründen. Mittlerweile liegen genügend wissenschaftliche Beweise vor, die die uralte Weltsicht der Esoterik bestätigen, wonach der Charakter angeboren ist. Im Laufe der Jahre entwickeln wir eine Persönlichkeit, resultierend aus dem vorgegebenen Charakter (der eben unser Schicksal ist) und seinen Erfahrungen in der Umwelt (wie reagiert die Welt auf mich, ich auf sie?).

Natürlich genügen der Name und die Geburtszahlen nicht, um damit das Charakterbild eines Menschen vollständig anzufertigen; dazu bedarf es auch genauerer Kenntnisse seiner Lebensumstände (das gilt ebenso für die Astrologie). Denn es ist zweifelsohne ein Unterschied, in welcher Kultur jemand aufwächst, ob er in der Großstadt oder auf dem Land lebt, ob er liebevolle Eltern oder nur einen Schlafplatz in einem Heim hatte. Eine im 18. Jahrhundert geborene Frau mit »aggressiver Energie« hatte es zweifelsohne erheblich schwerer als heute, wo der feministische Diskurs es geradezu fordert, dass Frauen ihre venusischen Anlagen verdrängen und stattdessen die marsischen fördern. Solche zusätzlichen Details sind weder aus dem Namen noch den Geburtsdaten, auch nicht aus dem Horoskop zu deuten.

Dennoch kann der Kabbalist erkennen, dass ein Kind mit der beherrschenden Zahl 1 auf Konflikte oder Verbote mit Resistenz reagiert, während ein 9er-Kind sich eher dem Zorn zuneigen wird und eines mit der dominanten Zahl 4 durch seine Unbekümmertheit, ja Ungeniertheit und Selbstständigkeit auffällt. Ein 6er-Kind wird kooperationswillig sein, ein junger 8er-Mensch schon eine gewisse Sturheit erkennen lassen.

Die kabbalistische Namensforschung kann zeigen, welche grundlegenden Eigentümlichkeiten einen Menschen prägen und in welchen Rhythmen sein Leben verläuft. Natürlich kann niemand davon abgehalten werden, wider seine Natur zu leben bzw. unter seinen Möglichkeiten zu bleiben. Wenn ein sensibler Jüngling, dessen Talente sich laut Zahlenphilosophie am besten im Rahmen einer Beziehung entwickeln, sich in einem Kreis von Abenteurern bewegt, wird er vielleicht jedes Ansinnen in Richtung Familie entrüstet zurückweisen. Möglicherweise hört besagter Mensch früher oder später auf seine innere Stimme. Wenn nicht, wird ihm das »Schicksal« aller Voraussicht nach einige Schläge versetzen. So lange, bis er »begriffen« hat.

»Schicksal« ist nicht das Walten eines fernen, unerkennbaren Weltenlenkers, der finster im Buch der Menschen blättert. Es ist einfach unser Wesen, das sich Gehör verschafft. Die genetische Veranlagung, das Milieu, fehlendes Urvertrauen, der Zeitgeist – dieser Rahmen vermag in der Regel niemand zu sprengen, aber nach bestem Wissen und nach Kräften auszufüllen. Allerdings gibt es seltene Ausnahmeerscheinungen, die sich weit über die Bedingungen ihres Daseins hinwegzusetzen vermögen. Aber dazu ist ein Übermaß an Energie notwendig, das weder im Namen noch im Geburtstag, noch im Horoskop abzulesen ist. Die Chinesen nennen es »ein Geschenk des Himmels«.

Was im Folgenden vorgestellt wird, ist eine Deutung von Zahl und Namen. Diese Anschauung reicht sehr weit in die Geschichte der Menschheit zurück. Grundsätzlich beruht sie wie gesagt auf einem Denken in Analogien: Unsere Vorfahren versuchten, die für sie so bedrohliche Natur durch Beobachtung »in den Griff« zu bekommen. Nicht zufällig trugen die Menschen früher »sprechende Namen«: Wenn jemand als Fuchs bezeichnet wurde, wollte man damit durchaus eine gewisse Schläue der betreffenden Person beschreiben. Natürlich wird jemand mit dem Namen Walter heute nicht mehr automatisch die Tapferkeit eines soldatischen Urahnen, den man einst Waltarius taufte, aufweisen. Darum ist es notwendig, zusätzliche Deutungselemente einzuführen.

Die hier erläuterte Zahlenmystik versucht, ohne Dogmen auszukommen und ohne den esoterischen Insiderjargon, der so häufig augenzwinkernd voraussetzt, dass jeder Leser/jede Leserin mit Pendeln arbeitet, von der Wiedergeburt überzeugt ist usw. Keine dieser Weltanschauungen ist ein Hindernis für eine Philosophie von Zahl und Name! Explizit benötigt werden sie aber auch nicht. Wesentlich scheint mir, dass das hier vorgestellte System einfach und verständlich ist und keinesfalls durch besonders »elastische« Interpretationen seine Fehlerhaftigkeit zu überspielen bräuchte. Ich werde immer darauf hinweisen, was durch den Namen bzw. die Zahl der Geburt errechnet werden kann – und was nicht. Ich halte nicht viel von den weit verbreiteten Zahlen-»spielen«, die nur jede erdenkliche mathematische Operation mit den Tages-, Monats- und Jahreszahlen eines Menschen ausprobieren. Zudem haben diese vielen Zusatzdeutungen ein unangenehmes Ergebnis: Da es im Prinzip nur neun grundsätzliche Deutungen (für die Zahlen 1 bis 9) gibt, führt eine Unzahl von Berechnungen dahin, dass ein Bündel von Ergebnissen fast jede (einstellige) Zahl umschließt, somit offen ist für beliebig dehnbare Interpretationen.

Jahre des Suchens führten mich schließlich zu dem für mich als einziges befriedigendes System – die Zahlenlehre nach Cheiro. Wie gesagt stützt sich dieses Buch darauf, erweitert um persönliche Erkenntnisse, zeitgerechtere Formulierungen der Interpretationen und einige neue Aspekte.

Bevor es losgeht, noch eine Begriffsklärung: In Büchern über Zahlen ist von »Kabbalistik« und »Zahlenmystik« die Rede. Damit sind zwei Traditionen der Zahlenphilosophie gemeint. Die eine geht auf die Chaldäer bzw. Hebräer zurück und findet in der jüdischen Weisheitslehre, der Kabbala, ihren Niederschlag. Die andere ist westlichen Ursprungs und beruft sich auf den griechischen Mathematiker und Mystiker Pythagoras (der die Idee dazu aus Ägypten bekam). Die meisten modernen Autoren beziehen sich auf diese Richtung und nennen sich »Numerologen«. Über die genaueren Unterschiede der beiden Systeme wird in den folgenden Kapiteln berichtet. In diesem Buch verwende ich hauptsächlich den Begriff »Kabbalist« oder »Zahlenmystiker«. Obwohl das hier vorgestellte System in der jüdischen Tradition seine Wurzeln hat, ist für seine Anwendung weder eine explizite Kenntnis der Kabbala noch der hebräischen Sprache nötig. Das darin enthaltene Prinzip ist viel grundlegender und älter und reicht nach meinem Dafürhalten bis zu den Anfängen der menschlichen Sprache zurück, in eine Zeit, da der Klang eines »Wortes« noch identisch war mit dem Gefühl, das seine Schwingungen in den Menschen hervorrief.

Grenzen der Methode

Die Vertreter einer vor allem in den USA verbreiteten numerologischen Methode gehen zwar richtigerweise von der Theorie aus, dass alles, was einen Namen hat, schwingt. Sie beschränken aber ihre Suche nicht auf Rhythmen im menschlichen Schicksal, sondern rechnen ganze Texte in Zahlenwerte um. Beliebtestes Objekt ist dabei die Bibel. Vor allem geht es ihnen darum, zu beweisen, dass das Alte und Neue Testament heilige Texte und göttlichen Ursprungs sind. Ihr Ansatz: Sie suchen nach Häufungen von Zahlen. Und siehe da, die 7 wird nicht nur ein paar Mal erwähnt, sie kommt bei der Umrechnung von Eigennamen, Schauplätzen, einzelnen Sätzen oder ganzen Kapiteln (welche Arbeit!) erstaunlich oft vor. Nur ist daran leider nichts wundersam oder gar göttlich. Denn so häufig wie die 7 kommen auch die 8, die 11, die 12 oder gar 13 und 27 oder 33 vor. Der Grund: Es gibt so wenige kleine Zahlen.

Wenn ich in so langen Texten wie der Bibel oder der amerikanischen Verfassung (um den Einfluss von Geheimbünden oder Verschwörungen zu untermauern) jeden einzelnen Absatz in ein- oder zweistellige Zahlenwerte umrechne, sind Häufungen unvermeidlich. Ergo ist es auch nicht überraschend, in alten Texten aus allen Teilen der Welt dieselben Zahlen vorzufinden, auch wenn sie scheinbar sehr groß (und eher unüblich) sind. Kleine Zahlen sind wie gesagt selten, und runde Zahlen erfreuen unseren Schönheitssinn. Es gibt aber nicht genügend runde Zahlen, um allen Bedürfnissen nach numerischer Aufmerksamkeit gerecht zu werden, weshalb sie sich in der Geschichte des menschlichen Denkens so oft wiederholen. Unsere Vorfahren mussten ohne Hilfe von Rechenschiebern und Computern zu Rande kommen, daher verwendeten sie viele kleine Zahlen. Bei den Babyloniern war die Basis ihres Zahlensystems die 60; sie entstand aus der Multiplikation $2 \times 3 \times 5$ (= 30) $\times 2$ (um die Zahl auch durch 4 dividieren zu können). So gesehen war die 60 eine sehr praktische Zahl, mit der viele Alltagsgeschäfte erledigt werden konnten. Musste man ausnahmsweise eine sehr große Zahl darstellen, verwendete man das Vielfache von 60 – deswegen hat auch der Kreis 360 Grad. Taucht dann in einem alten Text solch eine seltsame Zahl wie 432 000 auf, dann erscheint sie uns heute als denkwürdig, ergibt sich aber einfach aus 2×60 hoch 3. Wenn irgendein unbekannter Mathematiker in grauer Vorzeit Tausende Kilometer von Babylon entfernt mit derselben Zahl kalkulierte, ist das also nicht unbedingt ein Indiz dafür, dass hier göttliches Walten am Werke war.

Ich betone das deshalb, weil die Umwandlung von abstrakten Begriffen in Zahlen, um sie dann ebenso wie menschliche Charaktere und Lebensläufe zu deuten, nicht verlässlich funktioniert. »Liebe« ist esoterisch gesehen eine Funktion der Venus (sinnlich) oder des Mondes (mütterlich), die in unserem Zahlensystem den Wert 6 bzw. 2 hat. Wie gesagt stimmte vor langer Zeit vermutlich die Schwingung des Wortes mit ihrer inneren Bedeutung überein – nach Jahrtausenden der Lautverschiebungen und sprachlicher Moden kann das heute nicht mehr der Fall sein. Rechne ich »Liebe« nach dem in diesem Buch vorgestellten System in eine Zahl um (L = 3 + i = 1 + e = 5 + b = 2 + e = 5), erhalte ich den Wert 16/Ziffernsumme 7 (auch »Quersumme« genannt). Und diese plutonische Zahl der Macht und Mystik, auch der Katastrophen (siehe das Kapitel »Die Zahl des Charakters), hat mit Liebe nichts zu tun. Im Englischen ergibt »love« (= 3 + 7 + 6 + 5) ebenso wenig das gesuchte Ergebnis: 21/3. Nur die in der Popkultur gebräuchliche Schreibweise »luv« (3 + 6 + 6) ergäbe 15/6 – das halte ich aber für einen glücklichen Zufall (auch wenn »luv« dem Urwort für »Liebe« näher sein mag als das heutige »love«).

Deshalb schlage ich vor: Beschränken wir die Zahlenphilosophie auf menschliche Lebensläufe.

Zahlen in Aktion

» Wenn es die erste Handlung Adams ist,
den Tieren Namen zu geben,
so bestätigt er sie damit in ihrem Eigenwert.«

(Brockhaus, Band 13, Stichwort »Leben«)

In einem Zeitschriftenartikel las ich Ende 1992: »Ich habe mich lange gefragt, wie denn die serbischen Aggressoren zweifelsfrei Kroaten, Serben und (muslimische) Bosnier auseinander halten können, wenn doch alle die gleiche Sprache sprechen (…). Die Antwort meiner böhmischen Bekannten war beklemmend einfach: Es sind die *Namen* (meine Hervorhebung), die Vornamen und die Nachnamen. Kurz vor dem Angriff auf die mittelbosnische Stadt Tuzla, so ihr Bericht, bekamen alle Einwohner mit serbischen Namen eine Postkarte mit der Aufforderung, sich an dem kommenden Wochenende nicht in der Stadt aufzuhalten. Dann begann der mörderische Angriff auf diejenigen, die zwar die gleiche Sprache sprechen und die auch so ›europäisch‹ aussehen (…), die aber die falschen Namen tragen. Dass einen ein falscher Name das Leben kosten kann, ist uns aus der gewalttätigen Geschichte Europas sattsam bekannt.«

Die Wirksamkeit von Namen und Zahlen wird aber auch in anderen Teilen der Welt sehr ernst genommen, besonders im Fernen Osten. In China rufen die Jahreszahlen, die mit einer 9 enden, bei den Machthabern böse Erinnerungen hervor: 1959 rebellierten die Tibeter gegen China, 1989 ließ die Parteiführung Unruhen in Lhasa niederschlagen und verhängte das Kriegsrecht. Es war im selben Jahr 1989, dass der politische Reformer Hu Yaobang verstarb, was Studentendemonstrationen auslöste, die mit dem Massaker auf dem Pekinger Tiananmen-Platz endeten. Die Erneuerungsbewegung in China begann 1919, während 1959 die Bauern von Mao Tse-tung in die Volkskommunen gezwungen wurden. Die Kulturrevolution, die 20 Millionen Menschen des Hungers sterben ließ, erreichte 1969 ihren Höhepunkt. Die Zahl 9, die u. a. Krieg und Aggression symbolisiert, ließ die kommunistischen Diktatoren auch für das Jahr 1999 nicht viel Gutes erahnen.

Doch wir brauchen uns nicht auf die große Bühne der Weltgeschichte begeben, um die Bedeutung von Zahlen zu demonstrieren. Anschauliche Beispiele finden sich schon in Partnerschaftsverhältnissen, wie die folgende Geschichte zeigt.

Meine Freundin Elfi

Vor einigen Jahren wurde ich auf Umwegen gebeten, eine Frau zu beraten. Der Fall schien auf den ersten Blick simpel. Sie wollte unbedingt mit ihrem vollständigen Vornamen »Elfriede« angesprochen werden. Ihr Mann hingegen beharrte auf dem Kosenamen »Elfi«. Bei »Elfi«, so ließ sie mir ausrichten, empfinde sie Unbehagen. Offensichtlich handelte es sich um einen Ehekonflikt und nicht bloß um die Suche nach einem besser klingenden Namen.

Ich ließ mir von beiden Vor- und Nachnamen sowie die Geburtsdaten geben. Elfriede war eine geborene 9erin – eine Kämpferin, die vermutlich in jungen Jahren Schwierigkeiten hatte und erst in reiferen Jahren zu innerem Frieden finden wird. Ihr Mann hingegen war ein 2er – ein freundlicher, nicht besonders starker Mensch, der an einem Mangel an Ausdauer und Selbstvertrauen leidet. Eine Ehe in unserer immer noch patriarchalisch geprägten Gesellschaft gestaltet sich schwierig, wenn die Frau stark ist und sich um Geld, Kind und Haushalt kümmert, während der Mann ein Intellektueller und Träumer mit wenig Energie ist. Die Zahl 2 (Mond) und 9 (Mars) passen nicht gut zusammen. Das allein wäre zwar niemals ein Grund, von einer Ehe abzuraten; zeigen sich noch zusätzliche charakterliche Missstimmigkeiten, ist aber zumindest eine Warnung angebracht.

Eine kurze Überprüfung der Zahlenwerte von »Elfi« zeigte, dass dieser Kosename einigermaßen verträglich war mit ihrem Mädchennamen, dass er aber überhaupt nicht zu dem Namen passte, den sie nach ihrer Heirat angenommen hatte. »Elfriede« war ganz klar und eindeutig der Vorzug zu geben. Was ich ihr auch sagte.

Zur Überprüfung untersuchte ich die Daten der beiden noch nach einem anderen Deutungssystem. Dem Mann war in diesem Fall angeraten, optimistisch zu sein, an sich zu glauben, sich nicht in Grübeleien zu verlieren. Seinem Wesen nach war er ein Familienmensch von höflicher Natur, der leicht pessimistisch werden konnte, launenhaft, von einem Extrem zum anderen schwankend. Man bestätigte mir, dass er solche Phasen hatte. (Natürlich ist bei derartigen Ferndiagnosen, ohne Ansicht des betreffenden Menschen, ein großer Faktor der Unsicherheit dabei, da man aus den Zahlen wie auch aus dem Geburtshoroskop allein nicht ersehen kann, wie weit ein Mensch sein Leben meistert oder ob er eher Spielball seiner Triebe und Schwächen ist.) Als er erfuhr, dass meine Empfehlung hinsichtlich des Vornamens seiner Frau Recht gegeben hatte, versuchte er mich mit einem anonymen Anruf zu verwirren und einzuschüchtern.

Später erfuhr ich mehr aus dem Leben der beiden, was die zahlenmystische Deutung bestätigte: Sie hatten eine gemeinsame Tochter. Er studierte noch und verschaffte sich Geld über Gelegenheitsjobs, aber hauptsächlich lebten sie von ihren Ersparnissen. Ich wusste nichts Näheres über ihre pekuniäre Situation, nur so viel: Ohne ihr Wissen nahm er relativ viel Geld von ihrem Sparbuch, um sein Hobby zu finanzieren bzw. es für seine Spielleidenschaft zu verwenden. Jedenfalls stritten sie häufig miteinander, und um zu einer einvernehmlichen Trennung zu gelangen, musste die Frau sich vom Mann regelrecht freikaufen! Nunmehr heißt Elfi wieder Elfriede, hat ihren früheren Namen angenommen und macht trotz der Belastung von Arbeit und Kind einen energiegeladeneren Eindruck als zuvor.

Das Geheimnis des Namens

Spontan assoziiert man mit dem Begriff »Stahl« Zähigkeit, Ausdauer, den Spruch »hart wie Krupp-Stahl« u. Ä. Ich kannte jedoch einen Mann mit dem beeindruckenden Namen *Stahl*, der alles andere als eisern oder hart war – ganz im Gegenteil. Von Beruf Beamter, war er eher ein weichlicher Typ, ziemlich bequem und opportunistisch, aber ausdauernd. Für viele Menschen ist es unmittelbar einsichtig, dass es solcherart »passende« und »unpassende« Namen gibt. Wenn Eltern ihr Kind »Satan« taufen wollten, wird sogar ein nichtreligiöser Mensch zusammenzucken. Doch der Umkehrschluss, dass der Name eines Menschen über sein Wesen, ja gar über seinen Lebensverlauf Hinweise geben könnte, stößt auf Ablehnung. Zu sehr sind wir gewohnt, von einem freien Willen zu sprechen, nach dem wir unser Geschick von A bis Z in Eigenregie formen. Zu sehr sind wir an ein Denken in Ursache und Wirkung gewohnt, als dass wir (noch) fähig wären, ein Zusammenwirken der Dinge auf andere Weise zu sehen – etwa in Form von Analogien.

Noch heute gibt es Stämme, in denen Menschen ihre Namen geheim halten aus Furcht, ein Schamane könnte ihn missbrauchen. Die Kenntnis des Namens verleiht nämlich Macht über dessen Träger. Die Kontrolle beginnt durch das Aussprechen des Namens und durch die gleichzeitige Benennung einer Kraft, die auf den Namensträger einwirken soll. Ein Denken aus animistischen Zeiten – und dennoch wird jeder Mensch eine innere Regung spüren, wenn er von jemandem gleichen Namens in der Zeitung erfährt, obwohl es ein anderer Mensch war, der den Nobelpreis erhalten oder einen Mord begangen hat.

Der Name ist von Kindesbeinen an innig mit unserem Gefühlsleben verbunden und daher wirksam. Die Frage bleibt, ob mehr dahinter steckt oder ob die Vokal- und Konsonantenfolge, die uns ein Leben lang begleitet, zufällig und bedeutungslos ist. Immerhin sind es Ihr Name und Ihre Unterschrift, die Ihren Besitz garantieren.

Nicht zufällig hatten Diktatoren einprägsame, eindrucksvolle Namen – Hitler, Stalin, Mao. Lenin hat den Zahlenwert 19 (nach Cheiro), für den es in der Deutung heißt: »Die Zahl 19 gilt als eine sehr günstige, so genannte Glück bringende Zahl … Erfolg, Anerkennung, Ehre und ein gutes Vorwärtskommen auf dem irdischen Lebenswege kündet diese Zahl im Allgemeinen an.« Und das machthungrige und blutrünstige Monster Stalin? Stalin hat den Zahlenwert 17, zu dem es bei Cheiro heißt: Gilt als »Sinnbild für Frieden und Liebe«.

Liegt Cheiro nun total daneben? Das kann man so natürlich nicht sagen. Stalin versuchte, in der Öffentlichkeit genau diesen Eindruck zu erwecken, dass er sein Volk liebe und für den Frieden eintrete. In der Deutung heißt es weiter, der dieser Zahl zugehörige Mensch *kann* zu echter Geistigkeit emporsteigen, obwohl der Lebensweg mit manchen Hindernissen, Anfechtungen und Leiden besonders seelischer Natur abgesteckt ist. Die 17 gilt auch als »Zahl der Unsterblichkeit« im Hinblick auf irdischen Nachruhm im guten Sinne. Dass einer das Potenzial zu einem großen Führer und positiven Helden hat, heißt allerdings noch lange nicht, dass er den Anfechtungen der Macht widerstehen wird. Vor allem nicht, wenn ein Diktator wie Stalin eine harte Jugend durchlebte. Übrigens hat Idi Amin denselben Zahlenwert, nämlich 17. Die Grundzahl der 17 ist 8, die für »Härte« steht.

Namen dünken uns passend, sympathisch, vertraut. Oder missklingend, wenn ein Kind mit urbayrischem Familiennamen von seinen Eltern einen französischen oder russischen Vornamen verpasst bekommt. Intuitiv kann man spüren, ob in einem Namen Wohlklang liegt. Diese gefühlsmäßige Bewertung lässt sich anhand diverser Zahlensysteme umrechnen und mit den dazugehörigen Deutungen objektivieren. Der glamouröse Name Liz Taylor ergibt z. B. den nicht gerade günstigen Zahlenwert 29: »Diese Zahl deutet auf Schicksalsungewissheiten, Verrat, Hinterlist und

Untreue. Enttäuschungen durch unzuverlässige Freunde sowie Kummer auf dem Gebiet der Liebe und Ehe sind zu überwindende Prüfungen, welche die dieser Zahl zugehörigen Menschen oft durchmachen müssen.« Worauf Cheiro empfiehlt, große Zurückhaltung und Vorsicht in allen Partnerschaftsangelegenheiten zu üben, was angesichts von sieben Ehemännern der »Dame« (sie wurde im Jahr 2000 geadelt) ein weiser Rat gewesen wäre.

In vielen europäischen Namen klingt heute noch der Beruf der Vorfahren durch – Schmied, Seiler, Schiffer, Pfleger, Bauer usw. –, der einen großen Teil ihres Daseins ausmachte. Nicht umsonst war in der Geschichte immer wieder von »Gezeichneten« die Rede – Menschen, die von der Gesellschaft verstoßen und durch ein äußeres Zeichen gebrandmarkt wurden wie Kain durch sein Mal. »Kain« ergibt den Zahlenwert 9, der für Kampf steht. Abel hat den Wert 11, dessen Interpretation lautet: »Warnt vor Verrat, verborgenen Gefahren und unheimlichen Situationen.« Die Namen in der Bibel tragen in der Regel verborgene Bedeutungen, die sich dem Zahlenkundigen entschlüsseln!

Dass der alte Name »Habsburg« heute noch viele Menschen in Entzücken versetzt, liegt auch daran, dass es ein kräftiger, energiereicher Name ist. Sein Zahlenwert beträgt 24/6, was auf »Glück und nutzbringende Teilhaberschaften« hindeutet sowie auf »glückhafte Liebesbindungen, die zugleich Einfluss und Vermögen stärken«. Tatsächlich hieß es einstens: »Tu, felix Austria, nube« (»Du, glückliches Österreich, heirate«). Den Habsburgern gelang jahrhundertelang eine erfolgreiche Herrschaftspolitik durch gezielte Eheschließungen. Wobei es den geschulten Zahlenphilosophen kaum überraschen wird, dass »Österreich« (ö wird als o + e gerechnet) den Zahlenwert 42 hat – dieselbe Grundzahl 6, was der versöhnlichen Kraft »Venus« entspricht.

Paracelsus glaubte, dass Urvater Adam jener Weise war, der allen Dingen ihren Namen gab. »Adam« hat, nebenbei erwähnt, den Zahlenwert 10, zu dem es heißt: »Die Zahl 10 wird durch das so genannte Glücksrad symbolisiert. Sie versinnbildlicht einen steilen Aufstieg, aber, im Falle böswilliger Fehlanwendung der guten Möglichkeiten, auch steilen Abstieg.« (Nur der Vollständigkeit halber: Eva ergibt den Wert 12, der gedeutet wird mit: »Symbolisiert Leid und seelische Nöte. Die der Zahl 12 zugehörigen Menschen führen meist eine Art Schattendasein, werden in Intrigen verwickelt und haben ein Opferdasein zu gewärtigen.« Allerdings hieß Adams biblisches Pendant ursprünglich Heva, was numerologisch besser passt.)

Jeder kann ad hoc selbst nachvollziehen, dass der Klang von Namen in uns schwingt und Gefühle auslöst. Den Namen der Göttin Isis gesummt, erzeugt ein gewisses Kribbeln. Der heilige Laut OM fährt einem nach längeren Wiederholungen wie ein Hammer in Brust, Kehle und Hinterkopf. Während das Wort »Krieg« wie ein Krebsgeschwür aus dem Munde quillt (auch das englische »war« klingt bedrohlich). Hingegen gibt es in der indischen und chinesischen Medizin Bereiche, die versuchen, mit Klängen (sei es von Instrumenten oder durch bestimmte, gesummte Silben wie z. B. »hrim«, was den Schleim löst) Heilwirkung zu erzeugen.

Man spürt schon aus dem Klang der Worte, auch wenn man nicht deutsch kann, dass »Haar« wohl etwas Längliches bedeutet und »Faust« nicht allzu friedlich klingt, im Gegensatz zum lieblichen »Liebe«. Eine ähnliche Wirkung vermögen in uns Symbole auszulösen. Deswegen haben unsere Urahnen den Zahlen gewisse Sinnbilder zugeordnet. Wer, wann und wo, ist unbekannt. Da unsere Altvorderen gute Beobachter waren, liegt der Schluss nahe, dass sie ihre Erkenntnisse von Generation zu Generation weitergegeben haben, bis sich ein Muster herausschälte, ein roter Faden, wie Klang, Zahl und Symbol zusammenhängen.

In alten Zeiten wurden diese Symbole auch durch Bilder (ohne Text) dargestellt. Ähnlich wie sie heute noch auf den Tarotkarten zu finden sind. So ist das Bild zur Zahl 13 ein Skelett mit Sense, das Menschen niedermäht. Da liegt es nahe, diese Zahl mit Revolution und Umwälzung zu verbinden. Tatsächlich hat das Wort »Krieg« den Zahlenwert 13. Für kriegerische Energien steht in Cheiros System aber die Marszahl 9, ein Zahlenwert, der sich noch im englischen Wort für Krieg, »war«, findet. Mit der Umrechnung solcher Begriffe sollte aber vorsichtig verfahren werden. Wie gesagt stimmten Klang, innerer Gehalt und Zahlenwert in den Urformen der Worte überein, aber sicher nicht mehr nach Jahrhunderten linguistischer Entwicklung. Daher ist es zweifelhaft, Dinge nach unserem zahlenphilosophischen Schema zu berechnen und zu deuten. Eine Ausnahme sind alte Städte- und Ländernamen, die über Jahrhunderte ihren Klang beibehalten haben: London = 31/4 ist eindeutig ein Platz für Individualisten und Exzentriker, und dass der Ruf der Stadt Paris dem Zahlenwert 15/6 entspricht, was auf sinnliche Annehmlichkeiten hinweist, lässt sich nicht bestreiten.

Alles Leben schwingt

Selbst wenn die großen Ereignisse im Kosmos sowie die Naturgesetze sich in einer mathematischen Ordnung abspielen – warum sollten Zahlen deshalb etwas mit unserem Leben zu tun haben? Nun, Zahlen sind wie gesagt Zeichen, die für etwas stehen. Es ist nicht die Zahl selbst, die Macht besitzt. Die Zahlen kontrollieren keine Ereignisse. Aber sie können helfen, Zusammenhänge zu erkennen, Rhythmen zu entdecken.

Der grafische und phonetische Ausdruck, die Ziffer, ist nicht so wichtig – es spielt keine Rolle, ob ich » VII« schreibe oder »Seven« sage. Die neun Grundzahlen (plus die Null) sind abseits von Mathematik und Statistik vielmehr Ausdruck von Schwingungen – Symbole, ähnlich musikalischen Tonfolgen, die unterschiedliche Stimmungen in uns erzeugen. Galilei sagte, das Buch der Natur sei mit Zahlen geschrieben. Wer sich zum Verständnis des (scheinbar) nüchternen Weltbilds moderner Kernphysiker durchringen kann, wird in dieser Aussage durchaus Vertrautes wieder finden: Im Grunde ist alle Materie eine Manifestation von Energie, eine unterschiedlich dichte Zusammenballung von Atomen, die in einer gewissen Frequenz schwingen. Und dazwischen ist – nichts, Unendlichkeit und Ewigkeit.

Rein physikalisch lässt sich das Universum auf einige grundlegende Schwingungszustände zurückführen – allesamt in Zahlen ausdrückbar. Sollte das wissenschaftliche Modell von der Entstehung unserer Welt, die Urknalltheorie, in etwa richtig sein, dann stützt es die Vorstellung, dass alles auf Schwingungen beruht. Wenn das Universum aus der Explosion einer unendlich mächtigen, kleinen und dichten Energiequelle (Singularität) entstanden ist, ist es nur logisch, dass alles, was existiert, dieselbe Quelle und Struktur hat. Religiöse Menschen sagen dazu Gott, Taoisten nennen es das Unaussprechliche und geben ihm vorsichtig den Namen »Tao«. Wenn man die Religionen ihres historischen Beiwerks entkleidet, stößt man in allen auf dieselbe uralte, weise Vorstellung, dass das Sein aus dem Nichts entstanden ist.

Nach dem hermetischen Weltbild »Wie oben, so unten, wie außen, so innen« herrscht im gesamten All dieselbe Struktur. Die meisten Wissenschaftler werden in den Strukturen und Rhythmen, die Zahlenmystiker untersuchen, nur Zufälligkeiten am Werke sehen. Doch es ist auch eine Theorie, wenn manche Kosmologen und Evolutionsbiologen behaupten, das Universum sei aus Zufall entstanden, die Sterne und Planeten hätten sich zufällig gebildet, das Leben selbst sei eine absurde Anhäufung von Zufällen, und dass aus einem Haufen explodierender Gase heraus intelligente und empfindsame Menschenwesen entstanden, die fähig sind, über sich selbst und die Zukunft nachzudenken, sei so unwahrscheinlich, dass es uns eigentlich nicht geben dürfte. In solch einem »System« wäre es absurd bis zur Unerträglichkeit, dass Wesen entstehen, die fähig sind, über den Sinn eines derartigen Seins nachzudenken.

Die Lehre von den Zahlen soll uns also helfen, ein Muster in unserem Leben ausfindig zu machen. Helfen, zu sehen, ob es bestimmte Rhythmen gibt, in denen uns die Dinge gelingen bzw. misslingen. Diese Anschauung, Lebensereignisse in Zahlen zu beschreiben und ihnen damit eine bestimmte Qualität zu geben, ist, wie gesagt, grundsätzlich dieselbe wie in der Astrologie. Sie ist nicht rein logisch; es ist ein gleichnishaftes Denken, das versucht, dem menschlichen Dasein einen Sinn zu entringen jenseits seiner bloßen äußerlichen Gegebenheiten, hinausgehend über die Grenzen unseres rationalen Verstands.

Die Qualität der Zeit

Die Weisen unserer fernen Vorfahren hatten über Generationen die Natur nach Zeichen abgesucht – Konstellationen der Sterne, Naturkatastrophen, Kriege, Hungersnöte, Seuchen usw. Den genialen Sehern gelang es, immer wiederkehrende Gesetzmäßigkeiten zu entdecken. Während wir heute der Zeitmessung in mechanischen Einheiten anhängen, haben diese Seher schon vor Jahrtausenden erkannt, dass ein Tag nicht dem anderen gleicht, nur weil alle Tage 24 Stunden dauern. Vielmehr gelang es ihnen, die *Qualität* der Zeit zu messen. Wenn es also heißt, ein bestimmter Zeitabschnitt (oder ein individuelles Leben) steht besonders unter dem Einfluss von Venus, Mars oder Jupiter, dann heißt das nicht, dass von diesen Planeten geheimnisvolle, physikalisch unbekannte Ströme ausgehen, die die Zeit verzaubern und uns an der Gurgel packen. Mars beispielsweise steht für eine vitale, vorwärts drängende, manchmal blindwütig-kriegerische Energie, die immer und überall vorhanden ist, nur nicht stets in demselben Maße.

Diese Zeitqualitäten lassen sich nun in beschreibenden Symbolen (z. B. marsisch) oder in Zahlen – in diesem Fall die 9 – ausdrücken. Gemäß dem hermetischen Gesetz ist es logisch, wenn äußere Konstellationen innere Zustände widerspiegeln. Natürlich steht diese Annahme jenseits von Ursache und Wirkung: Zu meinen, eine bestimmte Position des Mars am Firmament könnte einen Krieg *auslösen*, ist falsch. Sie zeigt bloß an, dass eine latent vorhandene kriegerische Energie zu diesem Zeitpunkt nach außen drängt – ob und wo daraus ein Krieg entsteht, hängt von einer Fülle anderer eso- und exoterischer Umstände ab. Genauso gut kann es sein, dass die Spannungen in der Erdkruste sich gewaltsam Luft verschaffen. Darum lassen sich nie exakte Vorhersagen über den Lauf der Welt treffen, und ich misstraue allen großen deterministischen Sehern – es gibt keinen festgelegten Plan eines großen Regisseurs, nach dem die Dinge ablaufen, denn dann wäre unser Streben nach Erkenntnis und Verbesserung völlig sinnlos: Wenn der Ausgang eines Ereignisses vorherbestimmt ist, würde jede verbesserte Einsicht uns immer unfreier machen. Dann wäre das Ziel der Menschheit die vollkommene Einsicht in unsere vollkommene Unfähigkeit, etwas zu verändern, Erleuchtung zu erlangen, zu lieben usw. – mithin wäre unsere Existenz völlig sinnlos. Daher schließe ich a priori die Existenz eines sinnlosen Universums, das blindwütig dahinrast wie eine abgeschossene Gewehrkugel, aus.

Wir sind gewohnt, Ursache und Wirkung in einen strengen unumkehrbaren Zusammenhang zu stellen: Aus a folgt b. Wenn dem so ist, kann es nicht gleichzeitig umgekehrt sein. Doch auf subatomarer Ebene, hat die moderne Teilchenphysik bewiesen, sind die Dinge nicht so eindeutig. Auf unser Beispiel der weisen Seher aus der Antike übertragen, bedeutet dies: Sie beobachten einen Krieg auf Erden und gleichzeitig den Planeten Mars in einer auffälligen Konstellation. Unser logisches Denken kann gar nicht anders, als einen Zusammenhang zu verneinen: Entweder hat der Krieg die Position der Gestirne beeinflusst (undenkbar) oder umgekehrt, Mars & Co. haben das Ereignis Krieg ausgelöst (ebenso undenkbar, weil wir uns keinen Wirkungszusammenhang vorstellen können). Das Einzige, was unser wissenschaftliches Denken erlaubt, ist, einen statistischen Zusammenhang zu suchen: Wie häufig treten bestimmte Planetenkonstellationen mit entsprechenden, vorhergesagten Ereignissen auf Erden auf? Ist dies oft der Fall, lässt sich von einer stärkeren oder schwächeren statistischen Korrelation sprechen. Aber selbst dadurch ist natürlich kein Beweis gegeben, dass oben und unten zusammenhängen; dazu brauchte man ein Modell, wie die Dinge auf physikalischer Basis korrelieren; und dann müsste dieses Ereignis immer wieder eintreten.

Das ist aber keineswegs so einfach. »Dort Mars, da Krieg« funktioniert nicht. Erstens, weil die Interpretation einer Konstellation alle relevanten Energien berücksichtigen muss, was ein hoch komplexes Muster ergibt. Und zweitens ist der Zusammenhang nicht so simpel wie im Falle von Mond und Flut. Damit es tatsächlich zu einem Krieg kommt, müssen viele innere und äußere Faktoren zusammentreffen, von der inneren Bereitschaft der Soldaten über die gesellschaftliche bis zur historischen Konstellation. Geschichte, Physik und Biologie sind bestenfalls in der Lage, die äußeren Faktoren im Nachhinein zu bewerten und in einen Zusammenhang zu bringen. Die inneren Faktoren bleiben verborgen. Woran sich auch nichts ändert, wenn uns die Psychologie plausible Gründe liefert, warum ein Diktator durchdreht. Denn damit ein Herrscher »erfolgreich« Amok laufen kann, braucht es eine bestimmte Zeitqualität, eine gewisse Gestimmtheit seiner Untertanen. Wie aber die innere Konstellation (eines Volkes, eines Menschen) beschaffen ist, lässt sich für Seher, Astrologen und Kabbalisten durchaus an äußeren Zeichen ablesen.

Es ist nicht in irgendwelchen kosmischen Annalen festgelegt, dass im Gefolge einer Sonnenfinsternis eine Katastrophe ausbrechen muss. Vorhersehbar ist aber, dass es eine schwierige Zeit geben wird, und zwar hauptsächlich in jenen Gegenden, in die der Kernschatten der Finsternis fällt. Was exakt passiert, bleibt dagegen unvorhersehbar: ein Vulkanausbruch, eine Überschwemmung, ein Erdbeben, ein politischer Aufstand, wer weiß?

Voraussagen von Zeitqualitäten sind möglich, weil der gesamte Kosmos einem Zyklus unterliegt. So wie Tag und Nacht und die Jahreszeiten aufeinander folgen, so orientieren sich auch die inneren Kräfte (der Liebe, der Aggression, des Aufbaus, der Zerstörung, des Wissens, des Wachsens, des Sterbens) an einem Muster. Selbst der Kapitalismus bewegt sich in Zyklen, zum Leidwesen der Börsianer sind diese aber bisher nicht voraussagbar.

Die moderne Chaostheorie kommt dem kabbalistischen Denken allmählich auf die Spur. Phänomene, die einander nicht bedingen, können durch einen weit entfernten Auslöser plötzlich zu einem gemeinsamen Muster finden, zu einer Ordnung in der Zeit, obwohl es keinen logisch-kausalen Zusammenhang zwischen ihnen gibt.

Metaphysik der Zahlen

»*Am Anfang war das Wort, und das Wort war bei Gott, und das Wort war Gott.*« So beginnt das Johannesevangelium, die biblische Schöpfungsgeschichte im Neuen Testament.

Wir wollen uns kurz aufmachen, den Klang des *Wortes* zu erfahren, indem wir seine Schwingung berechnen. Im Neuen Testament (Offenbarung 13, 18) erhält das Tier die Zahl 666, gleichzeitig die Zahl eines Menschen. Und es wird dem Menschen mit Verstand empfohlen, diese Zahl zu berechnen. Nun: $6 + 6 + 6 = 18/9$. Und 9 steht für Krieg, die materielle Welt, die Triebkraft, aber laut Cheiro ebenso für »Gottes Wirken auf Erden«, also das Tier im Menschen, das zur Erleuchtung drängt. Wer ist nun jener Mensch, der die Zahl des Tieres trägt und der da Gott werden soll? Jesus $= 1 + 5 + 3 + 6 + 3 = 18/9$; Christus $= 3 + 5 + 2 + 1 + 3 + 4 + 6 + 3 = 27/9$. Hermann Kissener weist (im Buch *Lebenszahlen*) noch darauf hin, dass auch die Kreuzesinschrift INRI ($= 1 + 5 + 2 + 1$) die Zahl 9 ergibt. *Gott* ($= 3 + 7 + 4 + 4 = 18/9$) hat denselben Zahlenwert.

Und um nun den Bogen zu schaffen zum kulturphilosophischen Verstehen: Das Erwachen des Tieres erfolgt im Menschen, in seiner Selbstbewusstheit, in der Entwicklung des Individuums aus dem kollektiven Stamm heraus, in der Fähigkeit, »Ich« ($1 + 3 + 5 = 9$!) sagen zu können.

Es ist mehr Abergläubisches als tief Schürfendes über die Zahlen und ihre Entsprechung im Leben geschrieben worden. Folgende Zuordnung leuchtet aber unmittelbar ein:

- Die Zahl 1 steht für Anfang, für Schöpfungskraft, symbolisiert in der Sonne.
- Die 2 entspricht dem Du, dem Gegenüber, der Ergänzung der (männlichen) Schöpferkraft durch die (weibliche) Leben gebende Kraft, symbolisiert im Mond, der das Sonnenlicht spiegelt.
- Aller guten Dinge sind 3, wobei das Kind die spirituelle Vollendung der Beziehung Mann-Frau darstellt (in der indischen Astrologie wird das Kind durch Jupiter [= Zahl 3] symbolisiert).
- 4 ist Symbolzahl der physischen Welt, dargestellt im Kreuz, wo sich Geist und Seele treffen, die vier Jahreszeiten und die vier Himmelsrichtungen. Dass die apokalyptischen Reiter 4 waren, zeigt, dass diese Zahl auch Unheil symbolisiert. Die »Unglückszahl« 13 hat in ihrer Ziffernsumme 4, in der Kabbala oft mit Tod in Zusammenhang gebracht.

Für eine tief schürfende Deutung von Namen und Daten reicht es natürlich nicht, eine Umrechnungstabelle für Buchstaben in Zahlen plus zugehörige Interpretation parat zu haben. Diese Berechnungen kann auch ein Computer ausführen, der eine Deutungsschablone auswirft.

Für den Zahlenmystiker ist klar, dass die angegebenen Deutungen (egal, ob für Zahlen oder Tierkreiszeichen) nur Raster sind, sozusagen der kleinste gemeinsame Nenner, und es vor diesem Hintergrund nötig ist, das jeweils Besondere zu suchen. Ein am 1.6.1960 Geborener kann unter der Deutung »Zwilling« nachsehen, und er wird mit Sicherheit einige Beschreibungen finden, die er als für sich zutreffend erkennt; solche wird er aber auch bei den restlichen elf

Zeichen finden. »Zwilling« sagt nur, dass die wesentliche Energie Sonne (= Lebenskraft) in dieser Jahreszeit in Form des Zwillings (= Intellekt) besonders wirkt, während sie sich etwa im März (= Widder; die Natur schlägt aus) eher in Form von drängenden Kräften äußert. Es ist offensichtlich, dass zwar alle am 1. 6. 1960 Geborenen »Zwillinge« sind, dass sie aber vermutlich mehr trennt, als sie gemeinsam haben – nicht alle Zwillinge sind intellektuell, nicht alle Widder Vorwärtsdränger.

Dazu ist zu sagen, dass das Geburtshoroskop eine ungeheure Fülle weiterer Deutungsmöglichkeiten offenbart, vor denen die ursprüngliche Zuordnung »Zwilling« total verblassen kann. Zudem ist es durchaus nicht egal, in welchem Jahr, in welcher Kultur und mit welchem Geschlecht ein Mensch zur Welt kam.

Ähnliches gilt für die kabbalistische Deutung. Hier erfolgt der Zeitschnitt nicht vertikal wie bei der Astrologie, sondern horizontal. Das heißt, alle an einem 1. (10., 19., 28.) Geborenen, egal, in welchem Monat, weisen einige ähnliche Eigenschaften und Fähigkeiten auf. Doch wie sich die Schöpferkraft der 1 in einem individuellen Leben durchsetzen kann, hängt in hohem Maße von dem Gesamtbild der Persönlichkeit eines Menschen ab. Das Geburtshoroskop wie auch die kabbalistische Analyse vermögen nur einen Rahmen zu geben – quasi das Grundgerüst eines Menschen. Im Laufe eines Lebens baut sich darüber Schicht um Schicht eine Persönlichkeit auf, die die angeborenen Anlagen bis zur Unkenntlichkeit verdecken kann. Vielleicht ist das ein Mensch, der seinem ursprünglichen Wesen sehr stark entfremdet ist – das aber lässt sich nicht aus Zahl und Namen (oder Geburtshoroskop) ablesen, im besten Fall eine Tendenz, in welche Richtung die psychischen Mechanismen wohl wirken werden.

Die in diesem Band vorgestellten Deutungen des Geburtstages und Namens sind ein unverzichtbares Grundgerüst, aber nicht mehr. Der versierte Kabbalist kann noch erheblich tiefer in das Wesen eines Menschen (und den »Lauf des Schicksals«) eindringen, wozu es aber einiger Menschenkenntnis und auch astrologischer Erfahrung bedarf. Die Kenntnis des eigenen Selbst und des Wesens anderer Menschen sind nur zwei Seiten ein und derselben Medaille. Ich brauchte viele Jahre, um herauszufinden, warum so viele Leute sich in der Einschätzung anderer so gründlich irren – sie kennen sich selbst nicht. Menschenkenntnis und Selbsterkenntnis hängen untrennbar zusammen.

Die Zahl des Charakters

»Alles ist Zahl.«

(Pythagoras zugeschrieben)

Kommen wir zum praktischen Teil der Kabbalistik. Jede noch so große Zahl lässt sich durch wiederholtes Addieren ihrer Ziffern auf eine einstellige Zahl zurückführen: diese stellt ihre innere, okkulte Qualität dar. Das Jahr 1999 etwa hat die Grundzahl 1, die sich aus der Addition $1 + 9 + 9 + 9 = 28$, $2 + 8 = 10$, des Weiteren $1 + 0 = 1$ ergibt. Reichstein nennt diese Operation »involvieren«, andere sagen dazu »kabbalisieren«. Exakt derselbe Vorgang wird sich bei der Analyse der Namen wiederholen, wo jedem Buchstaben eine bestimmte Zahl zugeschrieben wird. Letztlich bekommen wir für jeden Menschen zwei Grundzahlen, die Zahl seines Geburtstages und die Zahl seines Namens, die zusammen die Stützpfeiler in der Charakterdeutung ausmachen. Die Zahl 0 spielt übrigens in dem hier vorgestellten System keine Rolle, da das Nichts nicht unmittelbar erfahren werden kann.

Die beiden Grundzahlen werden immer gemeinsam zur Deutung herangezogen, wobei die Zahl des Geburtstages an *erster Stelle* kommt. Geburtsmonat und -jahr haben bei dieser Analyse ein geringeres Gewicht; ihr korrekter Einsatz wird im Kapitel »Die Zahl des Lebenswegs« besprochen. Das heißt nicht, dass sich die Kabbalistik mit der Astrologie, die auf den Monatsrhythmen aufbaut, nicht verträgt. Vielmehr gibt es eine innere Entsprechung, da die Zahlen 1 bis 9 Planeten zugeordnet sind. Doch eine endgültige, umfassende Zuordnung von kabbalistischer Zahlen- und Namensdeutung zur Astrologie steht noch aus, da die bisherigen Versuche nicht sehr überzeugend waren.

Die kombinierte Deutung aus Geburtstag und Name liefert in der Regel ähnliche, wenn auch nicht so detaillierte Ergebnisse wie das Geburtshoroskop. Der Vorteil der kabbalistischen Methode gegenüber der Berechnung aus der Geburtszeit liegt in ihrer einfachen Handhabe und dem Verzicht auf eine exakte Geburtszeit, die ja nicht immer bekannt ist.

Das *Tagesdatum* der Geburt ist eine Schlüsselzahl, die den Menschen ein Leben lang begleitet. Sie symbolisiert jenen Teil des Schicksals, das nur angenommen, nicht aber verändert werden kann. Annehmen bedeutet verstehen und letztendlich meistern. Wobei hinzugefügt sei, dass die Zahl der Geburt die äußere, »materielle« Seite eines Menschen widerspiegelt, während die Zahl des Namens sein spirituelles Wesen charakterisiert.

Die folgenden, den neun Grundzahlen beigegebenen Charakteristika mögen manchmal altmodisch klingen. Doch ich sehe nicht, welchen Vorteil es hat, das ganze System in das Denken und Begriffsfeld der modernen Psychologie überzuführen. Wer ein wenig mit der Zahlendeutung vertraut ist, weiß recht genau, welche Schwierigkeiten die 4 (= Uranus, gleichbedeutend mit Reformbestrebungen und plötzlichen Änderungen) mit der Zahl 8 (= Saturn, die Kräfte der Beharrung) hat. Es erhöht die Erkenntnismöglichkeit nicht, wenn ich stattdessen von Hemmung und Entfremdung, von Neurose und Paranoia spreche. Charakterliche Fixierungen zu erkennen und aufzulösen ist notwendig, es beantwortet aber nicht meine Frage nach dem Lebenssinn.

In der Astrologie ebenso wie im I Ging und im Grunde in allen esoterischen Systemen geht es darum, die grundlegenden Qualitäten der menschlichen (kosmischen) Energien zu verstehen. In der Zahlenmystik werden sie in den Zahlen 1 bis 9 ausgedrückt. Astrologie und Kabbala versuchen, die Qualität der Zeit zu messen, die günstigen und ungünstigen Zeiten eines Menschen zu finden. Jeder spürt, dass er Tage hat, an denen seine Lebenskraft stärker lodert, und solche, wo die Flamme schwächer brennt. Das hat nicht nur mit der Jahreszeit, dem Wetter und allfälligem Schlafmangel zu tun, sondern hängt mehr vom Rhythmus der Energien ab, die den Kosmos durchpulsen und die wir individuell anders spüren.

Der große Unterschied zu einer rein psychologischen Weltanschauung besteht darin, dass in esoterischen Systemen die Arbeit noch nicht getan ist, wenn man seinen Charakterpanzer erkennt und aufarbeitet, sondern dass sie im Grunde genommen erst beginnt.

Doch zurück zu den Grundzahlen. Den grundsätzlichen Charakteristika ist eine kurze Eigenschaftsauflistung unter dem Begriff »positiv« und »negativ« beigefügt. Jede der neun Grundenergien kann im Prinzip »ausgereift«, »übertrieben« oder »gehemmt« auftreten, sodass sich die Charakteristik der Zahl entsprechend abwandelt. Wie im folgenden Kapitel klar werden wird, ist der eine Teil des menschlichen Wesens, der durch die Zahl des Geburtstags charakterisiert ist, »gefärbt« durch die zweite Grundzahl, die Zahl des Namens. Bei der Namensanalyse wird sich zeigen, dass es auch eine Rolle spielt, wie eine Zahl entstanden ist. Dort wird ja die Grundzahl des Vornamens zu der des Nachnamens addiert, und ein 7er kann als Wurzel 1 plus 6 oder 3 plus 4 haben, was der Zahl 7 eine jeweils unterschiedliche Note verleiht.

In einigen Fällen wird die Charakteristik einer Zahl nicht recht zu einem Menschen passen. Das ist dann der Fall, wenn jemand nach Mitternacht, aber noch vor Sonnenaufgang geboren ist. Wenn z. B. eine Geburt am 13. 8. um 1 Uhr morgens erfolgte, dann ist das Neugeborene zahlenmystisch (auch astrologisch) dem Vortag zuzuzählen, da der Tag esoterisch immer mit dem Aufgang der Sonne beginnt. In diesem Fall wird die Charakteristik der Zahl 4 (13 = 1 + 3) kaum zutreffen, dafür sehr gut jene der Zahl 3. Da sich 4er und 3er sehr auffällig voneinander unterscheiden, ist die korrekte Zuordnung von offiziellem und astrologischem Geburtstag durchaus wichtig. Keine Rolle spielt es, wenn jemand nach Sonnenuntergang, aber vor Mitternacht geboren wurde, da der Einfluss des Tages bis zum nächsten Sonnenaufgang wirkt.

Wenn Sie die ungefähre Geburtszeit eines Menschen nicht kennen und die Charakteristik der Zahl des Geburtstages nicht stimmig ist, dann orientieren Sie sich bitte an der einstelligen Zahl, die *zuvor* kommt – in der Regel trifft sie genau zu. Kennen Sie also, sagen wir, einen Mann, der am 3. 7. geboren wurde, der jedoch wenig Eigenschaften der optimistischen, überschwänglichen, reiselustigen 3 aufweist, aber sehr viele Eigenschaften der launischen, sensiblen, unsicheren 2, dann ist es sehr wahrscheinlich, dass er am 3. 7. zwischen Mitternacht und Sonnenaufgang geboren wurde.

Noch eine Anmerkung: Wie gut sich eine Zahl entfalten kann, hängt durchaus von ihrer »Herkunft« ab (siehe das

Kapitel »Doppelzahlen«). Es macht für den Lebensverlauf einen Unterschied, ob jemand an einem 5., 14. oder 23. geboren ist, obwohl letztlich alle drei 5er sind. Am ungünstigsten ist hier die 14, da Menschen mit dieser Zahl zwar materiell leicht erfolgreich sein können, in privaten Beziehungen und familiären Angelegenheiten aber weniger vom Glück begünstigt sind.

Die Zahl 1

Wille, Stolz, Schaffenskraft, Ruhm

Die Zahl 1 ist Symbol des Geistig-Himmlischen, des Anfangs, der Schöpfung, der Einheit. Sie versinnbildlicht Wille und Kraft. Sie ist die Zahl, in der alles Seiende enthalten ist, Symbol des Bewussten. Auf der Ebene der Persönlichkeit steht die 1 für Kreativität und Individualität.

1er-Menschen sind jene, die am 1., 10., 19. oder 28. eines Monats zur Welt kamen. Verstärkt wird die Wirkung bei Menschen, die auch im Tierkreiszeichen des Löwen geboren wurden, also zwischen dem 23. 7. und 22. 8.

Harmonie: Zur 1 passen die Zahlen 2, 4 und 7. (Damit ist nicht in erster Linie Partnerschaft gemeint, sondern die zweite Grundzahl, die Namenszahl.)

Astrologische Entsprechung: Sonne

1er sind zumeist durchsetzungsfähige, stolze und auch hartnäckige Naturen, die sehr zielstrebig handeln. Die Zielstrebigkeit äußert sich beruflich wie privat (z. B. in der ausdauernden Verfolgung eines Hobbys). 1er streben eine herausragende gesellschaftliche Stellung an. Die Sonne ist eine Energie des Intellekts – 1ern ist sehr daran gelegen, als intelligent zu gelten. Sie leben stark durch ihren Kopf (wirken daher in ihrem Verhalten oft sehr bestimmt, womit 1er-Frauen auf Männer häufig einschüchternd wirken, es sei denn, ihre 1er-Kraft wird durch feminine Namenszahlen wie 2 oder 6 kaschiert). Wenn sie jemanden nicht mögen, dann gründlich. Der natürliche Aufenthalt für 1er sind Führungspositionen.

Ihr Gemüt ist eher sonnig. (Wie schon angedeutet wurde: Zur vollständigen Deutung eines konkreten Menschen braucht man noch die Namenszahl; diese kann der Geburtszahl unterstützend, neutral oder abschwächend gegenüberstehen. Kommt zur 1 eine 2 oder 5 bzw. 8, werden neben dem sonnenhaften Selbstbewusstsein Unsicherheit und Selbstkritik zu bemerken sein, was die Interpretation der 1 also stark abändert.) 1er sind treue Menschen und helfen gerne. Sie werden im Leben untergeordnete Stellungen, in denen sie sich nicht entfalten können, zu meiden trachten. Sie verfügen auch über die Energie, ihre Ziele zu verwirklichen. Streben Erfolg eher in gesellschaftlichen Positionen an (Karriere). Verlangen Respekt. Kommen mit Misserfolgen sehr schlecht zu Rande (Versagensängste gehören zu den wenigen Momenten, die in 1ern echte Depressionen auslösen können). Vertragen schlecht Einschränkungen, obwohl sie sich an gesellschaftliche Regeln halten. Sind als Freunde treu, ehrlich und zuverlässig. Haben durchaus Glück im Leben, erreichen daher ihre Ziele. Hilfreich dabei ist ihre starke Lebenskraft.

Ein Schlüsselwort für 1er heißt: Selbstverwirklichung. Sie wollen glänzen, anerkannt sein, im Mittelpunkt stehen. Wenn sie ihre kreativen Fähigkeiten verkümmern lassen, werden sie leicht zu mürrischen Grüblern, weil sie tief im Innern spüren, dass sie etwas »verpasst« haben; dann wird postwendend die ganze Welt dafür haftbar gemacht. Misserfolg vertragen sie äußerst schlecht. Negativ kann sich ein gewisser Starrsinn auswirken, der der Wirklichkeit die eigene Vorstellung aufzwingen will. Sie lassen sich nur durch wirklich gute Argumente von Menschen, die sie als Autorität akzeptieren, in ihren Meinungen beeinflussen. 1er reagieren stark auf moralische Vorbehalte, da sie korrekt erscheinen wollen und nichts so sehr fürchten wie sich zu blamieren. Schielen zu sehr auf das, was andere denken und erwarten. Angeberei, gut dastehen wollen, eine starke Unternehmungslust weisen auf eine 1 hin. Auch Egoismus und ein Hang zur Tyrannei mag bei schlecht entwickelten 1ern zu beobachten sein.

Positiv: schöpferisch, handlungsfähig, selbstbewusst, klarer Verstand, fähig, andere anzuleiten.
Negativ: emotionslos, bescheiden (manchmal kriecherisch), nüchtern, herrisch, überkritisch.

Gesundheit: starke Lebenskraft, die sich aber vorzeitig erschöpfen kann (Herz!), da von der 1 geprägte Menschen gern aus dem Vollen leben.

Hinweis für Eltern: Die Sonne will strahlen – diese Einsicht kann die Erziehung erleichtern, wenn das Kind unbedingt im Mittelpunkt stehen will oder selbst noch mit zehn Jahren gerne eine Spielzeugkrone aufsetzt. Streben auch in der Schule danach, die besten zu sein (kein 1er-Kind erträgt schlechte Noten, was z. B. einem 4er-Kind recht gleichgültig ist, da es in seinem Selbstwert nicht so stark von äußerlicher Anerkennung abhängt). Lehnen alles Falsche strikt ab. Auf Unbeteiligte wirkt das oft arrogant, ist es aber nicht. 1er-Menschen empfinden sich unbewusst als Repräsentanten der Sonne – das äußert sich positiv in Hilfsbereitschaft,

negativ in unglaublicher Besserwisserei. Da sie einen angeborenen Ehrgeiz haben, sollten Eltern diesen bisweilen eher
bremsen, als ihn noch anzustacheln, aber den Leistungen
des Kindes Bewunderung bezeugen. 1er-Kinder tun sich
manchmal schwer, auf andere zuzugehen und um Hilfe zu
bitten. Ihr Stolz kann sie bei Kindern, die sich unterlegen
fühlen, unbeliebt machen. Die oft unbändige Kritisierlust
sollte etwas gebremst werden, ebenso der Drang, zu prah-
len oder herrisch aufzutreten. Neigen in der sonnenarmen
Jahreszeit zu Launen und schlechter Stimmung. Man sollte
1er-Kinder konsequent darauf hinweisen, sobald sie sich in
Vorurteilen ergehen.

*Bekannte Persönlichkeiten, die an einem 1er-Tag geboren
wurden:* Brigitte Bardot, Otto von Bismarck, Bert(olt) Brecht,
Richard Burton, Bill Clinton, Lady Diana, Bill Gates,
Johann Wolfgang von Goethe, Sven Hedin, Boris Jelzin,
Hildegard Knef, Heinz G. Konsalik, Adolf Loos, Martin
Luther, Marilyn Monroe, Karl Popper, Artur Rubinstein,
Friedrich von Schiller, Max Schmeling, Mark Spitz, Rod
Stewart.

Die Zahl 2

Gefühl, Empfindungsfähigkeit, Weiblichkeit (Sinnlichkeit)
Mitleid, Inspiration, Wahnsinn, Massensuggestion

Die Zahl 2 ist das Pendant zur 1. Eine weiche, fließende Energie, die sich anzupassen vermag. Ein gutes Bild dafür ist das Wasser (übrigens ein Wort mit dem Zahlenwert 2). Der Mond ist Symbol des Unbewussten, des Seelischen. 2er-Menschen sind an einem 2., 11., 20. oder 29. geboren. Positiv verstärkt wird die Wirkung der Zahl bei Krebs- und Fischegeborenen, also zwischen dem 22. 6. und 22. 7. bzw. zwischen dem 19. 2. und 20. 3.

Harmonie: Am besten passt die Zahl 2 zur 1, eine natürliche Verwandtschaft ist mit der 7 gegeben.

Astrologische Entsprechung: Mond und Neptun

2er sind in der Regel freundliche Wesen, sanft, verständnisvoll, häufig künstlerisch begabt – viele Schauspieler haben eine 2 bzw. 7 in ihren Grundzahlen. Auch jene Sportler, die über gute Reflexe (oder ein gutes Ball*gefühl*) verfügen müssen (unter den führenden Tennisspielern sind 2er respektive 7er häufig zu finden). 2 ist ebenso die Zahl des Wissens und des Gedächtnisses, sie verweist auf ein Interesse an Naturwissenschaft und Technik (Universalgelehrte).

2er sind idealistisch und romantisch, oft neugierig. Es handelt sich um eher weiche Menschen – der Unterschied im Händedruck zwischen 1ern und 2ern lässt sich schon bei Kindern bemerken. Fließende, rundliche Körperkonturen (außer bei Sportlern bzw. wenn die einstellige Grundzahl des Namens 1, 3 oder 9 ist).

Während die Sonnenzahl 1 für Schaffenskraft (= Wille zur Tat/intellektuelle Energie) steht, repräsentiert die Mondzahl 2 die schöpferische Energie (= intuitive Kraft/seelische Energie). Die Energie 2 erlaubt zu fühlen, Liebe geben und empfangen zu können. Hier zeigt sich auch der große Unterschied zwischen maskulinem und femininem Verhalten der Umwelt gegenüber: 1er versuchen in der Regel cool zu sein, von der Welt unbeeindruckt, 2er hingegen sind bereit, sich von der Welt beeindrucken zu lassen (= 2er-Energie). Natürlich sind diese Verhaltensweisen kulturell geprägt, da viele Männer eine starke Yin-Kraft (= 2) in sich haben, aber keinen Weg finden, sie positiv auszudrücken. Wie überhaupt in unserer Kultur fälschlicherweise der Sonne (= dem Willen, dem aktiven Gestalten) immer und überall der Vorzug gegeben wird vor dem Mond (= dem Nachgiebigen, Fantasievollen, Einfühlsamen). Ich denke, dass sich dies im kommenden Jahrtausend ändern wird.

Entsprechend besteht die Aufgabe für 2er darin, ihr Wesen auf fester Grundlage zu entwickeln, eine stabile Identität zu finden. Die Neigung, unbefriedigende Zustände im Alltagsleben einfach »wegzuträumen«, kann sich bei ausgeprägten 2ern bis zum Pathologischen steigern. 2er haben ein Verlangen nach Partnern, die sie nehmen, wie sie sind, die sie bestätigen und ermutigen. Starke 2er sind in einem ungewöhnlichen Maße bereit, sich seelischen Erfahrungen auszusetzen. Positive 2er sind hingebungsvolle Eltern.

Als negativ sind Überempfindlichkeit und ein Mangel an

Ausdauer zu verzeichnen. 2er neigen zu Verzagtheit, wenn sie auf Widerstände oder auf sehr dominierende Menschen treffen. Die seelische Verletzlichkeit kann sich mitunter bis zum Wahnsinn steigern (Novalis war ein typischer 2er). Übertriebene 2er lieben es, zu bemuttern, sind überfürsorglich. Sie sind weniger vital als 1er und bisweilen kränklich (schwaches Immunsystem). Ein starker Mond ist sehr kreativ, ein schwacher Mond seelisch zu empfindlich.

Im Grunde hat Mond/2 keine ausgeprägt negative Seite. Dennoch zeigen sich in der Geschichte viele 2er-Menschen, die von Wahn und Lust zur Kriminalität besessen waren – bei ihnen repräsentiert die Zahl 2 den Neptun in seiner negativen, wahnhaften Variante. Im Positiven ist die neptunische Energie dem Mond sehr ähnlich (einfühlsam, opferbereit, intuitiv), im Negativen kann sich neptunischer Wahn zu monströsen Ausmaßen steigern: Hier finden wir die wohl kältesten Menschen des 20. Jahrhunderts: Stalin, Hitler, Milosevic, Mussolini – alle an einem 2er-Tag geboren und alle besessen.

Neptunisch sind auch Heimlichkeiten und Gifte. Der Giftgasanschlag der AUM-Sekte (= 11/2) in der Tokioter U-Bahn, bei dem 12 Menschen starben und über 5000 verletzt wurden, fand am 20. (= 2) März (= Fische, Regent Neptun) statt. *Astrologischer Nebenhinweis:* An diesem Tag befand sich Neptun auf 25 Grad Steinbock, in Konjunktion mit dem Fixstern Terebellum, zu dessen Charakteristika »Terrorismus, Gewalt, Massenmord« gehören. Wie zu erwarten, hat das auf diesen Augenblick (kurz vor 8 Uhr morgens) und den Ort Tokio erstellte Horoskop seinen höchsten Punkt (= die Himmelsmitte; symbolisiert das Ergebnis eines Ereignisses) in enger Verbindung mit Neptun bzw. Terebellum. Die Sonne stand übrigens auf 29 Grad Fische, wo auch der Fixstern Scheat positioniert ist, dessen Deutung lautet »Unglück, Mord, Selbstmord, Leiden, großes Unglück«.

Wie Mond und Neptun zu unterscheiden sind? Beide besetzen die Zahl 2. Da der Mond keine gravierenden negativen Schwingungen besitzt (mondbetonte Menschen sind bisweilen launisch, neigen zu Erkältungskrankheiten, legen vielleicht zu großen Wert auf körperliches Wohlbefinden, sind zu wenig entschlussfreudig), lässt sich die Unterscheidung Mond/Neptun nur indirekt, über das Verhalten treffen. Neptunier neigen eher dazu, in etwas Größerem aufgehen zu wollen (sei es in einer Gruppe, Menschenmassen, einer Ideologie oder dem Nirwana); auch ist ihre Sorge um den körperlichen Erhalt gering bis nicht vorhanden. Sie sollten unbedingt danach trachten, sich ihre imaginäre Welt auch als Erwachsene zu erhalten. Neptunier können sensibel bis zur totalen Durchlässigkeit sein; da dies potenziell lebensbedrohlich ist, bauen sie entweder eine Scheinwelt um sich auf oder betäuben sich mit Drogen (ein mondbetonter Mensch würde so etwas nicht tun).

Positiv: vermittelt Geborgenheit, Menschlichkeit, guten Kontakt zur Psyche, fürsorglich, geduldig, friedliebend, intuitiv. *Negativ*: nicht erwachsen werden, Probleme mit der eigenen Identität, zu passiv, zu nachgiebig, zu launisch, mangelnde Entschlusskraft. Bei Neptun: haltlos, süchtig, grausam, täuschen Empfindsamkeit vor, um ihre Kälte zu tarnen (in den Namenszahlen taucht dann eine 7 [= Machtbedürfnis], oder eine 8 [= Härte] auf).

Gesundheit: 2er sind nicht so »unverwüstlich« wie die 1er, dennoch können sie viel älter werden als 1er, weil sie ein gutes Gespür dafür haben, mit ihrer Energie haushälterisch umzugehen (wenn sie es schaffen, negative Gefühle zu vermeiden, wie es z. B. die älteste Frau der Welt, Jeanne Calment, getan hat!) und ihren Körper zu erhalten. Neigung zu Erkältungskrankheiten.

Hinweis für Eltern: 2er-Kinder wirken weich und sanft, was aber keineswegs heißt, dass sie schwach sind. Bereits im Mädchenalter kann man oft den Archetypus der Frau spüren, entweder indem sie früh Rundungen ausbilden oder eine Vorliebe für Schmuck, Parfums, Süßigkeiten usw. zeigen. So wie der Mond regelmäßig seine Gestalt wechselt, ergeht es 2er-Kindern auch mit ihren Stimmungen. Besonders zur Zeit des Vollmondes sind sie empfindlich, umso mehr, wenn der Mond zu ihrer Geburt schon sehr rund war. Wenn das Kind sehr fantasievoll ist, sollte man ihm seine Welt nicht durch den Zwang zu Vernunft rauben. Logik ist nicht unbedingt ihre Stärke. Braucht Hilfe zur Stärkung der Entschlusskraft. Vertragen Streit schlecht (das heißt aber nicht, dass sie sich mit den Geschwistern nicht in den Haaren liegen würden). Neigung, sich in zu vielen Freundschaften zu verlieren. Jungen mit der Zahl 2 sind nicht ganz so empfindsam und launisch wie Mädchen, haben es dafür in einer rauen Macho-Umgebung sehr schwer, in ihrer Eigenart akzeptiert zu werden. Sind von Natur aus nicht besonders ehrgeizig oder auffallend mutig. 2er-Kinder nehmen sehr stark Stimmungen und Umstände aus der Umgebung auf. Leiden von allen Kindern (mit den 7ern) bei Scheidungen am meisten.

Bekannte Persönlichkeiten, die an einem 2er-Tag geboren wurden: Honoré de Balzac, Bhagwan, Giacomo Casanova, Cher, Fjodor M. Dostojewskij, Max Ernst, Mahatma Gandhi, Rex Gildo, Martha Graham, Hermann Hesse, Friedrich Hölderlin, Ernst Jünger, Oswalt Kolle, D. H. Lawrence, Thérèse de Lisieux, Sophia Loren, Novalis, Hermann Prey, Arthur Rimbaud, Richard Strauss, Émile Zola.

Die Zahl 3

Glück, Ehrgeiz, Ausdauer

Die 3 gilt gemeinhin als Glückszahl, die für spirituelle Gemeinschaft (Dreieinigkeit) ebenso charakteristisch ist wie für die Ehe. Die 3 entsteht aus der Vereinigung von (männlicher) 1 mit (weiblicher) 2, symbolisiert auch durch das Kind. Die 3 steht für Expansion und Steigerung.

3er-Menschen sind an einem 3., 12., 21. oder 30. geboren. Verstärkt wirkt die Zahl bei Schützegeborenen, die in der Zeit von 23.11. bis 20.12. Geburtstag haben.

Harmonie: Die Kraft der 3 harmoniert besonders gut mit 6 und 9; Cheiro spricht von einer »Linie der Kraft«.

Astrologische Entsprechung: Jupiter

Jupiter gilt in der Astrologie als der große Glücksbringer (Venus verkörpert das kleine Glück). Die 3er kennzeichnet eine ehrgeizige und vernünftige Natur, was ihren Berufsweg erleichtert. Eine machtvolle Energie, aus der auch Strebertum und Rücksichtslosigkeit resultieren können. Sie möchten gern etwas Großes schaffen, um damit der Nachwelt in Erinnerung zu bleiben. Der Aspekt der Ausdehnung kann materiell, geistig oder eher wörtlich (Übergewicht) genommen werden: 3er reisen gern und haben Interesse an fremden Kulturen.

Die Jupiterkraft verweist ursächlich nicht auf gesellschaftlichen Aufstieg, sondern auf religiöse Erfahrung (und zwar jene der Dogmatik, der klassischen Religionen). Heute muss die Bedeutung der 3 auf soziale Fragen ausgeweitet werden. 3er, die mit sich selbst nicht einig sind, pfeifen auf soziale Anerkennung, lehnen Ehrungen ab, sind unzufrieden und unduldsam gegenüber der Umwelt. Sie fühlen sich unterbewertet, missachtet und schlucken aus Stolz Benachteiligungen oder schwelgen im Stillen über die Bedeutsamkeit ihrer Existenz. Brauchen viel Aufmerksamkeit, reden daher mit Vorliebe über sich selbst. Im Zuhören sind sie weniger gut.

3er haben das große Ganze im Auge und lassen sich nur ungern von hinderlichen Details aufhalten. So wie es beim jupiterregierten Zeichen Schütze häufig zu beobachten ist, sind 3er gern zu optimistisch hinsichtlich ihres eigenen Könnens (und der ihnen zukommenden Stellung). 3er sind in der Regel gewissenhaft, lieben geordnete, überschaubare Verhältnisse. Sie sind zwar verantwortungsbewusst und erfüllen pedantisch ihre (selbst auferlegten?) Pflichten, werden aber dennoch in untergeordneten Stellungen nicht glücklich. In der Regel höfliche und ehrliche Menschen mit Mitgefühl. Legen Wert auf Weltanschauung (Ethik, Religion, Ideologie oder ganz einfach eine große, fast religiöse Naturbewunderung).

Negativ ist eine gewisse Neigung, andere herablassend zu betrachten und zu beurteilen, ein Hochmut, der zum Bedürfnis nach Überlegenheit passt, ein Optimismus, der Schwierigkeiten und Probleme einfach nicht zur Kenntnis nehmen will. 3er neigen auch dazu, ihre Erinnerungen rigoros zu zensieren, auf dass nur das Gute, Wahre und Schöne übrig bleibt (den 6ern ähnlich). Werden sie in ihrer selbst geschaffenen Grandezza gestört, können sie recht bissig werden. Cheiro warnt vor »stolzer Abkapselung«. Launenhaft und/oder schwatzsüchtig. Können eine gewisse Penetranz ausstrahlen. Neigung, Geld mit leichter Hand auszugeben.

Positiv: Fähigkeit zum Ausbau, zur Weiterentwicklung jeder menschlichen Lebenslage, Optimismus, Gottvertrauen.
Negativ: Neigung, sich vom Partner (von anderen) fördern zu lassen, Hang, andere zu beurteilen, maßlos im Genuss.

Gesundheit: stabil und stark. Da dem Jupiter die Leber zugeordnet ist, sollten 3er bei Alkohol und fetthaltigen Speisen etwas Zurückhaltung üben. Wenn von der Zahl 3 geprägte Menschen zunehmen, dann zuerst an den Oberschenkeln. 3er müssen sich auch mit Hautproblemen (Trockenheit) herumschlagen.

Hinweis für Eltern: Es ist nicht einfach, Kindern, die an einem 3er-Tag geboren sind, die Grenzen richtig zu setzen. Jupiter-Geborene haben eine Tendenz zur Maßlosigkeit, die sich je nach Veranlagung und Lebensumständen sehr unterschiedlich äußern kann – emotionell, im Essen, Erfolgsstreben, in schlechten Stimmungen. Dreier-Kinder können im Bewusstsein ihrer Stärke zu kühn sein. Ausgeprägte Neigung zur Bequemlichkeit – von sich aus übernehmen sie keinerlei Hausarbeit, das ist ihnen zu minder (gilt im Prinzip auch für 1er-Kinder, bei denen das aber durch Hilfsbereitschaft aufgewogen wird). Geben gerne an mit dem, was sie können. Wenn sie sich kontrolliert fühlen, sind Zornesausbrüche nicht ungewöhnlich. Wenn Ihr Kind in übertriebenem Optimismus schwelgt, sollten Sie es bei passender Gelegenheit behutsam an die Wirklichkeit anpassen, ohne ihm die Lebensfreude zu nehmen. 3er-Kinder tendieren auch zu einer gewissen Überheblichkeit. Erhält das Kind nicht genügend Lob, Zustimmung und Aufmerksamkeit, wird sich das später in beruflichem Stress, Überarbeitung, unkontrollierter Sexualität u. ä. Übertreibungen äußern.

Bekannte Persönlichkeiten, die an einem 3er-Tag geboren wurden: Johann Sebastian Bach, Joseph Beuys, Norbert Blüm, George Bush, Winston Churchill, Jane Fonda, Gene Hackman, Ernest Hemingway, Franz Kafka, Jean-Claude Killy, Franz Klammer, Helmut Kohl, Jiddu Krishnamurti, Sergio Leone, Jack London, August Macke, Luciano Pavarotti, Frank Sinatra, Georg Solti, Mark Twain, Swami Vivekananda.

Die Zahl 4

Umbruch, Reform, Kritik, Freiheit

Die 4 ist eine Zahl, die optisch an ein Kreuz erinnert: das Kreuz des Lebens, wo Körper und Geist einander begegnen. Die Zahl der Welt (4 Himmelsrichtungen, 4 Mondphasen). Die Zahl des Chaos, der Widerstände, des Zweifels und der Schwierigkeiten, aber auch die Zahl der Genialität.

4er-Menschen sind die an einem 4., 13., 22. oder 31. Geborenen, deren Energie sich verstärkt, wenn sie im Wassermann (20. 1. bis 18. 2.) zur Welt kamen.

Harmonie: Am besten passt die 4 zur 1, gut ist auch die 7.

Astrologische Entsprechung: Uranus/Saturn.

4er-Menschen sind eigenwillige Zeitgenossen, die viel Wert auf eine persönliche Weltanschauung legen, die nicht selten im totalen Gegensatz zu der gerade in der Allgemeinheit vorherrschenden Meinung steht. Sie sind Reformer und Umstürzler (sowohl geistig als auch politisch). Ihnen ist jegliche Obrigkeit zutiefst verhasst. Nicht selten wird ihnen der Kampf gegen anmaßende Politiker und ungerechte Gesetze zur Berufung. Gesellschafts-, Kunst- und Kulturkritik liegen ihnen nahe. Sie lehnen zwar die Willkür und Gewalt der Anarchie ab (da sie Harmonie und Ordnung durchaus schätzen), aber nicht ihre freiheitlichen Prinzipien. Folge: Sie stoßen ihr Leben lang auf Ablehnung, Kritik, Widerstände. 4er sind nicht besonders sozial, sie lehnen Denken und Handeln im Kollektiv ab.

Sie sind geistig sehr rege und wählerisch in Freundschaften (dafür sehr ausdauernd und treu). Eher ernstes Naturell, hassen Umständlichkeit, Vergeudung. Fühlen sich oft missverstanden. Ihre Leistung beruht auf intelligenter (nicht bürokratischer) Effizienz. Leben deswegen selten über ihre Verhältnisse (große Ausnahme natürlich, wenn zur Geburtszahl 4 noch eine Namenszahl 4 kommt; da tritt leicht die unbeständige Natur zu Tage). Reife 4er sind vermutlich die rationalsten und zur größten Objektivität fähigen Menschen; häufiger aber ist der Typus des Idealisten bzw. jenes Menschen, der immer genau weiß, was er nicht will, aber ein Leben lang die Frage, was er denn will, nicht endgültig beantworten kann. Sind im Leben vielen Veränderungen ausgesetzt.

Ausgesprochene Karrieristen sind unter dieser Zahl selten zu finden, da ein 4er nicht so schnell bereit ist, seine vielfältigen Interessen und seinen Drang nach Unabhängigkeit ohne weiteres zu opfern. Geld ist für 4er selten die primäre Antriebskraft. Sie wirken auf andere geheimnisvoll, wenn ihre Energie stark ist. Sprunghaftes Temperament.

Mit 4ern zusammenzuleben ist nicht leicht, da ihr Geist oft wechselhaft und ungeduldig ist. Vorteil: Sie sind gute Zuhörer. Die Interessen ändern sich bei 4ern rasch, da ihnen vor nichts mehr graut als vor Routine, Langeweile, Eintönigkeit. Ein 4er wird es ohne Buch kaum länger als einen halben Tag am Strand aushalten, und sollte er sich noch so sehr auf den Urlaub gefreut haben. Uraniker sind unruhige Menschen, die viele Sachen gleichzeitig angehen und häufig umziehen.

Negative Aspekte sind ein Mangel an Ausdauer, eine gewisse Streitlust und Überempfindlichkeit (wenn eine 2 in der Nähe ist). Männer sind bisweilen zu sehr von ihrem starken Sexualtrieb beherrscht, daher Neigung zu Affären (Richard Gere z. B. ist ein 4er). Anlage zu Melancholie (die größte Schwierigkeit für die 4 ist, die 8, Saturn, zu meistern, obwohl sowohl 4er als auch 8er sich selbst leicht disziplinieren können, aber aus unterschiedlichen Erwägungen heraus: 4er, weil sie etwas schaffen wollen, 8er, weil sie sich Normen und Erwartungen unterordnen). Übertriebene 4er sind Exzentriker. 4er sollten sich zudem hüten, ihrer

Neigung zur Einsamkeit nachzugeben. Menschen mit der Geburtszahl 4 und einer Namenszahl 3 ist geraten, ein vorsichtiges Leben zu führen – ansonsten sind Krankheit, Schicksalsschläge und früher Tod denkbar.

Auch das Absurde und Komische findet sich unter der Zahl 4 – die Marx Brothers (= 13/4) sind ein Beispiel dafür. Unter 4ern finden sich oft Mehrfachbegabungen.

Positiv: Unabhängigkeit, Freiheit, Fähigkeit, sich von Konventionen lösen zu können, die Kraft für Ideale.

Negativ: Angst vor plötzlichen Umbrüchen (die 4er immer wieder treffen), unterwirft seine Neigung den Erwartungen anderer, isoliert sich.

Gesundheit: Von der Zahl 4 geprägte Menschen sollten unbedingt einen Sport betreiben, der ihnen starke Waden beschert, die vom Zeichen Wassermann/Uranus regiert werden. Symbolisch dienen sie dazu, dem größten Fluch des 4ers – der Unfreiheit – *laufend* zu entkommen. 4er brauchen unbedingt eine Vertrauensperson – können sie ihre Gedanken und Gefühle niemandem anvertrauen, leiden sie unter Verdauungsbeschwerden und Herzschmerzen.

Hinweis für Eltern: Kinder unter starkem Uranuseinfluss können früh in die Rolle des Außenseiters gedrängt werden (z. B. einfach durch einen Umzug in eine feindselige Umgebung). 4er sind unter einer rauen Schale immer unsicher und voller Selbstzweifel – der grundlose Optimismus der 3 ist ihnen völlig fremd, nicht aber die Melancholie der 8. Als Uranier kommen sie mit plötzlichen Veränderungen gut zurecht, ja, sie verlangen geradezu danach. Man sollte mit den

Kindern Entspannungsübungen machen bzw. ihnen Techniken zur Beruhigung ihres Geistes beibringen.

Bekannte Persönlichkeiten, die an einem 4er-Tag geboren wurden: Boris Becker, Helena Petrowna Blavatsky, Julius Caesar, Fidel Castro, Claude Debussy, René Descartes, Arthur Conan Doyle, Ludwig Erhard, Georg Iwanowitsch Gurdjieff, Knut Hamsun, Joseph Haydn, Heinrich Heine, Alfred Hitchcock, Curd Jürgens, Wassily Kandinsky, Immanuel Kant, Garry Kasparov, Buster Keaton, Bruno Kreisky, Kris Kristofferson, Wladimir I. Lenin, Primo Levi, Norman Mailer, Yehudi Menuhin, Thomas Merton, Yves Montand, Maria Montessori, Rainer Maria Rilke, Arthur Schopenhauer, Franz Schubert, Luis Trenker, Otto Waalkes, Richard Wagner.

Die Zahl 5

Intellekt, Kommunikationsfähigkeit, Veränderung

Die Zahl 5 steht in der Mitte der einstelligen Zahlenreihe. Sie wurde auch als » Symbol der zusammengefassten Kraft« bezeichnet, die mit allen anderen Energien harmoniert. Das Pentagramm, die fünf (chinesischen) Elemente bzw. Wandlungsphasen (Erde, Feuer, Wasser, Holz, Metall), die fünf Sinne. Neutral.

5er-Menschen sind alle an einem 5., 14. oder 23. Geborenen. Die 5er-Eigenschaften verstärken sich bei den Zeitabschnitten, die dem Planeten Merkur zugeordnet sind, also bei Jungfrauen (23. 8. bis 22. 9.) und Zwillingen (23. 5. bis 23. 6.).

Harmonie: Die 5 harmoniert mit allen anderen Zahlen, am wenigsten vielleicht mit der 2 und der 8.

Astrologische Entsprechung: Merkur

5er sind meist intelligente, vielseitige Menschen. Sie sind emotional beweglich, denken und handeln rasch, da ihr gravierendster Mangel Ausdauer ist. So rapide ihr Interesse für eine Sache aufflammt, so schnell kann es wieder erlöschen. Sie reden gern und gut. Kommen rasch und leicht mit Menschen in Kontakt, ohne dass sie tiefere Bindungen eingehen. Bisweilen zu kritisch und distanziert, da sie ihr Gegenüber rasch erfassen. 5 ist die Zahl der Journalisten, der Kaufleute, der Gauner und Diebe. Geistig und körperlich beweglich (auch wenn sie korpulent sind!). Haben oft mehrere Talente und probieren allerhand aus. Selbst bequeme 5er zeigen eine gewisse Risikofreude, da die Zahl eine große Affinität zu Spiel und Spekulation hat.

Feste Beziehungen sollten 5er schon in jüngeren Jahren eingehen – der Halt tut ihnen gut. Besonders Frauen, deren 5 eine jungfräuliche (statt zwillingehafte) Natur hat, werden sich in späteren Jahren auf Grund ihres hohen Anspruches und der ungebrochenen Kritiklust (bis hin zu chronischem Nörgeln) in festen Partnerschaften sehr schwer tun.

Negativ zu erwähnen ist eine gewisse Disposition, sich nervlich zu verausgaben, das geringe Durchhaltevermögen, die Neigung, rasch aufzubrausen (der Zorn verraucht bei 5ern aber wieder schnell), große Lust an Kritik um der Kritik willen. Ihr ständig aktiver Geist lässt sich nur schwer beruhigen, weshalb 5er häufig beim Einschlafen Probleme haben.

Die Qualität der 5 hängt mehr als jede andere Energie davon ab, wie sie zu Stande kommt (das gilt vor allem für eine 5 der Namenszahl: 2 addiert mit 3 aus Vor- und Nachnamen ergeben eine 5 mit kaufmännischen Fähigkeiten, wohingegen jemand mit der Vornamenszahl 7 und einer Nachnamenszahl 7, ergibt 14 und damit wiederum 5, kein Intellektueller ist, sondern ein nostalgischer, verträumter Mensch, sehr neugierig, mit großer Neigung, anderen zu helfen). 5er sind meistens sanft, witzig, ein wenig unstet, gute Plauderer, an vielen Themen interessiert, auch an abstrusen, an die sie mit rationaler Denkweise herangehen.

Dem Merkur zugeordnet sind das Spiel, der Handel, das Reden und Schreiben, negativ der Betrug und die Hinterlist. Können sich eine gewisse unbekümmerte Jugendlichkeit oft bis ins Alter bewahren, sie sind charmant und anpassungsfähig. Merkurisch beeinflusste Menschen haben oft sehr ausgeprägt zwei Seiten. Merkur regiert die beiden Zeichen Zwillinge und Jungfrau, wobei das »Faust«-Wort »Zwei Seelen wohnen, ach, in meiner Brust« den Prototyp des Zwillings bezeichnet. Merkurisch ist die Neugierde, die Reisefreude, der Humor (mit der 4), eine beständige Lust am Lernen, ebenso die Kritiklust. Ohne menschliche Kontakte trocknen 5er aus – sie und die Menschen mit der Venuszahl 6 sind am wenigsten zu einem Leben als Eremit geeignet (obwohl 5er neugierig genug sein können, es zu versuchen, sie werden aber mit Sicherheit nicht glücklich in der Einsamkeit). Wenn 5er das Pech haben, nicht in einer für sie förderlichen Umgebung aufzuwachsen und ihren Intellekt zu bilden, kann sich der merkurische Verstand auch in einem etwas unangenehmen Plapperverhalten äußern. Die 5 ist keine Garantie für überdurchschnittliche Intelligenz.

Positiv: guter Intellekt, ausgedrückt in Schrift (Sprache), allgemeiner Kommunikation.

Negativ: sprachgehemmt, unbeholfen in praktischen Dingen.

Gesundheit: Das Nervenkostüm und die Atmungsorgane sind kritische Bereiche. Ihre körperliche Gesundheit hängt in sehr hohem Maße von ihrer geistigen Haltung ab. Ihre Dünnhäutigkeit lässt sie leicht frieren und beschert ihnen kalte Gliedmaßen, die im Winter unbedingt Schutz brauchen. Die Haut, als Kontaktstelle zur Umwelt, ist eine kritische Zone.

Hinweis für Eltern: 5er sind schnelle, impulsive Kinder mit rascher Auffassungsgabe. Sie sind ständig mit neuen Dingen beschäftigt und haben kein »Sitzfleisch«, sie befinden sich immer in Eile. Sie lieben Spiele und Bewegung. Schließen rasch Freundschaften, neigen aber zu Unbeständigkeit. Da sie Schnelldenker sind, können sie schlecht geduldig zuhören, sind daher in der Vor- und Volksschule oft zappelig und unruhig. Erwachsene 5er erkennt man u. a. daran, dass sie gerne mit Kindern spielen. Reden und diskutieren sehr gerne. Im Grunde heitere Wesen. Mit 5er-Kindern kann man sehr leicht auf Reisen gehen (im Gegensatz etwa zu 2ern und 8ern). Wenn 5er-Kinder sich nach außen hart geben und mit rüden Worten um sich werfen – lassen Sie sich dadurch nicht täuschen, im Inneren sind sie empfindliche Wesen, die eine gleich rüde Behandlung gar nicht vertragen.

Bekannte Persönlichkeiten, die an einem 5er-Tag geboren wurden: Konrad Adenauer, Gerhard Berger, Wernher von Braun, John Cage, Caroline von Monaco, Prinz

Charles, Jean Cocteau, Walt Disney, Albert Einstein, Erich Fromm, Julio Iglesias, Karl Jaspers, Herbert von Karajan, Anatolij Karpow, Erich Kästner, Søren Kierkegaard, Gustav Klimt, Vivien Leigh, Karl Marx, Nostradamus, Max Planck, Albert Schweitzer, Adalbert Stifter, Donald Trump, Paramahansa Yogananda.

Die Zahl 6

Liebe, Freundschaft, Genuss

Die Zahl 6 symbolisiert die Kraft des Eros – sei es in Form von Sex oder künstlerischer Gestaltung. Die Zahl der Beziehung.

Zu 6ern zählen alle Menschen, die an einem 6., 15. oder 24. eines Monats geboren sind. Die 6er-Wirkung tritt verstärkt auf, wenn der Geburtstag zwischen dem 21.4. und 21.5. (Stier) bzw. 23.9. und 22.10. (Waage) fällt.

Harmonie: Am besten ergänzt wird die feinsinnige Zahl 6 durch die kräftigen Zahlen 3 und 9.

Astrologische Entsprechung: Venus

Die Zahl 6 steht für alle sinnlichen Freuden, für Schönheit und Luxus, aber auch für Romantik und die Künste. Bei ausgeprägten 6ern dreht sich das Leben zumeist um Liebe, Sex, Genuss und Anerkennung – Geld ist dazu da, um möglichst rasch und effizient ausgegeben zu werden. Nicht selten wird übertriebener Wert auf das Äußere gelegt. 6er wirken auf das andere Geschlecht anziehend. Bei männlichen 6ern findet sich der Eros bisweilen in sublimierter, vergeistigter Form, wie bei Nietzsche und Freud. Häufiger trifft man aber den Typus des Hedonisten und Materialisten. Prinzipiell ist auch altruistische Menschenliebe hier zu finden, obwohl sie häufiger unter der Zahl 2 zu Hause ist.

Da 6 (= Venus) sowohl den Typus »Stier« als auch die »Waage« umschließt, kommen hier die Deutungen beider Tierkreiszeichen in Betracht. Beiden ist der Wunsch nach Genuss und die Flucht vor niederdrückenden Stimmungen gemeinsam. Doch wo der Stier eher auf den Besitzstand schaut, kommt es der Waage auf Schönheit und Beziehungen an. Unberechenbarkeit und Aufregung schätzen 6er nicht besonders. Sie meiden Streit und eine bedrückende Atmosphäre, können auch mit Trauer und Melancholie nicht gut umgehen.

6er wirken anziehend auf andere Menschen, lieben ein harmonisches Umfeld und schöne Dinge. Sie besitzen ein starkes Bedürfnis nach Anerkennung – ob als Beifall oder Liebe. Labil wird die 6, wenn sie mit der Pluto-Energie (= 7) zusammentrifft. 6 ist auch das Prinzip der Hingabe, was sich ebenso auf Ideen beziehen kann. 6er können leicht abhängig werden von der Zuneigung eines Publikums oder von Partnern.

Überraschend ist, dass man unter 6er-Menschen Draufgänger (die man eher unter 7 oder 9 vermuten würde) findet. Auch hochrangige Militärs haben nicht selten eine Waagebetonung. Astrologisch lässt sich das daraus erklären, dass im Venuszeichen Waage der Saturn (= 8) besonders gut platziert ist. In der Regel sind 6er mit sich zufrieden und haben eine positive Ausstrahlung. Streit vertragen sie nicht, da wirken sie gerne ausgleichend (was typisch für das der Zahl 6 zugeordnete Sternzeichen Waage ist).

Zu den negativen Aspekten zählen bisweilen Lust an der Verschwendung, Überbetonung des Sex, Eifersucht und romantische Träumereien, die mit dem tatsächlichen Leben der Betreffenden wenig zu tun haben. Letzteres ist besonders bei Menschen mit geringer Energie zu beobachten. Selbstgefällig- und Oberflächlichkeit.

Positiv: Fähigkeit, sich abzugrenzen, Genussfähigkeit, Sicherung des Besitzes, stabiles Ich (Stier). Begegnungsorientiert, friedfertig, ästhetische Begabung (Waage).
Negativ: Abhängigkeit, nur sehr eingeschränktes (oder pervertiertes) Genießen, Wehleidigkeit, Wankelmut, Oberflächlichkeit.

Gesundheit: 6er sollten zuallererst auf ihre Nieren achten (genügend trinken, Vorsicht vor nasser Badekleidung, nicht auf kaltem Untergrund sitzen). Nierenbecken und Fortpflanzungsorgane (Geschlechtskrankheiten, Harnleiterentzündung) sind kritische Bereiche.

Hinweis für Eltern: 6er-Kinder sind bis zur Pubertät relativ pflegeleicht, aber dann beginnt ihre wichtigste Zeit. Wenn einmal die Sexualhormone tanzen, stehen Flirten, Ausgehen und Liebeleien auf dem Programm – Moralvorhaltungen der Eltern sind dann weniger gefragt. Das sexuelle Probierverhalten artet nicht unbedingt in Sexsucht aus – ab dem Alter von 24 Jahren beginnen sich 6er ernstlich nach Partnern umzusehen, Sex verliert dann etwas an Bedeutung, dafür gewinnen Schmuck, Einkommen, eine schöne

Wohnung u. Ä. an Gewicht. 6er-Kinder können durchaus launisch sein. Es gibt nämlich zwei Arten – die selbstzufriedenen Stier-6er, die man mit gutem Essen jederzeit ruhigstellen kann, und die Waage-6er, deren Stimmungen auf und ab gehen. Um herauszufinden, welche Natur ein Kind hat, muss man sämtliche Geburts- und Namensdaten analysieren oder in einem Horoskop nachsehen, wo sich Sonne, Mond, Aszendent oder Venus befinden.

Bekannte Persönlichkeiten, die an einem 6er-Tag geboren wurden: Sri Aurobindo, Gilbert Bécaud, Walter Benjamin, Björn Borg, Wilhelm Busch, Joseph Conrad, der Dalai Lama, Bob Dylan, Max Frisch, Zsa Zasa Gabor, Heinrich Harrer, Thor Heyerdahl, Howard Hughes, Lee Iacocca, Martin Luther King, Leonardo da Vinci, Shirley MacLaine, Thomas Mann, Michelangelo, Robert Mitchum, Robert Musil, Napoleon Bonaparte, Lilli Palmer, Rembrandt, Erwin Rommel, Barbra Streisand, Robert Walser, Orson Welles.

Die Zahl 7

Wille zur Macht, Leidenschaft, Magie (Charisma)

Die Zahl 7 ist sehr eng mit der 2 verwandt. Sie nimmt in der okkulten Tradition eine herausragende Stellung ein (7 Throne, 7 Siegel, 7 Kirchen), 7 Planeten regieren 7 Wochentage, die 7 Säulen der Weisheit. 7 hat eine transformatorische oder zerstörende Kraft.

7er sind alle an einem 7., 16. bzw. 25. Geborenen. Die Eigenarten dieser Energie treten stärker zu Tage, wenn der

Geburtstag in den Zeitraum des Skorpions fällt, so zwischen den 23. 10. und 22. 11.

Harmonie: Zur 7 hat die 2 ein inneres Verhältnis. 7ern tut auch die Energie der 1 gut, interessant ist die Verbindung mit der 4. Wenn zur Geburtszahl 7 die Namenszahl 5 kommt, haben die Menschen im täglichen Leben großen Erfolg, allerdings auf Kosten ihrer okkulten Fähigkeiten.

Astrologische Entsprechung: Pluto

7er-Menschen sind oft starke, ausgeprägte Persönlichkeiten, vor allem mit der ergänzenden 2. Sie sind widerstandsfähig, häufig getriebene Naturen, die die Abwechslung, das Spiel und Reisen lieben. Welcher Art ihre Abenteuerlust ist, hängt von der Persönlichkeit der 7er ab. Die Skala reicht von grob sinnlichen Genüssen bis zu geistig-spirituellen Unternehmungen. Mörder, Selbstmörder, Genies, Diktatoren – unter dieser Zahl finden sich viele Naturen, die eine starke Anziehungskraft auf ihre Umwelt ausüben. So war Adolf Hitler von der Namenszahl her ein 7er, ebenso wie die Krankenschwester Waltraud Wagner, die als der Todesengel des Wiener Krankenhauses Lainz traurige Berühmtheit erlangte. Die Lebenslüge führt bisweilen zu dramatischen Zusammenbrüchen. Leidenschaftliche Menschen, die nicht unbedingt gut mit Geld haushalten können – es sei denn, eine sparsame 8 oder eine vernünftige 5 erscheint an prominenter Stelle bei den Lebenszahlen. Faul können sie ebenfalls sein, die 7er. Begabte Künstler und Mystiker. Auch Sportler, die Gefühl und Intuition brauchen, wie etwa Tennisspieler, sind häufig 7er bzw. 2er.

7er sind gesprächig, aber nicht gerade berühmt für ihre Differenzierungskünste, eher schon für ihr Schwarzweißdenken; an einmal Erkanntem pflegen sie zäh festzukleben – Umdenken oder Relativieren ist ihre Sache nicht. 7er in Führungspositionen sind oft auf verbissene Art effektiv. Sie brauchen Zeit zum Nachdenken. Bisweilen verspinnen sie sich derart in ihre Gedanken, dass sie unpraktisch werden, obwohl das nicht ihre eigentliche Natur ist. Neigung zur Nostalgie. Instabiles Gefühlsleben. Ruhelos.

7er sind ihrem Wesen nach freundliche Naturen und (wenn sie es denn wollen) rasch beliebt.

Ein Hinweis ist angebracht: 7er drängt es oft zu einem abenteuerlichen Leben. Leitet sich die 7 aus der 25 her, sind damit weniger Komplikationen verbunden, als wenn sie von der 16 kommt. Auch die 16 fördert den Wunsch nach einem Abenteurerleben, aber damit ist kein Glück verbunden (siehe Kapitel »Doppelzahlen«). Wovor auch immer die 16 flüchtet – sie wird immer wieder vor dieselben Probleme gestellt werden, vor denen sie flüchtet. Die Extremsituation, in die 7er oft geraten, haben nur den Sinn, einen Lernprozeß auszulösen. Das ist nicht zu umgehen. Aber Gefahren sollten nach Möglichkeit gemieden werden.

Positiv: eigene Meinung, eigener Weg, Vorbild, Autorität, psychische Fähigkeiten, starke Ausstrahlung, witzig.
Negativ: der typische »Fan« – braucht etwas zum Anbeten, große Autoritätsgläubigkeit, Nervosität, starke Neigung zu Ängsten aller Art.

Gesundheit: In der Regel haben sie eine starke Lebenskraft, aber 7er neigen dazu, sich zu verausgaben, und benutzen in

Phasen der Erschöpfung zu viele Stimulanzien und Betäubungsgifte. Pluto/Skorpion regiert die Geschlechtsteile, Unmäßigkeit und Sorglosigkeit verursachen Probleme.

Hinweis für Eltern: 7er-Kinder verfügen oft schon in jungen Jahren über eine ungewöhnliche Ausstrahlung. Befindet sich so ein Kind in der Straßenbahn, dann wandern die Augen der Mütter und Omas ganz automatisch in seine Richtung, und ein Lächeln zieht in ihr Gesicht. Wenn sie Charme haben, verzeiht man 7er-Kindern leicht und rasch ihre Launen. Sehr besitzergreifend, anhänglich und eifersüchtig. Können sich manchmal ziemlich herrisch benehmen. Diese für 7er so typische Intensität merkt man bereits im Kindesalter (z. B. beim Sprechen). Nicht ungewöhnlich ist auch die Besessenheit, mit der sie eine Sache bzw. ein Thema verfolgen. Sie brauchen enorm viel Aufmerksamkeit und Zuwendung. Sie haben ein empfindliches Gefühl für Stimmungen und Machtverhältnisse. Leiden sehr unter Ungerechtigkeit. Geben selbst in jungen Jahren oft unerwartet weise Aussprüche von sich. Wenn die neidischen Mitmenschen sie dann als »altklug« beschimpfen, tun sie den 7er-Kindern höchst unrecht, denn sie haben wirklich ein bohrendes Interesse daran, wie die Dinge zusammenhängen, wie Vorgänge funktionieren, wie Menschen sind.

Bekannte Persönlichkeiten, die an einem 7er-Tag geboren wurden: Roald Amundsen, Ingeborg Bachmann, Béla Bartók, Leonard Bernstein, Johannes Brahms, Albert Camus, Enrico Caruso, Charles Dickens, Ralph Waldo Emerson, William Faulkner, Henry Fonda, Erich Honecker, Tom Jones, Elia Kazan, Oskar Lafontaine, Konrad Lorenz, Madonna, Karl May, Joyce Carol Oates, George Orwell, Al

Pacino, Pierre-Auguste Renoir, Anwar al-Sadat, Jil Sander, Claudia Schiffer, Rudolf Steiner, Max Stirner.

Die Zahl 8

Formgebende Kraft, Gerechtigkeit, Weisheit

Die Zahl 8 ist die gestaltende Kraft, das Symbol der Zeit und somit Vergänglichkeit. 8 macht aus der Energie Materie – und löst sie wieder auf. Auch Symbol des Jenseits und der Unendlichkeit. 8 repräsentiert das Gewissen und kann für ein beschwerliches Leben, ein hartes Schicksal stehen.

8er sind alle an einem 8., 17. oder 26. Geborenen. Besonders ist die 8er-Energie ausgeprägt, wenn die Geburt ins Sternzeichen Steinbock (Zeit vom 21. 12. bis 19. 1.) fällt.

Harmonie: Förderlich für die »dunklen«, beschwerlichen 8er sind die »freundlich-hellen« Zahlen 1, 3 und 6; sie mildern laut Cheiro die Härte des »8er-Geschicks«.

Astrologische Entsprechung: Saturn

8er sind vor allem zähe Naturen, die oft unter Anfeindungen zu leiden haben und die lange verkannt werden, da sie dazu neigen, sich innerlich abzukapseln. Ihre Verbissenheit schafft ihnen Gegner. Große Fähigkeit zur Konzentration. Äußerlich wirken 8er hart und ein wenig gefühlskalt. Politisch bisweilen sehr konservativ. Sie fühlen sich Organisationen und Interessengruppen sehr stark verbunden (ganz im Gegensatz zur 4). Sie tun sich schwer, Hilfe anzunehmen, sind daher typischerweise jene Führungskräfte, die am liebsten alles selber machen. Haben ein enormes Verlangen nach Würdigung ihrer Person und Anerkennung ihrer Kompetenz. Unterwerfen sich in der Gesellschaft und Arbeitswelt oft bis zur Perversion den geforderten Leistungen und Normen, brechen dann aber privat zusammen, wenn die erwartete Belohnung ausbleibt (statt zu rebellieren, wie 4er, oder alles kurz und klein zu schlagen, wie 9er; sie sind dann sehr pessimistisch, einsam, hadern mit sich und der Welt, greifen zu Betäubungsgiften, kommen mit dem Gesetz in Konflikt und in die Nähe des Gefängnisses).

Meistern sie ihren schweren Lebensweg, stehen ihnen in späteren Jahren durchaus Ruhm und Erfolg offen. Die 8er-Kraft ist hemmend – 8er sind dementsprechend auf Sicherheit bedacht, sie sind realitätsbezogen, ausdauernd und fleißig. Ehrgeiz und Anerkennung spielen für sie eine große Rolle (daher passen sie gut zur 3, die allerdings lockerer und glücklicher ist). Treffen in einem Menschen die introvertierte Kraft der 8 und die zur Expansion drängende 9 zusammen, gibt es viele innere Kämpfe. 8er, die in ihren Namen die Doppelzahlen 14 oder 30 oder 43 vorfinden, sollten ihren Rufnamen inoffiziell abändern.

Interessanterweise findet sich die 8 häufig bei erfolgreichen Geschäftsleuten – 8 ist die Zahl des materiellen Erfolges (der Sparsamkeit). Gut auch für Ausdauersportarten.

Negative Aspekte der saturnischen Energie umfassen Rücksichtslosigkeit, Hochmut, und vor allem leiden »angegriffene« Saturnmenschen unter Schuldgefühlen und instabiler Gesundheit. Nicht entwickelte 8er können gierig und lebensfeindlich sein. Der negative Einfluss Saturns erstreckt sich von banaler Verzögerung über Feindschaften bis zu Gefängnisaufenthalten. Angst, Pessimismus, Einsamkeit, Nachlässigkeit sind alles saturnische Manifestationen. Durch ihre vorsichtige Bedächtigkeit wirken sie oft älter, als sie sind (suchen zumeist auch nach älteren Vorbildern).

Positiv: Verantwortungsfähigkeit (Recht, Gesetz, Ordnung), Stabilität.
Negativ: Depression, eingeengte Weltsicht, Selbstmitleid.

Gesundheit: Eine schwierige Saturnstellung führt zu psychosomatischen Beschwerden und Depressionen. Der Zahl 8 sind ferner Haut, Knochen und Zähne unterstellt, die ohne besondere Achtsamkeit und gesunden Lebensstil zu schlechter Verfassung neigen. Brechen 8er seelisch zusammen, neigen sie zu Genussmittelmissbrauch.

Hinweis für Eltern: Bringen Sie Ihrem Kind Vertrauen entgegen – und bei 8er-Kinder muss man manchmal ermutigen, ihre Gefühle zu zeigen. Besonders bei negativen Gefühlen können 8er in heimlichen Rachegedanken schwelgen. Ermutigen Sie Ihr Kind, auf andere zuzugehen, ohne ihm ein bestimmtes Verhaltensmuster aufzuzwingen. In Phasen von Ernst und Traurigkeit sollte man diese Gefühle akzeptieren, aber als Ausgleich eine aufheiternde Alternative anbieten. Manche Kinder der Zahl 8 neigen zu Trägheit, Passivität, Isolation; sie sollten in Toleranz und im Loslassen geübt werden. Bei solchen Kindern neigen zeitlich überforderte Eltern, ebenso wie bei den zornigen 7ern und 9ern, dazu, einfach nachzugeben und sie stundenlang vor dem Fernseher oder dem Computerspiel verharren zu lassen, abgefüttert mit Naschsachen und Fertignahrung. Auf Dauer bekommt das keinem Kind gut, 8ern ganz sicher nicht. Wenn sie schon in jungen Jahren solche Techniken der Abkapselung lernen, kommen sie später nur schwer davon los. 8er-Kinder mögen Veränderung nicht sehr, müssen sogar für kleinere Reisen motiviert werden.

Bekannte Persönlichkeiten, die an einem 8er-Tag geboren wurden: David Bowie, Martin Buber, Benjamin Franklin, Otto Hahn, Jörg Haider, Martin Heidegger, Katharine Hepburn, Dustin Hoffman, Dennis Hopper, Victor Hugo, Aldous Huxley, Mick Jagger, C. G. Jung, Jack Lemmon, Mao Tse-tung, Marc Aurel, Eddie Merckx, Reinhold Messner, Arthur Miller, Henry Miller, Paul Newman, Rudolf Nurejew, Elvis Presley, Robert De Niro.

Die Zahl 9

Kampf, Vitalität, Durchsetzungsvermögen

Die 9 steht in der Kabbala für Vollendung des Schicksals, so wie der Fötus im Mutterleib 9 Monate zur Reife braucht. Auch spirituell ist sie die Zahl der Vollendung. Jedes Vielfache von 9 ergibt immer wieder die Grundzahl 9.

9er sind alle an einem 9., 18. oder 27. Geborenen, besonders ausgeprägt, wenn ihr Geburtstag zwischen den 21. 3. und 20. 4. (Widder) fällt.

Harmonie: 9er harmonieren mit 3ern und 6ern.

Astrologische Entsprechung: Mars (auch Pluto)

Die Marsenergie 9 lenkt unser Verhalten. Starke 9er sind vor allem Kämpfernaturen, die furchtlos ins Leben hinausschreiten – pflichtbewusst, ordentlich, diszipliniert, erfolgshungrig. Wiewohl es sein kann, dass Frauen diese Energie nicht zum Ausdruck bringen können, da »marsische Frauen« bislang in unserer Kultur nicht unbedingt geschätzt wurden. Dennoch wird es auch für 9er-Frauen, die erziehungsbedingt nur an ihre sanften, verständigen, ewig ausgleichenden Seiten glauben, letztlich besser sein, wenn sie ihrer vitalen Kraft freien Raum lassen. Für Frauen ist die 9 förderlich, wenn als Grundzahl des Namens entweder die weiblichen Energien 2 (Mond) oder 6 (Venus) bzw. die für Kommunikation, Studium und Geschäftsleben förderlichen Energien 3 (Jupiter) oder 5 (Merkur) dazukommen. Ein Leben voller Mühsal kann die Kombination der Geburtstags-9 mit einer 8 oder 9 aus dem Namen bedeuten. Das gilt nicht im selben Maße für Männer.

9er sind nach außen hin selbstbewusst und vertragen keine Kritik, sind sich aber tief drinnen ihres Wertes nicht sicher und brauchen dementsprechend viel Selbstbestätigung. 9 ist auch die Zahl des Egoismus und der Rücksichtslosigkeit, die eigene Bedürfnisse über die aller anderen stellt. 9 als Lebenszahl bedeutet nicht, dass es sich dabei um aggressive Naturen handelt; passiv erlebt heißt 9 als Grundzahl, dass man im Leben viel zu kämpfen hat. In welchen Bereichen, verraten die Doppelzahlen (siehe das übernächste Kapitel). Vor allem in der Jugend haben es 9er nicht leicht, und es kann viele Jahre dauern, bis sie die Anfangsschwierigkeiten überwunden haben.

9er bauen sich gern etwas auf, scheuen nicht vor Schwierigkeiten auf dem gewählten Weg zurück. Ihre Pläne setzen sie mit großer Kraft durch. Ihrer scheinbaren Aggressivität widersprechend wirkt das Bedürfnis nach Geselligkeit. 9er sind prädestiniert für Eheprobleme, es sei denn, der Partner/die Partnerin hat ebenfalls eine prominente 9.

Negativ sind Jähzorn, Reizbarkeit, Streitsucht und bisweilen Leichtsinn aus Überschätzung der eigenen Möglichkeiten. Wer diesem »blindwütigen« Drang nachgibt, wird wiederholt unter Unfällen und Verletzungen zu leiden haben. In ihrer Unbedachtheit verletzen 9er in erregten Diskussionen Gesprächspartner, die anderer Meinung sind.

Cheiro weist darauf hin, dass der Zahl 9 anzugehören besonderes Glück bedeuten kann, sofern die 9er ihre Energie zu meistern verstehen. Frauen wie Männer der Zahl 9 können eine starke sexuelle Ausstrahlung haben.

9er haben Freude an typisch marsischen Aktivitäten wie Wettkampf (Sport, Spiel), Umgang mit Waffen, Jagd, hitzigen Debatten und militärischen Angelegenheiten.

Positiv: Ich-Impuls, Durchsetzungsfähigkeit, Triebenergie (Vitalität), Pioniere, Kämpfer, gute Reaktionsfähigkeit, mutig und treu.

Negativ: überschäumender Egoismus, verbissen, reizbar, streitsüchtig, leicht zu provozieren, ungehemmt. Ist der Mars geschwächt, äußert er sich gegenteilig in Angst vor Aggression und Sexualität, in schwacher Durchsetzungsfähigkeit, in einer Opferrolle.

Gesundheit: Die Zahl 9 regiert den Kopf, das Blut und die Muskeln. Überschüssige marsische Energie verursacht immer Kopfschmerzen, Verspannungen und Körperhitzen, die zu anderen Krankheiten führen (im Winter z. B. Grippe).

9er sollten unbedingt einen Ruhepol in sich finden, Sport betreiben und meditieren lernen. Entzündungen verlaufen heftig, Erkältungen kommen rasch und gehen einher mit hohem Fieber.

Hinweis für Eltern: 9er-Kinder können selbst in jungen Jahren ungemein selbstbewusst wirken; daraus zu schließen, sie wären innerlich unempfindlich und unangreifbar, wäre vollkommen falsch. 9er-Menschen zweifeln immer wieder an ihrem Wert. Sie haben in ihrer Jugend oft Schwierigkeiten. Sie verfügen über eine starke Durchsetzungskraft, doch kann sie ihr harter Schädel wiederholt in Schwierigkeiten bringen. Kinder dieser Zahl sind mutig. Sie rufen bei Menschen, die unter dem Einfluss der Zahl 8 stehen, oft ablehnende Reaktionen hervor. Typisch für marsische Kinder sind heftige Erkältungen mit hohem Fieber, die aber rasch wieder vorbeigehen (die beiden anderen feurigen Zahlen, 1 und 3, bekommen überhaupt kein hohes Fieber). 9er-Kinder sind in der Regel offenherzig, ehrlich und bisweilen etwas naiv. Schon als Kindern ist ihnen der typische Optimismus der vom Element Feuer geprägten Menschen zu Eigen. In der Jugend zeigt sich ein starker Geschlechtstrieb, der aber im mittleren Alter nachlässt – außer bei jenen Männern, die darauf ihre Identität fixiert haben. 9er-Mädchen sind im Allgemeinen recht charmant, werden aber in der Pubertät rasend eifersüchtig – Partnerschaft bedeutet für sie absolute sexuelle Treue. Heftige 9er-Kinder neigen zu Verletzungen. Sie geben gern den Anführer ab.

Bekannte Persönlichkeiten, die an einem 9er-Tag geboren wurden: Joan Baez, Simone de Beauvoir, Jean-Paul Belmondo, Thomas Bernhard, Lawrence Durrell, Bobby Fischer, Greta Garbo, Hugh Hefner, Jimi Hendrix, Johannes Kepler, Klaus Kinski, Wolfgang Amadeus Mozart, John Steinbeck, Elizabeth Taylor, Mutter Teresa, Leo Tolstoi.

Es fällt auf, dass die Anzahl der genannten Berühmtheiten nicht unter jeder Zahl gleich groß ist. Das hängt damit zusammen, dass sie auch statistisch nicht gleich verteilt sind. Dieser rein äußerliche Sachverhalt sagt jedoch nichts darüber aus, wie erfolgreich ein Leben tatsächlich ist. Da muss jeder Mensch seinen eigenen Maßstab suchen. Daher kann es durchaus sein, dass sich bei manchen Kombinationen aus Geburts- und Namenszahl signifikant weniger Zelebritäten finden als im Durchschnitt der übrigen Kombinationen. Das bedeutet mitnichten, Menschen mit dieser Energiemischung sei nur selten ein erfolgreiches Dasein beschieden – es heißt nur, dass sie Erfolg anders definieren als etwa Boulevardzeitungen.

Die Zahl des Namens

»Zahlen waren da für niedre Leben,
Wie das Haustier da ist für den Stall,
Denn die kluge Zahl vermag zu geben
Sinn und Sinnabweichung überall.«

(Nikolai Gumiljow)

Buchstabe und Zahlenwert

Die Deutung von Wörtern anhand des Zahlenwertes ihrer Buchstaben nennt man »Gematrie«. Die mystische Idee dahinter: Wenn Zahlen eine bestimmte Schwingung haben, dann trifft das auch auf Namen und Wörter zu. Deren verborgenen Sinn gilt es durch Umwandlung in unser schon bekanntes Zahlendeutungssystem zu entschlüsseln. In der abendländischen Philosophie hat diese Anschauung im griechischen Philosophen Plato einen beredten Fürsprecher, der davon ausging, dass von allen sichtbaren Dingen und Erscheinungen ein Abbild, eine Idee existiert. Oder, wie es in der *Jewish Encyclopedia* heißt: »Alles hat einen Prototyp in der Welt des Geistes.« Und diese Idee, aus der sich die Dinge entwickeln, wollen wir mit Hilfe der Zahlen darstellen.

Zur Umrechnung der Namen in Zahlen benutzen fast alle zeitgenössischen Bücher eine Tabelle, bei der die Buchstaben der Reihe nach unter die Zahlen 1 bis 9 geschrieben werden, sodass die Zahl 9 dem neunten Buchstaben des Alphabets entspricht, wogegen der zehnte Buchstabe wieder die Zahl 1 erhält. Dieses Prinzip soll auf Pythagoras zurückgehen; aber es wird falsch angewandt (weshalb alle Numerologiebücher, die so arbeiten, falsche Interpretationen liefern). Denn durch Hinzufügen der Zahl 9 zu einer Ziffernsumme verändert sich deren Grundzahl nicht! Wenn also im so genannten pythagoreischen System dem i die Zahl 9 zukommt, dann erhält etwa der Name Inge den Wert 9 + 5 + 7 + 5 = 26 = 2 + 6 = 8. Genauso gut könnte ich den Namen zu »nge« verstümmeln, was den Zahlenwert 17 und somit dieselbe Grundzahl 8 ergibt.

Ich beziehe mich bei meinen Berechnungen ausdrücklich auf das von Cheiro überlieferte System (siehe Tabelle). Er sagt, dass seine Umrechnungstabelle den Chaldäern und Hebräern zugeschrieben wird. Die Chaldäer waren der wichtigste Großstamm der Aramäer, der im 1. Jahrtausend vor Christus im südlichen Babylon seine Spuren hinterließ. Die Griechen der Antike benutzten das Wort »Chaldäer« als Synonym für Astrologen, Priester, Seher und Vorzeichendeuter.

Die Umrechnungstabelle

				oder:
A = 1	B = 2	C = 3	D = 4	1 = a, i, j, q, y
E = 5	F = 8	G = 3	H = 5	2 = b, k, r
I = 1	J = 1	K = 2	L = 3	3 = c, g, l, s
M = 4	N = 5	O = 7	P = 8	4 = d, m, t
Q = 1	R = 2	S = 3	T = 4	5 = e, h, n
U = 6	V = 6	W = 6	X = 6	6 = u, v, w, x
Y = 1	Z = 7			7 = o, qu (=1 + 6), z
				8 = f, p

Im Prinzip beruht Cheiros Zuordnung auf dem *Klang* der Buchstaben und Silben, wobei zu bemerken ist, dass die alten Alphabete mit weniger Buchstaben auskamen. Jedenfalls erscheint es mir logisch, dass d und t denselben inneren Zahlenwert haben, und nicht, dass d 4 und t 2 ist wie in der pythagoreischen Tabelle. Warum in Cheiros Umrechnungssystem keine 9 vorkommt, habe ich schon erklärt.

Dennoch ist obige Umrechnungstabelle nicht vollständig identisch mit der von Cheiro benutzten. Einige Berechnungen haben mich in der Annahme bestärkt, dass dem Buchstaben »x« der Zahlenwert 6 zuzuordnen ist (und nicht 5 wie bei Cheiro). Geht man nach dem Klang, so ließe sich ein X als »i-k-s« schreiben, was 6 ergibt.

Das System des Kabbalisten Herbert Reichstein ist erheblich komplizierter, obwohl es im Grunde mit Cheiro übereinstimmt und auf denselben Quellen beruhen dürfte. Bei Reichstein erhalten die Buchstaben jedoch zum Teil zweistellige Zahlen, was mir wenig Sinn zu machen scheint, wenn ich sie bei der anschließenden Rechenoperation ohnehin wieder auf einstellige Werte reduziere.

Ausnahmen

ß	wird als ss = 6 gewertet
ph	wird ebenfalls als f = 8 gewertet
ä, ö, ü	werden als a + e = 6, als o + e = 12/3 und als u + e = 11/2 gerechnet
ck	ist k + k (= 4)
th	wenn das h stimmlos ist, kann man versuchshalber th auch als t = 4 werten (gilt nicht im Englischen)
tz	ist z, da t den Klang des Namens nicht beeinflusst.

Den Namen »Philipp« mit 3-mal p zu berechnen macht nicht viel Sinn. Da man ph als f ausspricht, wird es auch so gewertet und das zweite p am Ende des Namens nicht mit berechnet (siehe die Tabelle »Ausnahmen«).

Sehr schwierig sind deutsche Namen, die mit St beginnen und »Scht« gesprochen werden. Ähnliches gilt für Sp, das in der Regel »Schp« ausgesprochen wird. Ich würde empfehlen, immer die gesprochene Version zu berücksichtigen und eventuell als Ergänzung zur geschriebenen Version zu verwenden.

Versuchsweise kann man bei Buchstabenverdoppelungen, die nur auf Konvention beruhen und die man *nicht* hört, einen Buchstaben in der Berechnung weglassen.

Diese Ausnahmen beziehen sich *nur* auf die deutsche Sprache und kommen bei Cheiro, der Engländer war, nicht vor. Die Zuordnung ist, da sie auf dem Klang, den Schwingungen der Buchstaben beruht, nicht ohne weiteres auf andere Sprachen übertragbar. Im Englischen und Französischen dürfte es keine größeren Probleme geben. Doch hatte ich Schwierigkeiten, russische Namen korrekt umzurechnen. So wird der Nachname des ehemaligen Schachweltmeisters (1960/61) Michail Talj im Deutschen gern als »Tal« wiedergegeben, was aber einen falschen Zahlenwert ergibt. Auch beim spanischen j, das als »ch« ausgesprochen wird, ist Vorsicht angeraten.

Von der Berechnung chinesischer Namen würde ich gänzlich abraten, da die Transkription der Zeichen in Buchstaben rein konventionell erfolgt und dem der Originalsprache innewohnenden Klang nur annähernd entspricht. So heißt Laotse (= 23/5) mitunter Laozi (= 19/10/1) oder Lao Tzu (= 28/10/1) oder Lao Dzi (= 23/5).

Die 81 Grundcharaktere

Die Zahl des Geburtstages wird wenn nötig auf eine einstellige Ziffer reduziert und mit Hilfe der Beschreibungen im vorangegangenen Kapitel gedeutet. Dasselbe kann anhand der Umrechnungstabelle mit Namen geschehen. Nehmen wir z. B. Karl May = Karl = 2 + 1 + 2 + 3, zusammen 8, May ergibt 4 + 1 +1 = 6, beides zusammen 14, was wiederum auf eine einstellige Grundzahl, also hier 5, reduziert werden muss. Für den Namen trifft also die unter 5 angegebene Deutung zu.

Geboren wurde May am 7.2.1842. Hier nehmen wir nur den Tag der Geburt, also die 7, und beziehen deren Deutung mit ein. Im ersten Interpretationsschritt kommen für einen Menschen nur zwei Deutungen in Frage, die (einstellige) Zahl seines Geburtstages und die (einstellige) Zahl seines Namens. Später werden wir noch mit den zweistelligen Zahlen des Namens umzugehen lernen. Hier nur so viel vorweg: Die einstelligen Zahlen und ihre Deutungen beziehen sich eher auf das psychische Profil, den äußerlich sichtbaren Charakter. Im folgenden Kapitel werden wir sehen, dass die Doppelzahlen (im Falle von Karl May beispielsweise die 14) mehr den Rahmen repräsentieren, in dem ein individuelles Schicksal verläuft.

Cheiro bevorzugte bei seinen Deutungen die Geburtszahl einfach deswegen, weil sie am sichersten ist. Bei der Deutung der Namen empfiehlt er, den *aktuellen, gängigsten* heranzuziehen, was im Gegensatz zu Reichstein steht, der auf der Unverrückbarkeit des Schicksals beharrt und ausschließlich den Namen auf dem Geburtsschein zur Deutung zulässt. Ich bevorzuge Cheiro, u. a. deswegen, weil ein großer Teil des menschlichen Lebenslaufes durchaus der individuellen Gestaltung unterliegt. Ganz folgerichtig empfiehlt Cheiro auch, bei ungünstigen Namenszahlen die Namen zu verändern, und sei es nur durch Einfügen eines Buchstabens. (Sich *offiziell* einen neuen Namen zuzulegen ist in Deutschland schwierig, wenn es nicht durch Veränderung des Familienstands geschieht. Man kann beim Standesamt einen entsprechenden Antrag stellen, der aber nur bei Angabe von »triftigen« Gründen positiv beschieden wird.)

John F. Kennedy ist z. B. einprägsamer (wenn auch mit ungünstigen Zahlen) als nur John (= 18/9) Kennedy (= 27/9), eine tolle Ballung marsischer Energie (was auch seinen großen erotischen Hunger erklärt). Das Problem bei der Zahl 9, der marsischen Energie, ist, dass sie ohne Ziel und Richtung in egomanen Leerläufen zu verpuffen droht. Die Zahl der Form und Struktur, die saturnische 8, gibt dem marsischen Vorwärtsdrang eine (gesellschaftlich orientierte) Richtung. Genau das war bei Kennedy der Fall, denn durch die Einfügung des »F« (= 8) in den Namen erhielt er diese zusätzliche Dimension. Allerdings fechten Mars und Saturn bisweilen harte innere Kämpfe aus und können zur Rücksichtslosigkeit gegenüber anderen neigen. Zieht man noch die Deutung der doppelstelligen Zahl hinzu, wo bei der 18 vor »heimlichen Feinden« gewarnt wird, ist der Schicksalsverlauf des ehemaligen US-Präsidenten aus zahlenphilosophischer Sicht verständlich.

Die auf Kabbalistik beruhende Deutung ist wie gesagt also weniger ein mechanisches Herunterrechnen von Namen bzw. Zahlen, sondern eine intuitive Schau in das Zusammenwirken verschiedener Energien. Es liegt in der Kunst der Interpretation, aus einer gewissen Namenskonstellation möglichst viel an Deutungen herauszuholen.

Cheiro sagt dazu: »*Übereinstimmungen* von Geburtstags- und Namenszahl aber deuten stets auf harmonische, erfolgreiche oder wesentliche Charaktere und Lebensbahnen hin, die zumindest innerhalb ihres vorgegebenen Rahmens harmonisch, erfolgreich oder wesentlich sind.«

Welche Zahlen besonders zueinander passen, ist im vorangegangenen Kapitel bei der Deutung der (einstelligen) Zahlen jeweils unter »Harmonie« nachzulesen. Im Prinzip ist es förderlich, wenn Geburts- und Namenszahl identisch sind. Das verstärkt die Energie und die Erfolgsmöglichkeiten. *Ausnahmen* aber sind die beiden »schwierigen« Zahlen 4 und 8. Wer mit der Kombination 4-4 oder 8-8 durchs Leben gehen muss, wird es nicht leicht haben – obwohl ein Erreichen der gewählten Ziele damit keineswegs unmöglich ist. Die 8er werden mit Melancholie zu kämpfen haben, während die 4er ihre exzentrischen Neigungen unter Kontrolle bekommen müssen. 4-8er-Menschen können auf Grund der Spannung zu Exzessen neigen. Wobei es auch bei Menschen mit den Zahlen 9-9 zu wilden Übertreibungen kommen kann.

Im Folgenden sind kurze Deutungen aufgeführt, wie die beiden Grundzahlen aus Name und Geburt zusammenwirken können (Cheiro gibt dafür keine Hinweise, diese Interpretationen entstammen ausschließlich meiner Erfahrung). War in der Deutung der Geburtszahlen von »1ern« und »2ern« usw. die Rede, so geht es hier um »1-4er«, »8-9er« usw., wobei *immer* die Zahl des Geburtstages an erster Stelle kommt!

Vielleicht stellen Sie sich jetzt die Frage, ob es einen Unterschied macht, ob jemand ein 1-2er oder ein 2-1er ist. Ja, macht es, obwohl beide Varianten natürlich eng miteinander verwandt sind. Die Zahl des Geburtstages ist nicht zufällig an die erste Stelle gerückt; es ist von den beiden Energien die prägendere, unverrückbare, wogegen die Zahl des Namens verändert werden kann (wenn auch nicht beliebig). In der Zahl des Geburtstages ist das Quantum an Lebensenergie enthalten, das kein Mensch vergrößern, nur maximal ausschöpfen kann.

Da in den nachstehenden Interpretationen hauptsächlich berühmte bzw. bekannte Menschen charakterisiert werden, fallen die Deutungen bisweilen etwas extrem aus. Aber wenn ein Leben grau in grau verläuft, ist es sehr schwer, exemplarisch Unterschiede darzustellen. Die Betonung gewisser Eigenheiten dient dazu, das Prinzip der Energiekombinationen hervorzuheben. In einem gemächlich geführten Leben werden sich die positiven und negativen Seiten schwächer ausdrücken. Dabei geht es aber nicht darum, ob jemand im Licht der Öffentlichkeit steht oder völlig unbekannt ist.

Das gravierendste Unterscheidungsmerkmal liegt in der Kreativität: Jede Zahl (Energie) hat ihr eigenes kreatives Moment; wer nicht die Mühe und das Risiko auf sich nimmt, dieses Potenzial zu verwirklichen, wird auch die Charakteristika der Zahlen nur sehr undeutlich zeigen.

So weist etwa die Zahl 5 nicht automatisch auf überragende Intelligenz hin. Sie bedeutet nur, dass die Welt bevorzugt über den Kopf wahrgenommen wird, man gerne redet und viel erzählt, eine Leseratte ist usw.

Ob aus der geistigen Anlage bemerkenswertes Denkvermögen entsteht, hängt in hohem Maße von den Umständen ab (Förderung im Elternhaus, gute Schule). Urwüchsige Genies, die sich unter allen widrigen Umständen entfalten, findet man sehr selten.

Kombinationen der 1

1-1

Eine mächtige Kombination, die nur selten vorkommt. Menschen, die an einem 1er-Tag (1., 10., 19. oder 28.) geboren sind *und* deren Name die Grundzahl 1 aufweist, sind von einem starken Bedürfnis nach Anerkennung getrieben. In der Regel werden sie Großes leisten. Über den exakten Schicksalsverlauf von 1-1ern kann nur die Doppelzahl des Namens Auskunft geben (siehe das folgende Kapitel); doch sollten sich Menschen mit der Namensgrundzahl 1 eigentlich über kein zu beschwerliches Schicksal beklagen müssen.

1-1er sind ehrgeizig, wollen führen, sind willens, zu organisieren. Positiv ist ihre Vitalität und Regenerationskraft; das Machtstreben erfolgt sozial harmonisch. Negativ zu verzeichnen ist, dass 1-1er ihre Lebenskräfte zu rasch verbrauchen (Herz!); es kommt zu Reibungen mit der Umwelt. Trotz Erfolges können sie abstürzen.

Bekannte 1-1er: Eric Ambler, Hermann Broch, Jimmy Carter (durchaus passend, da die USA [6 + 3 + 1 = 10/1] auch ein 1er-Land sind), Bill Clinton, Karl Popper, Julia Roberts, J. D. Salinger (der mit nur *einem* Roman weltberühmt wurde), Mark Spitz (tz = z), Ted Turner (Gründer des weltumspannenden TV-Nachrichtensenders CNN [= 13/4, derselbe Zahlenwert wie »Ted«]).

Dies ist dem Grunde nach die ideale Kombination menschlicher Energien. Leider kommt auch sie relativ selten vor. Wenn Sonne und Mond sich berühren, ist das gesamte menschliche Leben darin umfasst. 1-2er vermögen dank ihres starken Willens (=1) und ihrer Entscheidungsfreude das umzusetzen, was sie die feinfühlige 2 in ihrem Leben intuitiv erfassen lässt. Die Kombination aus Gefühl und Kraft droht aber im Alltag zu scheitern, da sie an ihren idealen Forderungen zerbrechen kann.

In der indischen Astrologie gilt eine Geburt zu Vollmond (das ist eine Opposition von Sonne [= 1] und Mond [= 2]) als sehr günstig. In der klassischen alten Astrologie des Westens wiederum deutete man eine Neumondgeburt als Unheil verkündend (also eine Konjunktion von Sonne und Mond, was sich kabbalistisch nicht von der Opposition der beiden Lichter unterscheiden lässt; ich würde aber dazu tendieren, 1-2er als Vollmondgeburten und 2-1er als Neumondgeburten zu interpretieren). Heute sieht man die Dinge nicht mehr so schwarz, wiewohl zu sagen ist, dass Neumondgeborene oft über eine nur zarte Konstitution verfügen, die bei exzessiver Lebensführung zu vorzeitigem Ausbrennen führt (z. B. bei Romy Schneider).

Sonne-Mond-Geborene, also 1-2er und 2-1er, leiden häufig unter einer starken Gespaltenheit, die sich im späteren Leben in großer Bitterkeit manifestieren kann. Bisweilen auch ziemlich einseitige Charaktere. Für Freunde der Rhythmik: Der US-Schriftsteller Nelson (= 28/10/1) Algren (= 19/10/1), Grundzahl des Namens daher 2, wurde am 28.

(= 10/1) 3.1903 (= 19/10/1) geboren. Er starb übrigens 1981 (= 2).

Bekannte 1-2er: William Blake, Jodie Foster, Marilyn Monroe (da die Verbindung von Sonne und Mond sehr günstig ist, sollte man davon ausgehen, dass die Diva *keinen* Selbstmord begangen hat), Friedrich von Schiller, Nigel Short, Rod Stewart, Nikola Tesla.

1-3

Zwei für sich genommen mächtige Energien, die aber nicht immer gut miteinander harmonieren. Können schnell ihre Wünsche umsetzen, sind dabei aber oft zu ungeduldig. Beide sind stark, können aber zu allzu großem Optimismus (verbunden mit Leichtlebigkeit, Oberflächlichkeit) verleiten. Bisweilen maßlos und freigebig; richten ihre Liebe lieber auf die ganze Menschheit statt auf »nur« einen Menschen.

Das folgende Beispiel soll zeigen, warum es wichtig ist, zu untersuchen, aus welchen zwei Einzelzahlen sich die Grundzahl des Namens zusammensetzt: Cat Stevens, ein 1-3er, war in seiner besten Zeit weltberühmt, und seine Lieder haben auch heute noch viele Anhänger. Allerdings entsteht die förderliche 3 seines Namens aus zwei disparaten Zahlen: Cat = 8 (Saturn), Stevens = 31/4 (Uranus), wobei die Doppelzahl 31 immer auf eine latente Neigung, sich von der Welt zurückzuziehen, hinweist.

Bekannte 1-3er: Saul Bellow, Otto von Bismarck, John Ford, George Foreman, Sven Hedin, Hildegard Knef, Alfred Kubin, Milan Kundera, Edgar Allan Poe, Marcel Proust, Cat Stevens.

1-4

Wiederum ein sehr förderliches Zusammenspiel, das nicht so häufig vorkommt. 1-4er sind kraftvolle, eigenwillige Leute, die es ihren Mitmenschen nicht immer leicht machen. Die 4, die keine Obrigkeit verträgt, die Freiheit braucht wie der Fisch das Wasser, die dogmatisches Denken verachtet, gibt der Willenskraft der 1 die Richtung vor. Sind in der Regel begeisterungsfähig, spontan und sprunghaft. Drücken ihre euphorischen Gefühle bedenkenlos aus, was in anderen Menschen Neid weckt.

Setzen sich über gesellschaftliche Konventionen hinweg, wirken kalt (wenn nicht eine freundlichere Energie wie 2 oder 6 in den Zahlen vorkommt). Zukunftsorientiert. Können in Beziehungen sehr rücksichtslos sein, brauchen aber stabilisierenden (aufopfernden?) Partner. Wollen seelisch unangreifbar sein. Privatleben und gesellschaftliche Anforderungen geraten mitunter in Konflikt miteinander. Neigung zu Größenwahn. Unfähig, Kritik zu ertragen – Überheblichkeit oder Rückzug sind zwei verbreitete Strategien. Manche werden zu Hypochondern. Krisen im Alter von 21, 29, 42 oder 58. Wenn es nicht gelingt, den uranischen Einfluss des ständigen ausbrechen und verändern wollens unter Kontrolle zu bringen, ist viel Unglück im Leben zu erwarten.

Bekannte 1-4er: Agnes Baltsa, Blaise Cendrars, Paul Cézanne, Edgar Degas, Falco, Judy Garland, Samuel Hahnemann, Ludwig Klages, Herbert Marcuse, Artur Rubinstein, Georg Simmel, Albert Speer.

1-5

Hier kommt zur geistigen Beweglichkeit der 5 die Zielgerichtetheit der 1. Menschen mit der Kombination 1-5 haben in der Regel Interessen über ihr unmittelbares Fachgebiet hinaus und bekommen auch dort Anerkennung. Wenn die Doppelzahl des Namens (siehe folgendes Kapitel) förderlich ist, erscheint ein erfolgreiches, erfülltes Leben fast unvermeidlich.

Unruhige, nervöse Menschen, denen ein Mangel an Ausdauer zu schaffen macht (es sei denn, eine 7 oder 8 kommt in ihren Namenszahlen vor). Wollen selber reden, können schlecht zuhören. Müssen unbedingt das letzte Wort haben. Wenig Interesse an den Gefühlen anderer. Immer in Bewegung. Sprachlich begabt, gute intellektuelle Fähigkeiten. Lieben methodische Arbeit. Geben gerne Befehle.

Bekannte 1-5er: William Blake, Wilhelm Dilthey, Paloma Picasso, Ferdinand Porsche, Nelly Sachs, Lily Tomlin.

1-6

Diese Konstellation vereinigt die Kraft der 1 und die Anziehungskraft und Ausstrahlung der 6. 1-6er werden nicht nur durch ihr Können, sondern auch durch ihre venusische Ausstrahlung viele Menschen begeistern können. Zumeist engagiert, aber der Erfolg im Leben kann zu Kopfe steigen.

Die »dunkle« Seite der Venus (= Zahl 6) deutet auf Eitelkeit hin, die »helle« auf ästhetisches Feingefühl. Gut entwickeltes Liebesleben. Großes Bedürfnis nach Anerkennung.

Kann im Gegensatz zu 1-5 gut zuhören. Ist romantisch, liebt das Künstlerisch-Feinsinnige (mit besonderem Bezug zu Mode, Musik und Malerei), Genussmenschen. Wohlstand und persönliche Beziehungen sind ihnen viel wert.

Bekannte 1-6er: Brigitte Bardot, Harry Belafonte, Coco Chanel, Ernst Jandl, Karl Lagerfeld, Claude Simon.

1-7

Die beiden Energien 1 und 7 passen hervorragend zusammen. Es finden sich hier viele bekannte Schaffensnaturen. Diese Kombination ist günstiger als 7-1, weil es besser ist, wenn die plutonische Kraft im Untergrund wirkt und nicht an erster Stelle steht. Es hängt immer vom Individuum ab, welche Seite der 7 es fördert: die mystisch-pädagogisch-großzügige oder die dämonisch-genusssüchtig-extreme.

Menschen mit diesen Zahlen besitzen oft eine große Lebenskraft, verlassen sich manchmal zu sehr auf ihr Glück. Engagiert, zuverlässig, oft auch dickköpfig und unnachgiebig. Machtbewusst (muss sich nicht nach außen ausdrücken, kann sich auch in einer dominanten Position in der Familie zeigen) und visionär oder idealistisch veranlagt. Beziehen Welt und Ereignisse gerne auf sich, reden bevorzugt über sich. Ausgeprägter Geltungsdrang. Sensibel gegenüber sozialen Verhältnissen, im privaten Umgang aber bisweilen rücksichtslos. Starker physischer Drang, große seelische Anspannung.

Bekannte 1-7er: Arthur Ashe, Alfred Biolek, Bert(olt) Brecht, Adolf Eichmann (die Doppelzahl seines Namens ist 52, die wie die 43 – ist auch Hitlers Namenszahl – gedeutet wird, und auf Aufruhr, Feinde, Selbstüberschätzung und eventuell frühen Tod hinweist), Clark Gable, Lilian Harvey, Adolf Loos, Herman Melville, Gustav Meyrink, Carl Orff, Salman Rushdie (sein schwieriges Schicksal, jahrelang von fanatischen Moslems mit dem Tod bedroht worden zu sein, lässt sich kabbalistisch insofern nachvollziehen, als sich die Zahl 7 aus einer 8 im Vornamen und einer 8 im Nachnamen ergibt; zweimal Saturn ist schwierig genug, aber auch die Doppelzahl 16, deren Grundzahl die 7 ergibt, warnt vor Unglück), Max Schmeling, Omar Sharif.

1-8

An sich müsste die kraftvolle 1 ja in der Lage sein, die zähe Natur der 8 ein wenig zu öffnen; dennoch passen diese beiden Energien nicht sehr gut zusammen. Die stolze, selbstbewusste Sonne fühlt sich von dem vorsichtigen Saturn nachhaltig gebremst, was sich immer in Selbstzweifeln äußert. Vor allem im emotionalen Bereich haben sie große Schwierigkeiten.

Die 1er sind ehrgeizig, strebsam und durchsetzungsfähig, es mangelt ihnen aber oft an Fantasie und Einfühlungsvermögen. Leider neigen sie ebenso wie die 8 dazu, nicht auf die feine Stimme in ihrem Inneren zu hören und ihre Gefühle zu verdrängen. Dann kann trotz ihrer großen Vitalität ihr Leben problematisch verlaufen.

Abneigung gegen Obrigkeiten. Konsequent. Leiden unter großem Verantwortungsbewusstsein. Angst vor Kontrollverlust. In ihrer Kindheit wurde ihnen ihre Spontanität zum Vorwurf gemacht. Im späteren Alter wird diese

Hemmung zumeist leichter ertragen. Neigt zu Selbstmitleid und Askese, es sei denn, Jupiter (3), Venus (6) oder Mars (9) schaffen Ausgleich. Bei Misserfolg: Bitterkeit und Mutlosigkeit.

Bekannte 1-8er: Ursula Andress, Richard Burton, Michael J. Fox, Johann Wolfgang von Goethe, Calvin Klein, Tomi Ungerer.

1-9

Wiederum zwei machtvolle Energien, die auch in diesem Fall nicht sehr gut harmonieren. Die vitale (marsische) 9 verleiht sinnliche Ausstrahlung, die 1 ist machtbewusst und drängt zu schöpferischem Tun – aber nirgendwo ist eine Form zur Kanalisation der Kraft. Große plötzliche Kraftentfaltung, die aber nicht unbedingt lange anhalten muss. Willensstark und extrem ungeduldig. Risikobereit und begeisterungsfähig. Führernatur. Ausgeprägter Geltungsdrang. Oft Mangel an Hausverstand. Nicht gerade sensible Menschen.

Es ist für Männer leichter, mit dieser Energiekombination zu leben, als für Frauen. Da die 9 zu Jähzorn und Leichtsinn neigt, braucht sie eine Bremse; die starke 1 hingegen steigert den Eigenwillen noch, da sie ebenfalls eine durchsetzungsfähige Kraft ist. Wer in dieser Konstellation die 9 meistert, wird zu großem Erfolg gelangen können. In seltenen Fällen kann diese Kombination auch auf Aggression (= 9) gegen sich selbst (= 1) hinweisen.

Bekannte 1-9er: Fred Astaire, Ian Fleming, William Golding, (der Literaturnobelpreisträger kam am 19. 9. 1911 zur Welt und starb am 19. 6. 1993; »William« hat den Zahlenwert 19/10/1), Saddam Hussein, Janis Joplin, Linus Pauling, Marcel Prawy.

Kombinationen der 2

2-1

Eine gelungene Kombination, natürlich mit der 1-2 verwandt, obwohl hier die gefühlsmäßige Natur den Ton angibt. Heftige Emotionen wollen ausgelebt sein. Starke Stimmungsschwankungen gehören zum Alltag. Ähnlich den 1-2ern haben die Betreffenden oft eine starke Ausstrahlung. Das Zusammenleben mit ihnen (schon als Kind) kann mitunter schwierig sein (besonders wenn in den Zahlen noch die charismatische 7 vorkommt, wenn also die 1 der Namenszahl aus einem 3er-Vornamen und 7er-Nachnamen entstanden ist). Starkes Bedürfnis nach Anerkennung.

Erfolge sind nur über ganz bewusste Selbstdisziplin möglich, da ein ziemliches Frustrationspotenzial vorhanden ist. Das Grundproblem: Gefühl (2) und Wille (1) miteinander in Einklang zu bringen. Gelingt dies, lassen sich große Träume realisieren (zumindest, solange die Begeisterung anhält). Unter den emotional Unsicheren taucht Streitlust auf. Unter den 2-1ern (aber nicht unter den 1-2ern) finden sich auffallend naive Menschen.

Bekannte 2-1er: Gottfried Benn, Oriana Fallaci, Carlos Fuentes, Otto von Habsburg, Elfriede Jelinek, Carl Zeiss.

Zweimal die gleiche Zahl – ein gutes Zeichen. Oft begabte und freundliche Menschen, denen es aber bisweilen an Ausdauer und Disziplin mangelt. Ihre Stärke liegt im Einfühlungsvermögen in andere. Anpassungs- und wandlungsfähig. Starkes Bedürfnis nach Schutz und Anerkennung. Bereit, auf andere Rücksicht zu nehmen. Diplomatische Fähigkeiten. Positiv: gesellig, familiär, anpassungsfähig. Negativ: Neigung zu depressiven Stimmungen, Magenerkrankungen.

Das Ur-Weibliche (Frauen mit dieser Zahlenkombination können sehr anziehend sein).

Da 2 auch die Zahl Neptuns ist, darf man hier ebenso Betrüger erwarten. 2-2er können in Versuchung geraten, ein unstetes Leben zu führen, um es freundlich zu sagen. Sie können mit ihren Ideen durchaus polarisierend wirken. Natürlich finden sich hier wieder gute Künstlernaturen, denen manchmal aber die höchsten Höhen aus Mangel an Energie verwehrt sind. Angst vor Einsamkeit.

Ein Beispiel: Die Mondzahl 2 steht auch für das Volk oder allgemein eine große Anzahl von Menschen, die 2er-Menschen in ihren Bann ziehen können. Genau das tat der am 2. 2. 1940 geborene Jim (= 6) Bakker (= 14/5), zusammen 20/2. Er wuchs in einer streng christlichen Familie auf und wurde 1964 (= 20/2) zum Priester geweiht. Er reiste als Wanderprediger durch die besonders fundamentalistischen Gegenden im Süden und Mittelwesten der USA. Zusammen mit Tammy baute er ab 1965 eine rührselige TV-Show auf, was insofern treffend ist, als Film (Illusion) ins Reich Neptuns (= 2) fällt. Es entstand ein Imperium daraus, und Bakker lebte in Saus und Braus. 1987 wurde Jim Bakker angeklagt, eine Kirchensekretärin sieben Jahre zuvor verführt zu haben. Während der Verhandlung traten wilde Anschuldigungen (Homosexualität, Betrug = Neptun) zu Tage.

Bekannte 2-2er: Martina Arroyo, Ferdinand Avenarius, Ingrid Bergman, Theodor Herzl, Paul von Hindenburg, Sophia Loren (ph als f zu werten kommt auch in Frage; die Loren wäre dann eine 2-6erin), Michelle Pfeiffer, Sidney Poitier, Udo Proksch (Enfant terrible der Wiener Gesellschaft, ehe er lebenslange Haft erhielt wegen Versicherungsbetruges mit Todesfolge), Otto Schily.

2-3

Die Kombination Mond/Jupiter ist in der Regel sensibel, fürsorglich und sehr religiös. Kein ausgesprochenes Streben nach Ruhm (aber durchaus nach Geld und Sicherheit), findet trotzdem Anerkennung. Ruhelos und oft sehr eitel. Hat Lust, seelische Macht auszuüben. Wenn sie Glück haben, lassen diese Menschen gern andere an ihrem Wohlstand teilhaben (weshalb das Geld dann rasch weg sein kann). 2-3er sollten nicht spekulieren, auch wenn sie sich einbilden, einen Riecher (= 2) für Reichtum (= 3) zu haben.

Wie gut Gefühl, Intuition, Engagement mit Ehrgeiz und materiellem Streben zusammenpassen, hängt stark von der Persönlichkeit des Betreffenden ab. Über das Schicksal dieser Menschen gibt die Doppelzahl des Namens, die im nächsten Kapitel besprochen werden wird, Auskunft. Stammt die 3 von einem Namen mit der Gesamtzahl 30 (3 + 0 = 3) ab, steht ein beschwerliches Schicksal ins Haus; Künstler mit dieser Zahl geben bisweilen ihrer Verzweiflung an der Welt nach, Staatsmänner fallen unter Umständen Attentaten zum Opfer.

Bekannte 2-3er: Ansel Adams, Honoré de Balzac, John Dewey, Gisela Elsner, Max Ernst, Mahatma Gandhi (auf ihn wurde ein Attentat verübt), Rajiv Gandhi (wurde Opfer eines Attentates), Uri Geller, Hermann Hesse, Robert Jungk, William Lilly (erfolgreichster Astrologe des Abendlandes, 1602 geboren), Carlos Santana, James Stewart, Charles Watson (Mörder; die typische Spannung aus der Grundzahl des Vornamens [= 8] und des Nachnamens [= 4] findet sich häufig bei gequälten Naturen – ob daraus Positives oder Negatives entsteht, lässt sich auf Grund des Namens und der Zahlen nicht sagen, da es nicht schicksalhaft festgelegt ist).

2-4

Laut alten Quellen eine passende Kombination von Energien. Wenn der Mond zu bequem wird, rüttelt ihn der Uranus auf. Künstler unter dieser Zahlenkombination werden eher Avantgardisten als Epigonen sein. Emotionales Bedürfnis nach Freiheit. Unruhig, oft verfeinerte Wahrnehmung. Die starken nervösen Spannungen (4-2 ist dagegen kaum nervös) brauchen ein konkretes Ventil. Lehnt Mittelmäßigkeit vehement ab. Hasst Routine, akzeptiert keine Macht über sich. Menschen mit dieser Energiekombination haben ein unheimliches Gespür für Lügen. Fühlen sich leicht irritiert, z. B. durch laute Menschen (vertragen Lärm nicht!). Neigung, die Heimat zu verlassen. Einfühlungsvermögen (= 2) in das Neue (= 4).

Bekannte 2–4er: Isaac Asimov, Silvio Berlusconi, Nadine Gordimer, James Joyce, Rupert Murdoch, Arthur Rimbaud (früh ausgebranntes Dichtergenie, dessen Zahlen recht einzigartig sind: An einem 20. geboren, haben sowohl Vor- als auch Nachname jeweils den Wert 20/2; diese Verdreifachung weist auf ein außergewöhnliches Schicksal hin, das allerdings oft früh und hart zu Ende geht; Rimbaud war genialer Lyriker, aber mit 20 schon leer geschrieben, ging dann als Waffenhändler nach Afrika, starb jung und verbittert an Krebs), Marquis de Sade, Monica Seles, Oswald Spengler.

2-5

Mond/Merkur kann auf schöpferisches Denken hinweisen, die Intelligenz kann hier allerdings durch Emotionen getrübt sein; d. h., logisches Denken ist nicht unbedingt die große Stärke. (Bei der Kombination 5-5 ist das Gegenteil der Fall. Dort wird der Intellekt durch Kreativität befruchtet!) Wenn eine starke Fantasie (2) vorhanden ist, finden diese Menschen auch Wege, sie auszudrücken und zu kommunizieren (5). Im – allerdings seltenen – Idealfall sind Gefühl und Intellekt gut ausgewogen. Kritik wird nur schlecht vertragen. Eine Kombination, die Ruhm bescheren kann, aber mit Vorsicht zu genießen ist; wenn die 2 den Neptun charakterisiert, dann ist Schöpferkraft nicht weit vom Wahn entfernt.

Der intuitiven, einfühlsamen, künstlerisch begabten 2

kommt die oft extrovertierte, kommunikationsstarke, geistig flatterhafte 5 nur zum Teil entgegen. Wer aus der 5er-Kraft die helfenden (bisweilen auch heilenden) Fähigkeiten entwickelt, wird ein sehr erfülltes Leben haben. Wer seine Fähigkeiten nicht zum Wohle der Menschen einsetzt bzw. keine innere Mitte findet, wird im Leben abstürzen. Eltern mit dieser Zahlenkombination fördern ihre Kinder intellektuell.

Bekannte 2–5er: Yul Brynner, Burt Lancaster, Carlo Ponti, Gloria Vanderbilt.

2-6

Günstiger als die Kombination 2-5, weil die feinsinnige Venus (= 6) gut zur einfühlsamen 2 passt. Anziehende Menschen, denen es etwas an Härte fehlt, um sich in der rauen Geschäftswelt dauerhaft an der Spitze zu halten. Selbst wenn diese Menschen ganz nach oben kommen – sei es im Sport oder in der Schauspielkunst –, werden sie sich nur sehr selten halten können. In der Regel werden sie viel Anerkennung genießen und ein glückliches Leben haben. Bei Männern ist diese Energiekombination förderlich für das Familienleben, während Frauen mit der Konstellation Mond/Venus, die an sich förderliche Energien sind, oft Probleme haben, sowohl ihre mütterlich-nährende als auch ihre verführerische Seite in Einklang zu bringen (dasselbe gilt auch, wenn im Vor- und Nachnamen die Zahlen 2 und 6 einander gegenüber stehen.

Mond/Venus ist ausgeglichen, Extremen abhold. Liebe zu den Kindern. Häufig auf mehreren Gebieten begabt.

Starke Familienbindung. Bequemlichkeit wird sehr geschätzt.

Die obigen Charakteristika treffen nur zu, wenn die Zahl 2 den Mond repräsentiert. Steht 2 für Neptun, dann finden sich hier künstlerisch begabte Menschen, die aber in hohem Maße gefährdet sind (Sucht, Selbstmord), wenn es ihnen nicht gelingt, die neptunische Sensibilität bzw. das mit dieser Energie einhergehende Bedürfnis, in etwas aufzugehen, mit etwas zu verschmelzen, in Form und Struktur zu bringen. Im Positiven deutet 2/6 eine romantische Natur an, die sich nach einer idealen Welt sehnt, was eine gute Voraussetzung für eine Berufung zum Künstler darstellt. Bisweilen überlagert aber die Traumwelt die Realität. Die Folge sind oft kranke Fantasien, perverse Wünsche, Haltlosigkeit.

Am Beispiel von Kurt Cobain: Geboren wurde der Rockstar am 20. (= 2) 2. (= Fische = Herrscher Neptun = 2) 1967. Die Grundzahl seines Namens ergibt sich aus Kurt (= 14/5) und Cobain (= 19/1), zusammen 33/6. Der Sänger der Rockband »Nirvana« (= ein perfekter neptunischer Ort, wo das Ich aufgelöst ist), gegründet 1986 (= 24/6), kam zu frühem Ruhm, versank aber in Drogen. Sein letztes Konzert fand am 29. (= 2) 3. 1994 in München (= 38/11/2!, ü = u + e) statt. Tage danach fiel er ins Koma. Er verließ die Klinik und erschoss sich (April 1994).

Bekannte 2-6er: Hans Christian Andersen, Cher, Pamela Digby (spätere Harriman; Geliebte vieler reicher und mächtiger Männer), Otto Dix (der spiegelbildliche Vorname, der von vorn und hinten gelesen werden kann, lässt sich zwei Mal in o plus t [= 11] zerlegen, der Nachname ergibt ebenfalls 11), Max Euwe, W. C. Fields, Martha Graham, Sophia Loren (wenn ph als f gewertet wird).

Eine dämonische Kombination mit starker Ausstrahlung. Ausgeprägter Sexualtrieb, extreme Wünsche in Beziehungen (die anderen müssen ständig Liebesopfer und -beweise erbringen). Menschen dieser Natur sind Kompromisse fremd. Tief, beharrlich, zwanghaft. Haben große Angst davor, emotional verletzt zu werden. Können sich total in ein Thema verbeißen. Neigung zu extremer Einseitigkeit, zu ausgeprägter Schwarzweißmalerei. Zu großer Leidenschaftlichkeit fähig. Sind manipulierbar oder manipulieren andere. Von der Macht außerordentlich fasziniert bis in die Tiefen ihres Wesens.

Ein beredtes Beispiel ist die Grüne-Vorkämpferin Petra (20/2) Kelly (14/5), geboren am 29. (= 11/2) 11. 1947. Sie hatte großen Einfluss auf die grüne Bewegung, verfiel aber ihrerseits dem Charisma des ehemaligen Generals Gerd (14/5) Bastian (17/8), mit dem sie tot aufgefunden wurde (Doppelselbstmord?). Dass ihr Tod nicht aufgeklärt werden konnte, passt zur Geburtszahl 2, die auch den verschleiernden Neptun symbolisiert; im Namen kommt die 2 ebenfalls vor, hergeleitet aus der Doppelzahl 20, der klassischen Zahl des Opfers, woraus sich vielleicht schließen lässt, dass sie doch nicht selbst Hand an sich gelegt hat.

Wenn diesen Menschen öffentliche Wirkung möglich ist, werden sie viele Massen anziehen, aber auch spaltend wirken. Selbst bedeutende Künstler wirken in ihrem Schaffen polarisierend. Die Gefahr des Machtmissbrauches ist hier groß, weil sie über einen starken Magnetismus verfügen und die Massen fanatisieren können.

Der Verbindung aus 2 (die in neptunischer Ausprägung bis zu Kriminalität und Wahnsinn führen kann) ist mit der getriebenen Wesensart der 7 alles zuzutrauen. Aus dem Idealismus der 2 wird dann Fanatismus. Viele bedeutende Persönlichkeiten, leider auch sehr tragische und negative.

Bekannte 2-7er: Cagliostro (Alchemist des 18. Jahrhunderts), Leonardo Di Caprio, Federico Fellini, Enrico Fermi, Leopold Figl, Heidi Gantenbein (aus bescheidenen Verhältnissen stammend, war die Schweizerin Prostituierte, dann spirituelle Beraterin, ehe sie als Millionenerbin und Frau eines betagten Industriellen auch über das Land hinaus Bekanntheit erlangte), Jean Genet (der Sträfling wurde Schriftsteller), Germaine Greer, Adolf Hitler, Michael Jackson (ck = kk), Egon Kisch, Hermann Prey.

2-8

Eine beschwerliche Kombination. Die sanftmütige, romantische, künstlerische 2 kann mit der misstrauischen, konservativen, verschlossenen 8 nicht viel anfangen. Gefährlich wird es, wenn die Schwermütigkeit der 8 das Gefühlsleben der 2 zu dominieren beginnt – das kann zu Depressionen führen. Emotional oft zurückhaltend, ängstlich, schnell beleidigt, viel zu rasch bereit, Negatives zu sehen und zu erwarten. Instabiles Selbstvertrauen, fühlen sich schnell kritisiert. Suchen tiefe Beziehungen, ernst in Gefühlsdingen. Sehr pflichtbewusst, ausgeprägtes Verantwortungsbewusstsein, suchen ständig nach Aufgaben. Streben ausdauernd nach gesellschaftlichem Erfolg. Kreativität ist eher nachschöpferisch denn originell. Halten sich in jedem Lebensbereich an Regeln. Haben Angst vor dem Risiko, aber das betrifft eher den emotionalen Bereich, während sie als Kompensation etwa im Sportlichen wild und risikofreudig sein können.

Mond/Saturn findet sich bei erfolgreichen Geschäftsleuten, Managern – harte Arbeiter. Kann oft den Drang nach öffentlicher Geltung nur über Umwege ausleben. Findet verdrängter Ehrgeiz kein Ventil, sind Magenbeschwerden die Folge.

John F. Kennedy könnte man auch unter 2-9 einreihen, wenn man den abgekürzten Mittelnamen (= F) weglässt. Dafür spricht, dass sowohl John (18/9) als auch Kennedy (27/9) die starke marsische Energie ausstrahlen. In der Tat hat er im Horoskop ein Trigon zwischen Mond (2) und Mars (9). Auch sein Mörder war marsisch geplagt: Lee Harvey Oswald wurde am 18. (= 9) 11. 1939 geboren. Was ihn aber zu Fall brachte, war der Saturn (F = 8), der in seinem Horoskop am höchsten Punkt steht, was als ungünstig gilt.

Dieses Beispiel zeigt auch, wie karmisch verhängnisvoll es ist, wenn Väter ihre Vornamen an die Söhne weitergeben. Der junge John F. Kennedy musste ein hartes Schicksal erleiden. Geboren wurde er am 25. (= 7) 11. 1960 (= 16/7). Im Prinzip hat er dieselbe Namenszahl, man nannte ihn aber John F. Kennedy junior, abgekürzt jr. Es ist hier schwer zu entscheiden, welche die richtige Namenszahl ist. Da ich in diesem Buch auf die Schwingung des Klanges setze, würde ich den Namen so nehmen, wie er gesprochen (und nicht wie er geschrieben) wird. Dann hätte er die Namenszahl 4 (John = 18/9), F (= 8), Kennedy (= 27/9) junior (= 22/4). Er wäre also ein 7-4er. Er starb bei einem vermutlich selbst verschuldeten Flugzeugabsturz (Flugzeug ist ein modernes elektronisches Gerät, das unter der Herrschaft des Uranus [= 4] steht) am 16 (= 7) 7. 1999, einer Anballung marsischer Energie (auch der Tag [= 7] plus die Monatszahl [Juli = 2] ergibt wiederum 9).

Bekannte 2-8er: Richard Attenborough, Paul Bocuse, Pablo Casals, Friedrich Hölderlin (der infolge einer geistigen Erkrankung die Hälfte seines Lebens, ganze 37 Jahre, in Pflege verbringen musste), John (F.) Kennedy, Burt Reynolds, Axel Springer, Natalie Wood.

2-9

Eine künstlerisch ergiebige Verbindung. Dem Scharfen, Kriegerischen der 9 wird hier durch die weibliche Energie der 2 die Spitze genommen; auf der anderen Seite erhalten die künstlerischen Fähigkeiten der 2 von der marsischen 9 einen Energieschub. Starke erotische Ausstrahlung. Gewisse Verwandtschaft mit 2-7, aber nicht so getrieben/dämonisch. Emotional vorsichtig. Ungeduldig. Leicht verletzbar, Misserfolge drücken sofort nieder. Trotz der marsischen 9 kann ein 2-9er nur indirekt kämpfen. Liebesbedürftig, verträgt Zurückweisungen nicht (schlägt bei Männern sofort auf die Potenz). Die oftmals hinuntergeschluckte Aggression führt zu Ess- und Verdauungsstörungen. Oft Stress aus dem latenten Bedürfnis zu permanentem Vergleich (Wettbewerb). Aggression und Minderwertigkeitsgefühle lassen sich gut durch Kampfsport abbauen. Lebenslanges Bedürfnis nach seelischer Geborgenheit. Auf Kritik können sie sehr aggressiv reagieren. Seelische Mangelgefühle werden gern durch Karrierestreben kompensiert.

Ein tragisches Ende: Der viermalige Senator von Texas, John (18/9) Towers (18/9), wies in seinem Namen eindeutig einen marsischen Energieüberschuss auf. Geboren wurde er am 29. (11/2) 9. 1925. Im Vorwahlkampf um die Präsidentschaft verlor er gegen George Bush, weil man ihn irgendwelcher Liebesaffären beschuldigte – die Doppelzahl des Geburtstages, 29, weist auf Probleme in Sachen Liebe/Ehe hin. Danach bekam er Krebs (Darm, Prostata). Er stürzte mit seinem Flugzeug ab.

Bekannte 2-9er: Robert Altmann, James Baldwin, Ernst Barlach, Salvador Dalí, Bo Derek, Enzo Ferrari, Sean Young.

Kombinationen der 3

3-1

Zwei machtvolle Energien – die schöpferische Willenskraft der 1 und die ehrgeizige, Glück verheißende Energie der 3, beides zusammen ist ein guter Erfolgsgarant. Dennoch behindern sich 3 und 1 bisweilen. Seltsamerweise haben sie oft Probleme mit ihren Mitmenschen, sie wählen ihre Partner ungeschickt, da ihre Menschenkenntnis nicht gerade berauschend ist. Können schlecht mit anderen zusammenarbeiten. Wirken im Alltag auf die Umwelt oft arrogant. Auch sind ihre selbstherrlichen Entscheidungen (und das Gefühl, besser als alle anderen zu sein) wenig fördernd für Partnerschaft, privat wie beruflich. Für Kritik nicht zugänglich. Im Alter können sie misstrauisch und eigenbrötlerisch werden und gesellige Kontakte meiden (die 3 kann ohnehin zur »stolzen Abkapselung« neigen).

Nehmen sich oft mehr vor, als sie bewältigen können – sie beginnen neue Pläne mit Volldampf, wobei ihnen mitunter die Energie ausgeht. Gehen gern kühnen Ideen und Visionen nach, drohen aber an ihrer Unschuld zu scheitern. Die Jupiterkraft (3) lässt sich nicht gern von Details bremsen. Selbstbewusst und großherzig.

Bekannte 3-1er: Gianni Agnelli, Iris Berben, Jane Fonda, Ernest Hemingway, Franz Kafka, Grace Kelly (dass sie so hoch, zur Fürstin Gracia Patricia von Monaco, aufstieg und unerwartet starb, zeigt sich in den Doppelzahlen: Grace [= 14], Kelly [= 14], die Verdoppelung einer Zahl ist immer

Hinweis auf ein besonderes Schicksal, wobei es zur Zahl 14 heißt: »Kontakte mit vielen Menschen, Glück bringend in Geldangelegenheiten, aber drastische ›weltliche‹ Ereignisse«), Leo Kirch, Olof Palme, Jane Russel, Berti Vogts.

3-2

Jupiter und Mond – die Vernunft und das Gefühl. Siegt die Vernunft, kann im Extremfall ein ausgekochter Nihilist daraus werden, siegt das Gefühl, ein Satansbruder. Erfolg und Anerkennung sind den 3-2ern nur möglich, wenn es ihnen gelingt, die beiden Energien in ein dynamisches Gleichgewicht zu bringen. Keine auf Kosten der anderen, sonst rächt sich die unterdrückte Kraft durch pervertierte Äußerungen. Da 2 auch für Neptun stehen kann, finden sich hier sehr künstlerische und spirituelle Menschen auf der einen Seite und von religiösem Wahn und Fanatismus getriebene auf der anderen.

Großes Bedürfnis nach Anerkennung. Neigen dazu, sich selbst zu wichtig zu nehmen. Vernachlässigen manchmal den Intellekt und reagieren nur noch emotional. Nicht besonders ehrgeizig, nicht sehr erpicht auf die Übernahme von Verantwortung. Gibt gern Geld für andere aus. Neigung zu Selbstmitleid und Zügellosigkeit beim Essen (es sei denn, ein starker Saturn im Vor- oder Nachnamen [= 8] wirkt dagegen). Unter Jupiter/Mond geschehen oft Glücksfälle. Ein Beispiel für Glück: Der amerikanische Lkw-Fahrer Kenneth (= 31/4) Greene (= 25/7), Gesamtnamenszahl also 56/11/2, wurde am 3.1.1958 geboren, ein 3-2er also. Er kaufte am 25. (= 7) 11.1992 (= 3) ein Los, wobei ihm der

Verkäufer irrtümlich ein falsches gab. In dieser Lotterie wurde 7 Wochen lang kein Gewinner gezogen, worauf der Jackpot auf 13 (= 4) Millionen Dollar anschwoll. Erst am 21. (= 3) 12. (= 3) überprüfte Greene seine diversen Lose und entdeckte die Gewinnnummern.

Nicht ganz so viel Glück hatte ein amerikanischer Justizbeamter mit der umgekehrten Zahlenkombination. Fred (= 19/1) C. (= 3) Drago (= 17/8), ergibt die Namenszahl 39/3, wurde am 11. (= 2) 8. 1929 geboren. Ein 2-3er also. Am 30. (= 3) 4. 1982 (= 2) gewann er in einer McDonald's-Filiale »nur« 500 000 Dollar.

Bekannte 3-2er: Edward Albee, Peter Alexander, Josephine Baker (ph = f), Manfred Bieler, Heinrich Böll, August Macke, Peter Maffay, Charles Manson (Sektenführer und Mörder), Auguste Rodin, Jean-Paul Sartre, Georg Solti (seit ein »Sir« seinen Namen schmückt, ist er eher unter 3-8 zu subsumieren).

3-3

Wiederum sehr förderlich, wenn die Grundzahl von Geburt und Namen übereinstimmen. Ehrgeiz pur. Oft sehr originelle Geister, da sie von den Selbstzweifeln, wie sie für andere Zahlenkombinationen typisch sind, größtenteils verschont bleiben. Wenn sie etwas anpacken, haben sie Erfolg. Großer Drang, aus untergeordneten Stellungen herauszukommen. Großer Optimismus, eher fröhliche Naturen. Neigung, über alles »obendrüber fliegen«, sich nicht mit den Banalitäten des Alltags abgeben zu wollen. Glück im Leben, auch wenn der/die Betroffene das oft nicht so sieht.

Ausgeprägter Gerechtigkeitssinn. Philosophisches oder religiöses Denken; eine betont eigene Moral kann bisweilen recht zweifelhafte Ergebnisse erzielen. Aufrechter Charakter, sozial, starkes Ehrgefühl. Bedürfnis nach Fülle und Ansehen. Neigung zu weiten Reisen, Interesse für fremde Kulturen. Erfolgreich in wissenschaftlichen Berufen und öffentlichen Angelegenheiten.

Die Jupiterbetonung kann aber auch zum Größenwahn oder zum fatalen Exzess verleiten. 1992 (ein 3er-Jahr!) waren die Klatschblätter in den USA voll von Geschichten über eine »tödliche Lolita«, die im zarten Alter von 17 Jahren die Ehefrau ihres Liebhabers anschoss und schwer verletzte. Zeigt sich das in ihren Zahlen? Geboren wurde Amy (= 6) Fisher (24/6) am 21. 8. 1974. Die Verdoppelung der Zahl 6 im Namen ist ein häufiger Hinweis auf Popularität, wenn auch wie in diesem Fall eine negative. Sie war ein verwöhntes (= Jupiter/3) Einzelkind. Übrigens steht ihr Jupiter im Horoskop tatsächlich ausgezeichnet im Zeichen Fische, allerdings im ungünstigen 12. Haus (6 + 6!), was bedeuten kann, dass man sich in einer Traumwelt verliert und sich Größe anfantasiert. Bei den indischen Astrologen wird Jupiter im 12. Haus auch mit »Spaß am Sex« gedeutet, und in der Tat arbeitete Amy Fisher als Teilzeitprostituierte nach dem Schulunterricht und verdiente viel (= Jupiter!) Geld (= Venus/6) dabei!

Um die religiöse Seite der 3 zu demonstrieren, sei einer der einflussreichsten puritanischen Prediger in den USA erwähnt. Cotton (= 30/3) Mather (= 21/3) wurde am 12. (= 3) 2. 1663 (= 16/7) in eine streng religiöse Familie von Geistlichen geboren. Der Knabe war hochintelligent und dachte daran, Medizin zu studieren, da ihm durch ein leichtes Stottern der Beruf des Predigers zur Qual zu werden schien. Dennoch wurde er Pfarrer, und zwar einer von der hochmütig-intoleranten Sorte, der alles geißelte, was Freude versprach (das ist die Schattenseite der Jupiterkraft, die in diesem Menschen so stark vertreten war). Allerdings frönte er selbst heftig den Freuden des Fleisches, da er mit drei Frauen insgesamt 15 Kinder zeugte, von denen aber 13 recht früh starben. Die Zahl seines Geburtsjahres (= 16/7) weist darauf hin, dass das Thema Macht oder Terror (= 7) einmal eine Rolle in seinem Leben spielen könnte. 1689 veröffentlichte er eine Schrift, in der er Verhaltensauffälligkeiten junger Mädchen auf das Wirken von Hexen zurückführte (da die Zahl dieses Jahres 24/6 lautet, kann als eigentliche unterdrückte Ursache Sexualität angenommen werden). Drei Jahre später gipfelte die von ihm mitverursachte Atmosphäre des Terrors in Hexenprozessen. Allerdings nicht in seiner Stadt Boston (= 28/1), sondern im nahe gelegenen Salem (= 16/7). (Quelle: *Die Zeit,* 18. 11. 1999, S. 96.

Bekannte 3-3er: Carl David Anderson, H. C. Artmann, Emily Brontë, Celine Dion, George Eastman, Henry Ford, Benny Hill, Donald Judd, Stanislaw Lem, Golda Meir, Fritz Muliar.

Eine eigenartige Kombination, die selten bedeutende Persönlichkeiten hervorbringt. Die strebsame, bisweilen zu ehrgeizige 3 versteht die eigenwillige, impulsive, anarchistische 4 herzlich wenig. Wenn diese beiden Energien in einem Menschen zusammentreffen, ist nur schwer Ausgleich zu schaffen. Hier ist es angebracht, den Namen (inoffiziell) so zu verändern, dass die daraus resultierende Grundzahl zur 3 passt – also am besten eine 6 oder eine 9. Interessanterweise können Partnerschaften zwischen einem 3er- und einem 4er-Menschen durchaus funktionieren, vorausgesetzt, beide sind feste Persönlichkeiten und willens, vom anderen zu lernen. Manchmal schlägt hier die Erotik eigene Wege ein (Homo-, Bisexualität), wenn in den Namenszahlen eine venusische 6 vorkommt.

3-4er haben hohe Erwartungen (= 3) an die Zukunft (= 4). Eigenständige, zum Teil originelle Glaubensvorstellungen. Wollen sich auf alle Fälle weltanschaulich nichts sagen oder vorschreiben lassen. Versuchen sich von der Bewertung anderer Menschen unabhängig zu machen und schaffen sich aus diesem Grund ein eigenes Reich, wo sie unangreifbar sind (z. B. als Experte auf einem bestimmten Gebiet, Hobby).

Bekannte 3-4er: Albrecht Dürer (er galt als sehr fleißig [= 3] und als Beschreiter neuer Wege [= 4]), Goldie Hawn, Anaïs Nin (ungewöhnliches Leben; wurde mit ihren Tagebüchern berühmt; ihre große neptunische Fähigkeit, sich in andere einzufühlen, zeigt sich im Namen: Anaïs [= 11/2] Nin [= 11/2]; außerdem ist sie im Zeichen Fische [= 2] gebo-

ren [siehe auch das Kapitel »Musterinterpretationen«]),
Gertrude Stein.

3-5

Eine gute Verbindung, wo die merkurische 5 der bisweilen
weltfremden 3 die nötige Flexibilität und Liebe zum Detail
vermitteln kann. Gut für Schriftsteller. Zumeist verläuft ihr
Leben angenehm (leichter jedenfalls als bei 5-3ern!). Bei der
Analyse dieses Namens ist unbedingt die Doppelzahl zu beachten, die Aufschluss über den Schicksalsverlauf gibt. So
war der 3-5er Vincent van Gogh zu Lebzeiten ein armer
Teufel; tatsächlich sind seine zusammengesetzten Namenszahlen samt und sonders »schwierig«: Vincent (= 29), van
(= 12) und Gogh (= 18). Dagegen weist der ehemalige Bodybuilder Arnold (= 22, die bei Zelebritäten am häufigsten
vorkommende Zahl!) Schwarzenegger (= 55, liegt zwar außerhalb unserer Doppelzahlen, ist aber wie 37 zu deuten)
Glück verheißende Doppelzahlen auf.

Angeborene Freude am Denken, Lernen, Unterrichten.
Interesse an enzyklopädischem Wissen. Wissensdurst kann
dazu führen, dass Projekte niemals zu Ende geführt werden,
weil schon wieder neue, interessantere Themen locken. Die
Neugierde und Lernbereitschaft hält jung. Vernachlässigt
bisweilen körperliche Bedürfnisse. Große Reise- und Erfah-
rungslust.

Bekannte 3-5er: George Bush, Truman Capote, Charles
Darwin, Doris Day, Hubert Fichte, Gustave Flaubert, Allen
Ginsberg, Gene Kelly, Jack Kerouac (ck = kk), Arnold
Schwarzenegger, Gore Vidal, Katarina Witt.

Ein harmonisches Zusammenspiel. Die ehrgeizige 3 und die sanft-sinnliche 6 ergeben ein gutes »Paar«. In der Regel werden sie auf der Butterseite des Lebens stehen, obwohl selbst der Mensch mit den allergünstigsten Zahlen nicht davon abgehalten werden kann, auf die Schattenseite des Lebens zu wechseln. Eric (11/2) Clapton (31/4), geboren am 30.3.1945, einer der am meisten bewunderten Blues- und Rocksänger bzw. -gitarristen, wurde als Kind von seinen Eltern verlassen, hatte in jungen Jahren Welterfolge und danach gravierende Drogenprobleme. Der Tiefpunkt in seinem Leben war erreicht, als sein vierjähriger Sohn am 20.3.1991 aus der New Yorker Wohnung (53. Stock [= 8]) zu Tode stürzte. Danach durchlitt der Star eine große Phase tiefer Einsamkeit, worauf die Doppelzahl des Familiennamens hinweist. Die förderliche Kombination der beiden Grundzahlen 3 und 6 ließ ihn nicht nur die Tragik überstehen, sondern sie auch künstlerisch verarbeiten. Die Mutter des Kindes, die italienische Schauspielerin Lory Del Santo, hat die Grundzahlen 1-9, wobei alle Doppelzahlen ihres Namens (13, 12 und 20) Leid verheißen.

3-6er, deren 6er-Namenszahl von der Doppelzahl 51 herrührt, müssen trotz aller guten Voraussetzungen vorsichtig sein (51 ist eine Zahl der Konflikte).

Die Venus-Jupiter-Kombination weist auf Genuss und Freude am Luxus hin. Das Zusammenspiel der beiden förderlichen Zahlen beschert zufriedene Naturen, die sich auch auf ein gewisses Glück im Leben verlassen können. Venus/Jupiter-Frauen sind anziehend, haben viele Verehrer, was selbst in stabilen Partnerschaften regelmäßig zu Dreieckskonstellationen führt. Freigebig und tolerant. Optimistische Menschen. Viele soziale Kontakte.

Bekannte 3-6er: Lou Andreas-Salomé, Johann Sebastian Bach, Aleister Crowley, Robert Duval, Theodor Fontane, Mel Gibson, Luciano Pavarotti.

3-7

Es gilt Ähnliches wie für 3-2. Nur dass hier die 7 den Drang in die Ferne oder den Hang zum Träumen (bevorzugt in der Vergangenheit) verstärkt. Die mystischen Fähigkeiten der 7 können in dieser Kombination kaum erwachen. Haben in ihrem Leben oft eine lange, schwierige Phase oder einen kompletten Bruch.

Idealisten und Machtmenschen. Sind sehr ausdauernd in ihrem Beruf und ihren Leidenschaften (die oftmals Hand in Hand gehen). Hohe Erwartungen an sich und andere. Können ein Nein schlecht akzeptieren. Wünschen sich unbegrenzte Entfaltungsmöglichkeiten, was zu Exzessen führen kann. Manchmal auf der Suche nach Risiko. Maßlosigkeit zieht häufig gesundheitliche Folgen nach sich. Eine gute Kombination für Politiker, wo sich ethische Prinzipien und Sendungsbewusstsein (3) mit der Lust an der Macht (7) verknüpfen.

Bekannte 3-7er: Alexander Graham Bell, Marlon Brando, Leonard Cohen, Hans-Dietrich Genscher, Rudyard Kipling, Hans List, Henry Moore, Vanessa Redgrave, Telly Savalas, Frank Zappa.

Eine gute Verbindung, obwohl von Natur aus gegensätzliche Kräfte (zur 8 passen am besten die Energien der 1, 3 und 6!). Da beides zähe Energien sind, besteht durchaus die Gefahr, dass im Alter die melancholische 8 die Oberhand gewinnt. Bei Künstlern bewirkt die »erdnahe« 8 eine »realistische« Kunstauffassung. Optimisten.

Menschen mit dieser Energiekonstellation würden sich gern auf Protektion verlassen, kommen aber nur aus eigener Kraft in der Welt vorwärts. Ziele (3) werden durch Selbstdisziplin (8) und Ausdauer (8) erreicht. Mutig und vorsichtig, enthusiastisch und ernst zugleich. Verständnis für die Höhen und Tiefen des menschlichen Daseins, können aber Ungerechtigkeit nicht ertragen. Interesse an gesellschaftlichen und sozialen Themen. Manchmal Wunsch, sich von anderen (der Gesellschaft) versorgen zu lassen. Ist mit sich und der Umwelt in Einklang.

Die bei Zelebritäten so häufig zu findende Symmetrie in der Namenszahl, hier am Beispiel des Sängers und Entertainers Maurice (= 22/4) Chevalier (= 31/4), 4 + 4 = 8; geboren am 12. (= 3) 9. 1888.

Bekannte 3-8er: Paul Bowles, Charles Bronson, Winston Churchill, Tom Cruise, Ernst Fuchs, Jean-Claude Killy, Franz Klammer, Ed Koch, Helmut Kohl, Pablo Neruda, Frank Sinatra, Mark Twain.

3-9

Gut, weil der »Kraftreihe« 3-6-9 entsprechend. Die pflicht-bewusst-ehrgeizige 3 und die kämpferische 9 sind je für sich genommen keine ausgesprochen kreativen Kräfte. Im Zusammenwirken setzen sie aber einige schöpferische Energie frei.

Energiegeladen, mutig, engagiert. Liebt die Konfrontation. Oft maßlos. Wenn die Kraft der 9 erschöpft ist, kommt eine sehr bequeme Seite zum Vorschein. Dezidiert in den Urteilen, nicht leicht von einer einmal gefassten Anschauung abzubringen. Unter den 3-9ern finden sich manchmal echte Glückspilze. Trotz Veranlagung zum Genießen sollte mit Alkohol vorsichtig umgegangen werden (Neigung zur Leberentzündung). Bei Männern bisweilen der Drang, ihre sexuelle Energie weit und breit auszuprobieren.

Ein hübsches Beispiel für Symmetrie: Sowohl Vor- als auch Nachname der Schriftstellerin Luise Rinser haben den Wert 18/9, damit ist auch die Grundzahl des Namens eine 9.

Bekannte 3-9er: Luise Rinser, Edvard Munch, Eddie Murphy, Alfred Nobel, Hal Roach, Egon Schiele, Manès Sperber.

Kombinationen der 4

4-1

Recht ähnlich der 1-4, aber schwieriger zu leben, da hier das Uranische stärker betont ist, dessen Unabhängigkeit und Freiheitsliebe die meisten Mitmenschen (in ihrer Sehnsucht nach Gruppenbindung) nervt. Können sehr überschwänglich sein, wobei eine kleine Unstimmigkeit schon genügt, blitzartig Ernüchterung herbeizuführen (was etwa in erotischen Situationen recht peinlich sein kann). Tut sich mit allem Mittelmäßigen und Durchschnittlichen schwer. Wollen wie die 1-4er seelisch unangreifbar sein, haben dann aber zugleich das Gefühl, das Leben gehe an ihnen vorbei. In der Regel intensive Sinnkrise, wenn im Alter zwischen 42 und 44 der Saturn als großer Prüfer auftaucht und gleichzeitig die verloren gegangene Freiheit jugendlicher Träume bewusst wird.

Die 4 gehört (mit der 8) zu den eher »schwierigen« Zahlen. In der kabbalistischen Tradition steht die 4 für Tod. Die Kombination 1-4 ist deshalb einfacher zu leben, weil die Willensstärke tonangebend ist, während bei 4-1 die originelle, aufrührerisch-anarchistische Uranuskraft 4 als Leithammel dient. 4-1er sind meist vielseitig begabte Leute, die dann ein gutes Leben haben, wenn sie sich darauf konzentrieren, ihre Kräfte zu sammeln und zu mehren. Vernachlässigen sie hingegen den Körper und geben sich ausschließlich dem Geistigen hin, drohen sie früher oder später in eine hoffnungslose Grundstimmung abzusacken, die in nichts einen Sinn zu erblicken vermag; dann wird ihr Leben kein biblisches Alter erreichen.

Bekannte 4-1er: Herb Alpert, Antonin Artaud (origineller Theatermensch, dessen Nervenschwäche seinen frühen Tod bedingte), Senta Berger, Geraldine Chaplin, Claude Debussy, Gustav Gründgens, Buster Keaton, Primo Levi, Boy Mayfair (englischer Juwelendieb), Kim Novak, Susan Sarandon, Lars Windhorst (deutscher Jungunternehmer, der noch vor der Volljährigkeit Millionenumsätze machte).

4-2

Wie bei allen »kritischen« Kombinationen verraten die Doppelzahlen etwas über die Holprigkeit des Schicksals. Der 4 wird durch die 2 eine gewisse Stabilität verliehen, ein Ausgleich, der durchaus auch lebensverlängernd wirken kann. Der bisweilen rücksichtslosen 4 tut die Führung durch eine gefühlvolle 2 gut. Die zart fühlende 2er-Kraft macht diese Menschen beliebter, wo eine ungedämpfte 4 den Menschen zu direkt, zu offensiv sein lässt. Wo sonst 4er kantig sind, macht die Mondkraft der 2 sie hier weicher und runder. Da beide Zahlen einen Bezug zur Intuition haben, kann auch übersteigerte Sensibilität die Folge sein (hat der Partner Zahnschmerzen, tun dem 4-2er auch gleich die Zähne weh). Seelische Krisen führen zu körperlichen Zusammenbrüchen. Ungeduld und Ruhelosigkeit sind charakteristisch. Starkes Bedürfnis nach persönlicher Unabhängigkeit. Partnerschaften müssen gleichwertig sein. Starke Stimmungsschwankungen, spontane emotionale Ausbrüche.

Da die 4 plötzliche Freiheit symbolisiert und die 2 für das Weibliche, das Heim steht, ist bei 4-2ern damit zu rechnen, dass sie in ihrem Leben eine Scheidung erfahren werden. Neigen die anarchistischen 4er zur Politik, dann sind sie links von der Mitte zu finden (konservativ ist die 8).

Bekannte 4-2er: René Descartes, Paul Feyerabend, Harrison Ford, Louis de Funès, Bruno Ganz, Alfred Hitchcock, Bruno Kreisky, Gina Lollobrigida, Rainer Maria Rilke, Luis Trenker, Karl Valentin.

4-3

Eine weitaus interessantere Kombination als 3-4. Frei schweifendes, unabhängiges Denken und Ehrgeiz vertragen sich hier besser. Künstler müssen allerdings aufpassen, dass ihnen nicht vorzeitig die Sicherungen durchbrennen. Caligula war kein übler römischer Imperator, ehe er krank wurde und sich zu einem machtlüsternen Monster wandelte. Verträgt Kritik nicht, sucht sich unangreifbar zu machen.

Impulsive Handlungen. Heftiges Bedürfnis nach Anerkennung, starker Erfolgshunger, für den manche über »Leichen« gehen bzw. sich selbst nicht im Geringsten schonen. Exzentrik und Selbstsucht schaffen Probleme in der Partnerschaft. Unüberwindliche Abneigung gegen kleine Schritte und langsames Wachsen. Starke Reaktionen gegen alles zu Festgelegte – zu viel Planung, Ordnung, Durchschnitt und Alltag langweilen sie rasch. Suchen oft Perfektion auf einem bestimmten Wissensgebiet (oder Hobby). Bei vielen schon in jungen Jahren das Gefühl, ein Außenseiter zu sein. Andererseits tun sie alles, um sich von ihrer Umwelt abzuheben. In religiösen Fragen exzentrisch oder atheistisch, wollen sich weltanschaulich nicht bevormunden lassen.

Bekannte 4-3er: Hans Albers, Isaak Babel, Hugo Ball, Nicolas Born, James Coburn, Rainer Werner Fassbinder (alle drei Namen tragen die Grundzahl 7, was sehr harmonisch, aber »zu viel des Guten« ist), André Gide, Heinrich Heine, Ron L. Hubbard, Garry Kasparov, Maria Theresia (das »stumme« h wurde nicht gewertet), Henri Matisse, Pirmin Zurbriggen.

4-4

Eine manchmal wüste Kombination: Die Verdoppelung der Zahl schafft Chancen, der starke Uranus aber innere Unruhe und viele Neider und Feinde. Hier verstärkt sich der Drang zu Unabhängigkeit. Exzentrischer Lebensweg, innerlich unabhängige Menschen. Manchmal gequälte Naturen, denen viel misslingt. Dennoch hohe schöpferische Leistung möglich. Vielseitige, bisweilen sogar geniale Naturen, fortschrittlich, rebellisch – wirken daher polarisierend. Die Aura der Freiheit und Unabhängigkeit wirkt anziehend, dennoch Probleme in Partnerschaften. Neigung zu Exzessen.

Große Aufnahmebereitschaft allem Neuen gegenüber, verbunden mit unübersehbarer seelischer Unrast. Verändert sich gerne, bleibt sich dabei im Inneren aber treu. Intuitive, assoziative Fähigkeiten. Reformer. Eigenwilliger Charakter. Positiv: Chronist des Zeitgeistes, Gefühl für künftige Entwicklungen, erfinderisch und intellektuell überdurchschnittlich begabt. Negativ: unstet, sprunghaft, wankelmütig, exzentrisch aus Prinzip, krankhaft nervös. Plötzliche, unerwartete Rückschläge im Lebensverlauf sind nicht ungewöhnlich.

Bekannte 4-4er: Anton Bruckner, Cathérine Deneuve, Marguerite Duras, Norbert Elias, Joseph Haydn, André Heller, Doris Lessing, Norman Mailer, Oliver Reed, Brooke Shields, Georges Simenon, Robert Louis Stevenson, Richard Wagner, Billy Wilder.

4-5

Da, wie schon erwähnt, die 5 eine »gesellige« Kraft ist, die zu jeder Energie passt, wirkt sie auch hier auf die 4 förderlich. Vor allem gibt sie der intellektuellen Leistung mehr Strenge und eine gewisse Richtung. Wenn, was in dieser Kombination zu befürchten ist, die 4 sich irgendwann durchsetzt, kommt die eigenbrötlerische Natur der 4-5er zum Vorschein. Als Künstler sind sie vielseitig und können dauerhaften Ruhm erlangen.

Rasches, originelles, vielseitiges Denken. Individualisten mit einem ausgesprochenen Hang zur Provokation. Sehnsucht nach intensivem Gedankenaustausch. Im Alter können sie plötzlich politisch sehr konservativ werden, da ihre Überhöhung des Individuums sie jegliche gesellschaftliche Einschränkungen ablehnen lässt (manchmal auch bloß die pure Lust am Anderssein, wenn das zeitgeistige Pendel gerade in Richtung Kollektivismus ausschlägt).

4-5 ebenso wie 5-4 ist hervorragend für jegliche intellektuelle Tätigkeit, andererseits sind diese Menschen (besonders Männer) in sinnlichen Dingen oft befangen, plump, in erotischen Begegnungen deshalb nicht selten impotent (weil zu aufgeregt).

Bekannte 4-5er: Horst Buchholz, Richard Chamberlain, John Fowles, Knut Hamsun, Heino, Charlton Heston, Peter Hofmann, Anthony Hopkins, Immanuel Kant, Mario Lanza, Franz Liszt, Maria Montessori, Robert Oppenheimer, Jean Seberg.

4-6

Die venusische Kraft der 6 verleiht den 4ern Schönsinn und Beliebtheit bei den Menschen. Wenn sie ihre Ausstrahlung, verbunden mit der schöpferischen Intelligenz, missbrauchen, können sie im Gefängnis landen. So wie Michael Milken, der als »König der Wall Street« in wenigen Jahren unermesslichen Reichtum scheffelte, ehe ihm die Börsenaufsicht auf die Spur kam und ihn hinter Gitter brachte. Er schaffte es, seine Haftstrafe zu mildern, da er sich im Gefängnis um die Weiterbildung von Mithäftlingen kümmerte und einige Popularität errang.

Beliebte und umgängliche Menschen brauchen viel menschlichen Kontakt. Auch im erotischen Bereich ist das Freiheitsgefühl wichtig. Schnelle Begeisterung, schnelle Abkühlung. Kann nicht gut mit Gefühlen umgehen, wirkt daher auf die Umwelt oft kalt und hart. Manchmal bringt die Verbindung aus Uranus und Venus sexuelle Perversionen hervor.

Bekannte 4-6er: Alfred Andersch, Louis Armstrong, Sarah Bernhardt, Ray Bradbury, Lord Byron, Ludwig Erhard, Betty Friedan, Richard Gere, Donald Kinman (sexuell getriebener Massenmörder), Viktor Klima, Niki Lauda, Ute Lemper, Meryl Streep, Margaret Thatcher.

4-7

Vermutlich die förderlichste Kombination im Reich der 4er. Die 7 verleiht der 4 Ausdauer und Zähigkeit, die sie gut gebrauchen kann. Originelle Köpfe, deren Denken (und Handeln) durchaus Widerspruch hervorrufen kann. Auf ihren Gebieten sehr eigenwillige Menschen, die sich auch Gedanken machen, selbst wenn sie als Tennisprofi dafür verspottet werden. Oft widersprüchlich, undogmatisch. Suche nach Unabhängigkeit.

Betonen ihr Recht auf Selbstverwirklichung. Neigung zur Problemverdrängung. Originelle Wege zur Macht. Politiker versuchen, Individualität und kollektive Energie zu versöhnen. Willenskraft und Konzentration. Populär durch Reformbestrebungen.

Bekannte 4-7er: Boris Becker, Bruce Chatwin, Charles de Gaulle, Audrey Hepburn, Jessica Lange, Charles Lindbergh, Antonio Vivaldi, Otto Waalkes.

4-8

Ein Leben ohne Glamour. 4-8 bzw. 8-4 sind die vielleicht am schwersten zu lebenden Energiekombinationen, obwohl 4-8 eindeutig das einfachere Schicksal symbolisiert. Selbst wenn diese Menschen Erfolg haben, werden sie unter Einsamkeit leiden oder Anfeindungen ausgesetzt sein. Ein langes Leben ist durchaus möglich, verlangt aber Selbstdisziplin, ansonsten resultiert aus Chaos und Schwermut ein früher Tod. Dem Nihilismus fehlt hier eindeutig die fröhliche Komponente.

Unkonventionell, verschlossen, autoritär, reife Persönlichkeit. Große Selbstbeherrschung. Zähe Energie. Neigung zu Pessimismus. Fähigkeit, sich mit der Vergangenheit (= 8) auszusöhnen und das Neue (= 4) willkommen zu heißen.

Bekannte 4-8er: Tom Berenger, Julius Caesar, Clint Eastwood, Wilhelm von Humboldt, Ben Kingsley, Giacomo Puccini, Franz Schubert, Wilhelm von Siemens, Stevie Wonder.

4-9

Eine wilde Kombination, wo die 9 den Kopfmenschen (= 4) eine gehörige Portion Vitalität, Sinnlichkeit und Anziehungskraft verleiht. Hoher Energiepegel, der zur Maßlosigkeit verleitet. Starker Sextrieb, der keine Zurückweisung akzeptiert (Angst vor Ablehnung!). Impulsiv und rebellisch, oft unkontrolliert aggressiv.

Wollen gesellschaftlich eine besondere Position erreichen. Oft außergewöhnliche Persönlichkeiten, die aber als Außenseiter gelten. Schnell begeistert, hält aber nicht lange. Reizbar. Mangel an Geduld und Bescheidenheit. Kann sich nur schwer damit abfinden, wenn die eigenen Vorstellungen auf Widerstand stoßen und undurchsetzbar sind. Im Alter oft Groll und Verbitterung. In ausgelaugten Ehen Freude daran, den Partner ein Leben lang zu ärgern und zu sticheln.

Die Kombination 9-4 ist eindeutig günstiger.

Ein kurioses Beispiel von unkontrolliertem (4) Wachstum (9): Der laut *Guinness-Buch der Rekorde* größte Mann aller Zeiten wurde am 22. (= 4) 2. 1918 geboren und hieß Robert (= 22/4) Pershing (= 32/5) Wadlow (= 27/9), ergibt zusammen 81 = 9. Er war etwas über 2,70 Meter groß und starb im Alter von 22 (zum dritten Mal diese Zahl), am 27. (= 9, zum dritten Mal) 6. 1940 (= 5). Angeblich soll er 450 Pfund (= 9) gewogen haben.

Bekannte 4-9er: Alice Cooper, John Dillinger (berühmt gewordener Verbrecher), Peter Frankenfeld, Milton Friedman, Jim Jones (Sektenführer, der seine Anhänger zum Massenselbstmord bewog), Curd Jürgens, Yves Montand, Octavio Paz, Norman H. Schwarzkopf, August Strindberg, Andrew Lloyd Webber.

Kombinationen der 5

5-1

Eine günstige Kombination. Hier bekommt die geistige Kraft der 5 die Kreativität der 1. Auf ihrem Gebiet zählen 5-1er meistens zu den absolut Führenden. Wie überhaupt unter den 5ern viele Denker und Wissenschaftler zu finden sind. Schöpferisch-aktive Menschen mit umtriebigem Temperament. Haben oft sozial-gesellschaftliche Anliegen. Sehr von sich eingenommen, egozentrisch, sind als Chefs unangenehm. Halten sich für klüger als alle anderen. Betont subjektives Denken. Unter weniger gebildeten Menschen finden sich »geistige Vielfraße«, die z. B. alles und jedes lesen, was ihnen unter die Finger respektive Augen kommt.

Bekannte 5–1er: Hans Bender, Robert Bly, Wernher von Braun, Friedrich Dürrenmatt, Albert Einstein, Johannes Heesters, Kurt Falk, Gustav Klimt, David Ogilvy.

5-2

Dieser Kombination mangelt es etwas an Energie. Die Verbindung aus Verstand und Emotion kann begabte, intuitive Denker oder schwärmerisch-naive Naturen mit nicht besonderer Intelligenz hervorbringen. Das äußert sich in Überheblichkeit und Jähzorn oder in einer scheuen, unsteten Lebensführung (mit bisweilen quälender Sexualität, wenn in den Namenszahlen die marsische 9 oder venusische 6 vorkommt).

Sehr sensibel und sentimental.

Denken ist oft ganz von den eigenen seelischen Bedürfnissen und Problemen (die gern größer gesehen werden, als sie tatsächlich sind) gefangen. Verletzlich und das eigene Schicksal beklagend. Sind Merkur/Mond ausgewogen, resultiert das in großer Hilfsbereitschaft, Fairness, dem Wunsch, anderen nützlich zu sein, verbunden mit einem guten Gedächtnis und dem Willen, aus der Erfahrung zu lernen.

Bekannte 5-2er: Heimito von Doderer, Herbert von Karajan, Hans Krankl, Jeanne Moreau, Romy Schneider, Isaak B. Singer.

5-3

In dieser Reihenfolge, mit der Geburtszahl 5 und der Namenszahl 3, ist die Merkurkraft 5 die stärkere – diese Menschen werden sich entweder in denkerischen oder in helfenden Bereichen profilieren. Ziemlich vernunftbetont. Vielseitige Interessen führen zu einer Haltung, die in England als »trier of everything, master of none« charakterisiert wird: Der große Begeisterungsschwang führt dazu, dass man die Fülle der Tiefe bevorzugt, dass man vieles lernt, aber nichts richtig kann, weil einen die Neugierde schon weitertreibt.

5-3er suchen dringend nach Anerkennung für ihre Gedankengänge. Leiden unter dem Gefühl, von der Welt nicht richtig geschätzt zu werden. Können ihr Wissen nicht richtig verwerten. Wollen sich nicht mit Kleinigkeiten und Details aufhalten. Bisweilen zu »großzügiger« Umgang mit der Wahrheit. Nervöse Spannungen auf Grund von Sorgen. Gute Geschäftsnase.

Bekannte 5-3er: John Cage, Claude Dornier, Faye Dunaway, John Huston, Karl Marx, Donald Trump.

5-4

Sehr ähnlich der Kombination 4-5, da beides geistig bewegliche Energien sind. Bei Künstlern verleiht der Uranus (die 4) dem Schaffen gern einen anarchisch-nihilistischen Touch. Ein Mangel an Ausdauer könnte den 5-4ern Probleme bereiten. Bei der Partnerwahl sollten diese Menschen offenen Herzens und offenen Auges vorgehen, damit nicht die latenten Einsamkeitsgelüste der 4 (besonders im Zusammenhang mit der Zahl 31) zu stark werden.

Oft Querdenker und Originale mit besonderen assoziativen Fähigkeiten. Flexibles Denken mit hoher Bereitschaft zur Kritik, was ihnen nachhaltige Feindschaften einträgt (aber nicht nur deswegen; sie neigen zu schroffer Taktlosigkeit, wenn andere langsamer denken). Neigung, sich mit zu vielen Dingen gleichzeitig auseinander zu setzen. Überschätzt sich gern selbst, übernimmt ungern Verantwortung. Interesse an Erfindungen und Reformen.

Bekannte 5-4er: William S. Burroughs, Julie Christie, Peter Fonda, Václav Havel, Hans-Olaf Henkel, Karl Jaspers, Steve Martin, Albert Schweitzer, Elke Sommer, Adalbert Stifter (hier könnte man versuchsweise auch »Schtifter« rechnen, da der Name so ausgesprochen wird; ergäbe einen 5-3er).

5-5

Wie immer, verstärkt die Verdopplung der Zahl ihre Wirkungskraft. Den Menschen mag es bisweilen an Ausdauer oder tiefen Gefühlen mangeln, ihr Leben werden sie aber nicht zu tragisch nehmen.

Der Intellekt bestimmt die seelische Haltung ebenso wie ihre Arbeit, Fähigkeiten und die alltägliche Handlungen. 5-5er sind oft praktisch/technisch/wissenschaftlich orientiert. Neigung auch zu juristischen und journalistischen Berufsbildern. Intelligenz, Ausdrucksfähigkeit, Lehrbegabung, Beredsamkeit in der Regel überdurchschnittlich. Gewisse Neigung zum Widerspruchsgeist, der innere Spannungen erzeugt.

Bekannte 5-5er: Konrad Adenauer, Erich Fromm, Rosa Luxemburg, Sandra Paretti.

5-6

Beliebte Menschen, die gute Denker sind und dank ihrer Venuskraft 6 eine feine Ausstrahlung haben. Scharmant, freundlich, umgänglich, gut für die Zusammenarbeit. 5-6er haben häufig eine sprachliche Begabung (Übersetzer, Dolmetscher, Sprecher, Dichter) oder arbeiten im Bereich Mode/Kosmetik. Gesellige Neigungen (verbringen Freizeit gern mit Freunden). Gefühl und Intellekt arbeiten gut zusammen. Häufig bei Physikern, Mathematikern, Astronomen.

Bekannte 5-6er: Walt Disney, Paul Ehrlich, Max Planck, Helmut Schmidt.

5-7

Die intellektuelle Kraft 5 erhält von der Plutozahl 7 eine gewisse Tiefe und Getriebenheit – ein bohrendes Denken, bis das Problem gelöst ist. Überhaupt sind unter 7ern häufig Genies zu finden. Allerdings kann hier der vernunftbetonte Teil mit dem emotionell-mystischen in Widerspruch kommen. Etwa beim großartigen Schachheroen Victor Kortschnoj: Auf den 64 Feldern ein tiefer Denker, hatte er dennoch in seinen (verlorenen) Schach-Weltmeisterschaftskämpfen mit Anatolij Karpow Angst vor außersinnlicher Beeinflussung.

Die Zusammenarbeit aus Merkur (5) und Pluto (7) produziert tiefe, durchdringende Denker. Versuchen manchmal, mit dubiosen Mitteln ihre Ziele zu erreichen. Gute Moderatoren in Massenmedien. Haben die Neigung, ihre Meinung (5) zu verabsolutieren (7).

Bekannte 5-7er: Hannah Arendt, Felix Bloch, Raymond Chandler, Hermann Gmeiner, Steffi Graf, Werner Heisenberg.

5-8

Die geistige Leichtigkeit des Merkur (= 5) wird von der konservativen 8er-Kraft erheblich gebremst. Diese Kombination deutet auf einige Schicksalshürden hin. Kein einfacher Lebenslauf, da der 5 die Energie fehlt, die 8 zu »knacken«. Sprachhemmung oder fehlende Beachtung als Kind führten zu großem Schweigen oder totalem Mitteilungsbedürfnis. Drang nach verbaler Selbstdarstellung (5) wird durch Überwindung (8) auf der Bühne ausgelebt. Schüchternheit wird durch besondere Leistung auf einem Fachgebiet zu kompensieren versucht. Versenken sich ins Geistige (5) und vernachlässigen (8) das Äußere, Profane, Alltägliche.

Verantwortungsvoll, ernst, vorsichtig – oder kompensiert diese empfundene Schüchternheit durch rüde (= 8) Sprache (= 5). Bedürfnis, für seine geistigen Leistungen gesellschaftliche Anerkennung zu erhalten. Neigung zu Schwermut und Depression. Mangel an Selbstvertrauen. Lebenslange Suche nach (geistiger) Geborgenheit. Versteckt sich vor der Welt in Arbeit.

Bekannte 5-8er: Paul Celan, Ray Charles, Aldo Moro, Bruce Springsteen, Wolf Wondratschek.

5-9

Eine Kombination, die relativ selten vorkommt. 5-9er werden auf Grund mangelnder Umsicht bisweilen vom Unglück heimgesucht. Die umgekehrte Kombination, 9-5, ist etwas günstiger. Für alle, in deren Lebenszahlen eine 9 vorkommt, gilt die Beobachtung Cheiros: »In der Jugend haben die dieser Zahlengruppe Zugehörigen meist viele Schwierigkeiten zu überwinden.« Zu den 5-9ern zählt übrigens Caroline von Monaco, die trotz günstiger Startbedingungen im Leben erhebliche Schicksalsschläge erleiden musste; zum Glück verfügt sie auch über die Energie, diese zu meistern. (Notabene: Namen werden immer in der Originalsprache berechnet; der Adelstitel »de« hat denselben

Grundwert wie »von« – nämlich 9 – und ändert daher nichts an der Grundzahl des Namens.)

Mutig, aber oft unbeherrscht und unvorsichtig. Große geistige Energie, die sich in scharfer Kritik äußert. Eigensinnig, tut sich schwer, andere Meinungen zu würdigen. Starke nervöse Spannung, konkurrenzorientiert. Im Alter zwischen 30 und 40 oft schwierige Erlebnisse.

Bekannte 5-9er: Neil Armstrong, Giulio Andreotti, Umberto Eco, Bob Marley, Maria Perschy (hatte Brandunfall mit 33, Ehemann beging Selbstmord, als sie 44 war), Sam Shepard.

Kombinationen der 6

6-1

Zwei »gute« Zahlen, die sich aber nicht besonders gut vertragen. 6er schließen – ähnlich den 5ern – gern mit allen anderen Zahlen Freundschaften (6 ist die Zahl der Venus, die das Sternzeichen Waage regiert). Am besten kommt die 6er-Kraft durch Verdoppelung (6-6) zum Tragen oder in Kombination mit der 3 oder der 9. Auf alle Fälle haben 6-1er künstlerisches Gestaltungsvermögen und geben sich betont ästhetisch-feinsinnig.

Großes Bedürfnis nach Anerkennung. Nicht besonders kompromissbereit. Kommen bisweilen mit der Gesellschaft übers Kreuz oder steigern sich in unhaltbare Positionen hinein. Im Unterschied zur Kombination 1-6, die größeren Realitätssinn hat, können 6-1er so in ihrer künstlerischen Haltung aufgehen, dass sie weltfremd werden. Bei persönlichen Enttäuschungen ist auch eine misanthrope Haltung zu beobachten, die zu einem auffallend eigenbrötlerischen Verhalten führen kann. Aus der sonst ausgeprägten sinnlichen Genussfreude von Venus kann hier aus ideologischen Gründen als Gegenreaktion eine erstaunlich asketische Haltung eingenommen werden.

Bekannte 6-1er: Wilhelm Busch, Joseph Conrad (ph = f), Zsa Zsa Gabor, Peter Handke, Leonardo da Vinci, Alan Watts.

6-2

Dieser Kombination fehlt ein wenig der Pep. Die unstruktu-
rierte, weiche Mondkraft der 2 kann die sanfte, sinnliche,
künstlerische Venus-Kraft der 6 zwar unterstützen, ihr aber
nicht Halt geben. Emotional intensiv. Kann launisch und
genusssüchtig sein. Lehnen Verantwortung ab. Emotionale
Ängste führen zu einer Betonung der eigenen Freiheitswün-
sche oder zu Schuldgefühlen – bzw. zu einer Fehleinschät-
zung von Menschen (lassen sich dann ausnützen bzw. fallen
auf Betrüger herein).

Beziehungsschwierigkeiten sind unausweichlich. Eine
Folge daraus kann im späteren Alter ein gewisses Misstrau-
en gegenüber Intimität bzw. Menschen ganz allgemein sein.
6-2er sollten versuchen, ihre eigenen Gefühle distanzierter
wahrzunehmen bzw. den emotionalen Hunger einzugeste-
hen und ein wenig unabhängiger davon zu werden.

Bekannte 6-2er: Arletty, Émile Durkheim, Samy Molcho,
Barbra Streisand.

6-3

Eine Erfolg versprechende Kombination, unter der sogar
Schauspieler Präsidenten werden. Die ehrgeizige Jupiterkraft 3 bringt die Venuskraft 6 so richtig zum Strahlen –
diese Menschen haben Charisma und ziehen andere an. Leider ist diese Idealkombination aus Ehrgeiz und Schönsinn
relativ selten. Gefälliges Auftreten, überzeugende Redner
(wobei die Ausführungen nicht unbedingt intelligent sein

müssen). Stehaufmännchen in der Politik. Betont optimistisch und jovial, hasst alles Kleine, Schwache, Ordinäre. Sehr auf gesellschaftliche Anerkennung aus. Freude an den schönen (genussvollen) Seiten des Lebens. Traditionsbewusst. Gutes Verhältnis zur Umwelt. Geltungsdrang und Eitelkeit. Sollten sich vom Urteil der Umwelt unabhängig machen und gleichzeitig ihr Bedürfnis nach fortwährender Anerkennung einbremsen.

Ein besonders harmonischer Name: Agatha (= 15/6) Christie (= 24/6), 6 + 6 = 12/3, geboren am 15. (= 6) 9. 1890. Die 6 der Geburtszahl kommt hier insgesamt drei Mal vor – ein sicherer Garant für Erfolg.

Bekannte 6-3er: Agatha Christie, Le Corbusier, Lorin Maazel, Thomas Mann (hier ist das stimmlose h gewertet; wenn nicht, wäre Mann ein 6-7er), Robert Musil, Shimon Peres, Ronald Reagan (das Attentat auf ihn fand übrigens an einem 3er-Tag [30. 3. 1981] statt, weshalb es für ihn nicht tödlich endete).

6-4

Selbst wenn diese Menschen Erfolg haben, wird ihnen etwas in die Quere kommen. Entweder ecken sie an (wenn sie die unkonventionelle 4 herauslassen), oder sie geben sich irgendwelchen Süchten hin (zu denen die 6er neigen, wenn sie nicht eine starke Gegenkraft wie 8 oder 9 bremst). Im Übrigen eine wenig förderliche Kombination von Energien.

Nehmen ihre Unabhängigkeit zu wichtig. Haben Angst vor zwischenmenschlicher Nähe. Manchmal Lust, anderer Leute Beziehungen zu zerstören. Wenn Zuneigung erkaltet, sind 6-4er ausgesprochen kühl. Sie hatten meist unangenehme Mütter. Wünsche werden uninteressant, sobald man das Begehrte erlangt hat. Eigensinnig, manchmal sexuell maß- und orientierungslos. Große Scheu vor Verantwortung. Idealistische Verstellungen von Freund- und Partnerschaft.

Bekannte 6-4er: Wolf Biermann, Neil Diamond, Galileo Galilei, Don Johnson, Francis Lederer (hieß eigentlich »Franz«, was aber denselben Zahlenwert ergibt; trat schon 1929 mit Willi Forst im ersten deutschen Tonfilm »Atlantic« auf; unterrichtete 70 Jahre später, als 100-jähriger, immer noch an seiner Schauspielschule in Florida), Robert Mitchum, Maria Schell, Oliver Stone, Orson Welles.

6-5

Keine spektakuläre Kombination. Der Schönsinn fängt mit der Vernunft nicht viel an, die Vernunft kann die sinnliche Venuskraft 6 nicht bremsen, wenn sie auf die schiefe Bahn kommen will (was nicht allein erotische Exzesse bedeuten muss; 6er-Männer kann die Lust auf Geld zu Unkorrektheiten verleiten). Gewisse Geschäftstüchtigkeit. In der Regel sprachbegabt.

Wenn die 5, die ja hier für die Grundzahl des Namens steht, aus einer Kombination zweier 7er-Kräfte kommt (wenn sie als Vor- und Zuname die Grundzahl 7 haben: 7 + 7 = 14/5), dann können 6-5er sehr hingebungsvolle, treue, aufopferungsbereite Menschen sein. Hier rückt der intellektuelle Moment der 5 in den Hintergrund, stattdessen kommen die hilfsbereiten Aspekte dieser Zahl zum Blühen.

Möglicherweise prägte eine Krankheit oder Überlebenshaltung die Kindheit/Jugend. Das führt später zu der Erwartungshaltung, nicht verstanden zu werden, oder, im Gegenteil, zu besonders diplomatischem Verhalten.

Bekannte 6-5er: Michel Foucault, Julien Green, Lee Iacocca, Zarah Leander, Baruch Spinoza.

6-6

Die Verdoppelung liebkost das Schicksal. Diese Menschen gelangen leichter zu Ruhm und Ehren als alle anderen 6er-Kombinationen; ein leichtes Leben ist aber nicht zwangsläufig die Folge. Denn das Suchtpotenzial der sinnlichen 6 sollte man auch in günstiger Konstellation nicht aus dem Auge verlieren. Dafür bekommen Unternehmer eine starke soziale Ader.

Geld, Genuss, Beziehung, Ästhetik können wesentliche Themen im Leben eines Doppel-6ers sein. Obwohl 6 die Zahl der Venus ist, muss nicht unbedingt der sinnliche Aspekt dominieren – 6er sind ebenso häufig ideelle/fürsorgliche Menschen, die einer schwärmerisch/unerfüllten Liebe nachhängen. Künstlerisches Gestaltungsvermögen (Design). Bleiben die Liebeswünsche unerfüllt, ist trotz der harmonischen Zahlen ein tragisches Schicksal möglich.

Da 6 nicht nur die sinnliche Seite der Stier-Venus repräsentiert, muss bei 6er-Menschen immer auch eine Waageseite in Betracht gezogen werden (Nietzsche z. B. war Waagegeborener, Freud ein Stier). Bei Doppel-6ern ist mitnichten die venusische Seite (Vergnügen, sinnliche Abenteuer usw.) doppelt ausgeprägt, sondern kontrolliert und sublimiert. Sind als Männer eher sanft, rücksichtsvoll, obwohl Stierbetonten schon cholerische Anfälle zuzutrauen sind. Die Venus kann sich auch in Großzügigkeit, Kultiviertheit oder in einem guten Geschmack äußern.

Bekannte 6-6er: Gottlieb Duttweiler, Sigmund Freud, Max Frisch, Henry Maske, Friedrich Nietzsche (allerdings sind die Zahlen seines Vor- [= 4] und Nachnamens [= 2] weniger harmonisch), George Tabori, Robert Walser.

6-7

Die dämonische 7 kann die ohnehin zu Lüsternheit neigenden 6er aufs Glatteis führen. Nach außen schöngeistige Menschen, die innerlich von diversen Leidenschaften getrieben werden. Künstlerische Veranlagung, die unbedingt genutzt werden sollte, um das Triebpotenzial zu sublimieren. Der im Selbstmord geendete Serienmörder Artur Gatter war übrigens ein 6-7er. Einflussreiche Künstler. Gefährdete Gesundheit auf Grund von Maßlosigkeit.

Möchte Menschen beeinflussen. Liebesbeziehungen können sehr heftig, intensiv und bisweilen grausam verlaufen. Vom Partner wird vollkommene Hingabe erwartet (»alles oder nichts«). Eifersüchtig, besitzergreifend und dramatisch. Sexualität ist häufig mit Schuldgefühlen verknüpft. 6-7er haben oft magnetische Ausstrahlung. Mehr charismatische Menschen findet man aber unter den 7-6ern.

Bekannte 6-7er: Paul Claudel, Bob Dylan, Alexander Fleming, David Irving, Wilhelm Reich.

6-8

Hier liegt die sinnliche, großzügige 6 mit der sparsamen, auf Sicherheit bedachten 8 im Kampf. Die saturnische 8 gibt der oft leichtlebigen venusischen 6 Halt, diese Kombination ist günstiger als 8-6. Während die venusischen 6er nach Anerkennung, Schönheit und Harmonie streben, werden 8er oft verkannt und wirken nach außen hin verschlossen. Im günstigsten Fall kann daraus eine geheimnisvolle Mischung (Ausstrahlung) entstehen. 6-8er stehen mit dem Geld auf gutem Fuß und halten es beisammen. Beruflicher Aufstieg, gesellschaftliche Anerkennung, Einfluss und gutes Einkommen sind häufig. Zähe Menschen.

6-8 kann eine Angst vor Nähe, vor intimen Beziehungen signalisieren, sodass diese Menschen lange brauchen, bis sie Nähe zulassen. Wenn 6-8er sich betont cool, frei und unabhängig geben, entspricht das in der Regel nicht ihrem inneren Wesen. In Beziehungen (= 6) können diese Menschen in eine Ungleichgewichtssituation gelangen, da der Partner entweder um einiges älter (= 8), krank (= 8) oder sonst chronisch unzufrieden (= 8) ist. Das ausgeprägte Pflicht- und Verantwortungsgefühl verhindert, dass 6-8er diese Situation nüchtern analysieren und aus der Beziehung ausbrechen. Manchmal wird materielles Wohlergehen als Ersatz für emotionale Enttäuschungen gewählt.

Bekannte 6-8er: Jeremy Bentham (Begründer des Utilitarismus, einer Ethik, die sich an der Nützlichkeit [!] orientiert), Claudia Cardinale, Alexandra David-Neel, Paul Getty, Heinrich Harrer, Martin Luther King, Hans Moser, Erwin Rommel, Andy Warhol.

An sich eine günstige Kombination, aber nur, wenn nicht die vergnügungssüchtige 6 die Oberhand behält und die vitale 9 mit sich in ihren Strudel zieht. Das Mutig-Kämpferische der 9 liegt hier im Widerstreit mit der etwas feigen 6. Die Folge kann ein Mangel an Selbstdisziplin sein. Menschen dieser Energiemischung können bis zur Unvernunft auf ihrer Meinung beharren bzw. an einer einmal gewählten Rolle festhalten.

Venus-Mars-Menschen besitzen zumeist eine sinnliche Ausstrahlung und eine starke Triebnatur, für deren Befriedigung sie einiges in Kauf nehmen. Müssen sich sexuell immer wieder beweisen. Wenn die gewünschten Ziele nicht erreicht werden, ist tiefe Frustration die Folge. 6-9er machen immer wieder ihr Selbstwertgefühl von der materiellen bzw. affektiven Zuwendung abhängig. Aktive, lebenslustige Menschen, die viele Kontakte brauchen. Kommen mit saturnischen Themen (Autorität, Disziplin, Herrschaft, Gehorsam usw.) nur schlecht zu Rande. Auch keine Meister der Kompromisse.

Bekannte 6-9er: Andreas Baader, Walter Benjamin, Björn Borg (o = oe), Pierre Brice, Erich Fried, Emanuel Lasker, Michelangelo, Sylvester Stallone.

Kombinationen der 7

7-1

Zwei verträgliche Energien. Steht bei der Kombination 1-7 mehr die Schaffenskraft im Vordergrund, hat bei dieser Kombination die 7 die Willensstärke, die Besessenheit, die Führung inne. Erfolgreiche 7-1er können sich sehr langer kreativer Leistung und eines andauernden Ruhmes erfreuen. 7-1er erleben in ihrem Leben kräftige Aufs und Abs, da sie zu viel von sich verlangen, ihre Ansprüche übertrieben sind, sie sich oft genug selbst überschätzen.

Zur Besessenheit kommt bei entsprechender Neigung Selbstverleugnung; d. h., der Wille wird an sich selbst ausprobiert (Extremsport, extreme Diäten, extreme Enthaltsamkeit usw.). Schwierigkeiten, in Bezug auf sich und andere Maß zu halten. Gute Manager. Themen, die mit der Polarität Macht und Ohnmacht zu tun haben, sollten aufgearbeitet werden.

Bekannte 7-1er: Carl Benz, Bernadette (Heilige von Lourdes), Humphrey Bogart, Charlie Chaplin, Mata Hari, Liv Ullmann.

7-2

Wiederum ein harmonisches Zusammenspiel, allerdings gänzlich anderer Natur als 7-1. Bei weitem nicht so dämonisch wie 2-7; hier finden sich keine besessenen Staatsleute.

7-2 ist so etwas wie die ideale Kombination für Künstler. Beides sind schöpferische Energien, wobei die 7 die etwas mutigere, abenteuerlustigere Kraft ist, die von der stillen, aber schöpferischen 2 unterstützt wird. Große Empfindungsfähigkeit und gutes Gedächtnis (für Schriftsteller förderlich!). Maler schaffen kraftvolle, emotionale Bilder und gewinnen damit große Anhängerschaft und langes Epigonentum.

In Gefühlsdingen kompromisslos: Jemand wird geliebt oder gehasst, dazwischen ist wenig Platz für differenzierte Gefühle. Charismatische Ausstrahlung, die schon bei Kindern spürbar ist (und auch Wildfremde in den Bann zieht).

Es finden sich zahlreiche Langlebige unter der Energiemischung von Pluto und Mond. Sie haben eine unbekümmerte Ausstrahlung und sind ihrem Wesen nach fröhlich-frisch, wenngleich das Dunkle der 7 diese Menschen manchmal in Träumereien und Gefühlssümpfe ziehen kann.

Bekannte 7–2er: Alfred Adler, Béla Bartók, Marc Chagall, Gertraud Knoll (österreichische evangelische Bischöfin), Jerry Lewis, Pablo Picasso, Edzard Reuter, Heinz Rühmann, Ravi Shankar.

7-3

Die Sehnsüchte der 7 werden von der 3 nicht unbedingt geteilt. Was die 3 ansonsten oft an Durchsetzungskraft aufweist und an Ruhm einheimst, kommt hier nicht immer zum Tragen. Es macht für die Deutung auch einen Unterschied, ob die Grundzahl 3 des Namens aus 12, 21 oder 30 abgeleitet wird, die auf völlig unterschiedliche Schicksalsverläufe hindeuten.

7-3er wollen sich immer überlegen fühlen, können partout nicht verlieren. Oft maßlose Wünsche, die zur Grundlage des Sich-akzeptiert-Fühlens werden. Große Erwartungen an die Umwelt, eifersüchtig. Starker gesellschaftlicher Aufstiegsdrang. Vom Thema Macht besessen (selbst in der allerpersönlichsten Umgebung), daher auch Neigung zur Politik. Radikal und idealistisch. Sollte sich mit religiösen/philosophischen Themen (= 3) tief gehend auseinander setzen.

Bekannte 7-3er: Gary Cooper, Marie Curie, Friedrich Gulda, Gregor Gysi, Mickey Rouke (ck = kk), Ringo Starr, Nadja Tiller.

7-4

Eine nicht sehr erquickliche Konstellation, die einen Hang zur Selbstzerstörung in sich hat. 7 und 4 sind beides ein wenig dämonische Kräfte, die nach Entgrenzung streben und glauben, für sie gelten keine Schranken. Unter einer glatten Oberfläche kann ein gerüttelt Maß an Aggression herrschen.

Günstiger ist die Kombination 4-7, denn die 4 – als Verwandte der 1, der Sonne – ist die positivere der beiden Kräfte. Eine 7-4er ist z. B. Waltraud Wagner, ehemals Krankenschwester in Wien. Sie wurde verurteilt, zahlreichen betagten Patienten ins Jenseits verholfen zu haben. Wobei die Motivation dazu nie restlos geklärt wurde: Es war eine Mischung aus Machtmissbrauch und Einsamkeit (4!), da die

Hilfsschwester viele Nachtdienste im chronisch unterbesetzten Krankenhaus allein versehen musste.

Die 7er-Kraft hat viel mit sexuellem Drang zu tun, die 4er-Kraft fördert die Grenzenlosigkeit: Sexuelle Sucht und Haltlosigkeit kommen vor. Sex und der Wunsch nach Macht (= 7) treiben auch Verbrecher unter dieser Energiekonstellation an (z. B. der mehrfache Frauenmörder Johann »Jack« Unterweger). Oft sind diese Menschen nur nach außen scheinbar angepasst, im Inneren aber unbeherrscht rebellisch. Ob Gewalt nur in der Fantasie bleibt oder ausgelebt wird, ist von den Zahlen allein her nicht zu sagen. Unter Zorn leiden angespannte 7er allemal.

Dass diese Hemmungslosigkeit auch positiv ausgelebt werden kann, beweist das Beispiel des österreichischen Skiläufers Hermann Maier, der am 7. 12. 1972 geboren ist: 1996 (= 7) fiel er erstmals als Vorläufer auf. In der darauf folgenden Saison, im Alter von 25 (= 7), erfolgte sein blitzartiger (= 4) Durchbruch. Dass diese Energiekombination mit Schwierigkeiten verbunden ist, zeigt sein Lebenslauf. Mit 15 musste er mit dem Skisport auf Grund schwer wiegender Wachstumsstörungen aufhören und wurde Maurerlehrling. Doch mit typisch skorpionischer Besessenheit kämpfte er sich zurück, völlig aus eigener Kraft (Einzelgänger [= 4!]). Weltberühmt wurde er aber nicht nur mit der Anzahl seiner Siege, sondern mit seiner brutalen Art und Weise, in der er sie errang. Sein Fahrstil gipfelte bei den Olympischen Spielen in Nagano in einem kapitalen Sturz (Unfall [= 4!]). Jeder andere Läufer hätte Monate gebraucht, um diese lebensgefährliche Situation zu verdauen, Hermann Maier holte sich dagegen beim nächsten Rennen die Goldmedaille. Doch die Zahl 4 impliziert auch die Fähigkeit zu vernünftigem Denken. Nachdem Maier alles gewonnen hatte, was es zu gewinnen gab, fuhr er in der Saison 1999/2000 vernünftiger als zuvor – und gewann dennoch, allerdings aus schlauer Berechnung (= 4) und nicht mehr so sehr aus selbstverachtendem Einsatz (= 7).

Bekannte 7-4er: Michael Douglas, Nina Hagen, Erich Honecker (ck = kk), John McEnroe, Maria Reining, Mickey Rourke, Gerhard Schröder (ö = oe), Johannes Mario Simmel, Vittorio de Sica.

7-5

Eine Erfolg versprechende Zusammenarbeit von Hingabe und Intellekt, aber nicht so günstig wie die Kombination 5-7, die große Denker produziert (während hier das Gefühl überwiegt). Eine durchaus schöpferische Kombination, die aber Probleme mit geistiger Konzentration und Selbstdisziplin hat. Kritisch und manchmal unberechenbar. Abenteuer- und reiselustig. Starker Wunsch, andere zu beherrschen. Pessimistische Tendenzen.

Der Intellekt wird zur Befriedigung der Machtwünsche eingesetzt. Dogmatisches Denken, in Diskussionen wird Anspruch auf Absolutheit erhoben, fühlt sich oft missverstanden. Kann Fehler nicht eingestehen, versucht sich verbal drüberzuschwindeln. Überzeugung stärker als Logik.

Bekannte 7-5er: Roald Amundsen, Konrad Lorenz, Karl May, Johannes Rau, Ginger Rogers, Susan Sontag.

Das Zusammentreffen von 7 (Pluto) und 6 (Venus) kann zu sinnlichen Eskapaden führen. Selbst wenn sie äußerlich nicht attraktiv sind, verfügen 7-6er über eine gute Anziehungskraft. Sind gerne von leidenschaftlicher Liebe getrieben, wollen alle Beziehungen kontrollieren. Unkonventionelles Denken ist mit Sicherheit vorhanden. Was dieser Kombination an intellektuellem Scharfsinn fehlt, vermag sie durch gestalterisches (soziales/politisches) Einfühlungsvermögen wettzumachen.

Im Künstlerischen (6) wollen diese Menschen die Welt transformieren (7), wenn sie's politisch versuchen, scheitern sie. Manchmal sind 7-6er von einem Hauch Tragik umgeben.

Bekannte 7-6er: Bruno Bettelheim, Noam Chomsky, Sean Connery, William Faulkner, Günter Grass, George Harrison, Elton John, Stan Laurel, George Orwell, Max Stirner.

7-7

Eine verführerische Kombination. 7-7er sollten haushälterisch mit ihrer Energie umgehen, was aber gar nicht ihrer getriebenen Natur entspricht. Deswegen erfreuen sich Menschen dieser Zahlenkombination bisweilen eines weniger langen Lebens, als es ihnen eigentlich möglich wäre.

7-7er sind durch einen stark skorpionischen Zug gekennzeichnet: Sie sind eifersüchtig und besitzergreifend, heftig in ihrer Zu- und Abneigung, können keine Macht über sich ertragen, dominieren aber liebend gerne die anderen, sind in ihrer Art oft direkt bis zur Verletzlichkeit (es sei denn, eine sensible 2, eine freundliche 6 oder eine vorsichtige 8 im Namen übt mildernden Einfluss aus). Charakteristisch für 7-7er ist ihre Fähigkeit zur Hingabe (an Menschen, Aufgaben, Tätigkeiten), ihre Hartnäckigkeit, ihre Unbedingtheit im Urteil, ihre Ablehnung alles Mittelmäßigen. Manchmal wahnhafte Anwandlungen, können grausam in ihrer Heftigkeit werden.

Bekannte 7-7er: Louis Althusser (Philosoph, der seine Frau tötete), Hans Arp, David Ben Gurion, Anthony Burgess, Albert Camus, David Copperfield, Henry Fonda, Gert Fröbe, Isabelle Huppert.

7-8

Eine unglückliche Kombination zweier mächtiger Energien. Was soll die abenteuerlustige 7 mit der auf Sicherheit bedachten 8 anfangen? Daraus resultiert oft viel weniger dramatischer Seelenkampf als Langeweile und Misserfolg. Übrigens ist die Kombination 8-7 erheblich günstiger.

Menschen mit dieser Energiekonstellation sind bereit, sich zu quälen für den Erfolg im Leben (Prototyp: der ein Leben lang öde Gewichte stemmende Bodybuilder). Ausdauer, Konzentration und Selbstdisziplin machen sie zu guten Marathonläufern, wenn nicht gar zu Triathleten. Härte kann bis zur Selbstschädigung führen. Große Verantwortungsbereitschaft. Können Menschen beeinflussen (manipulieren). Eifersüchtig, schlechte Verlierer. Großes Bedürfnis nach Status bzw. gesellschaftlichem Aufstieg.

Wieder unsere viel geliebte Symmetrie, hier bei der Schauspielerin Lauren (= 22/4) Bacall (= 13/4, 4 + 4 = 8), geboren am 16. (= 7) 9. 1924. Ähnlich beim Schriftsteller Charles (= 22/4) Dickens (= 22/4; ck = kk), geboren am 7. 2. 1812, der den Saturn (= 8) in seinem Leben durch die Figur des Ebenezer Scrooge (= reich, hart und geizig) literarisch zu Ehren brachte. Der Donald-Duck-Zeichner Carl Barks nahm diese Gestalt als Vorbild für Dagobert Duck (der im Englischen Uncle Scrooge heißt).

Bekannte 7-8er: Lauren Bacall, Nicolas Cage, Max Grundig, Elia Kazan, Evita Peron, Oscar Wilde.

7-9

Eine energiegeladene Kombination. Die Gefahr besteht hier, dass die vitale 9 zusammen mit der nicht zu bremsenden 7 ein loderndes Feuer entfacht. Menschen mit dieser Zahl ist unbedingt anzuraten, sich in Selbstkontrolle zu üben. Mars-Pluto-Geborene sind unfallgefährdet. Können auch in die Fänge politischer Macht geraten (Rudi Dutschke). Es liegt nahe, die Energie schöpferisch auszuleben. Die Sängerin, Entertainerin und Filmschauspielerin Madonna ist eine typische Vertreterin der 7-9er.

7-9er engagieren sich gern und kämpfen für ihre Werte. Starke psychische Widerstandsfähigkeit. Die Begierden sind stark, ebenso die Beharrlichkeit, mit der sie verfolgt werden (da bewusster Wille im Spiel ist, gerät der Sexualtrieb in dieser Konstellation nicht außer Kontrolle). Besitzergreifend. Benutzen Sex und Ausstrahlung möglicherweise, um andere Ziele zu erreichen. Wenn sie mit Saturn (= 8) zusammenstoßen (= Widerstand, staatliche Gewalt, allgemein Autorität), geraten sie in bedrohliche Konflikte.

Aus astrologischen Studien ist bekannt, dass in Horoskopen von Terroristen und Verbrechern häufig eine Spannungskonstellation zwischen Mars (= Zahl 9) und Pluto (= Zahl 7) vorkommt. Das heißt natürlich nicht, dass jeder Mensch mit einer solchen Konstellation zwangsläufig auf dunklen Pfaden wandelt. Wer allerdings dieses Gewalt- und Energiepotenzial nicht unter Kontrolle bekommt, bei dem kann das Schicksal wie im esoterischen Lehrbuch ablaufen.

Ein Beispiel: Steven (= 28/10/1) Smyrek (= 17/8) wurde am 25. (= 7) 2.1971 in Detmold geboren. Seine beiden Grundzahlen lauten demnach: 7 und 9 (entsteht aus der Addition der Namenszahlen 28 + 17 = 45 = 9). Ferner sind von Bedeutung die Doppelzahlen 28, 10 und 17, außerdem die Jahreszahl 1971 = 18 = 9 (noch einmal der Mars!). Folgendes passierte: Im Alter von sieben wurden seine Eltern geschieden. Seine Mutter heiratete einen englischen Soldaten, und der Junge musste für einige Jahre in ein britisches Internat. Mit 17 kam er nach Deutschland zurück. Ein Jahr später, mit 18, trat er als Zeitsoldat für vier Jahre in die Bundeswehr ein. Dort war es ihm zu wenig (!) spannungsgeladen. Er begann eine kriminelle Karriere als Drogenkurier. Nach einem Gefängnisaufenthalt kam er in Kontakt mit einer radikalen Muslimbewegung, wo er angeblich für Selbstmordanschläge ausgebildet wurde. Die deutsche Polizei hatte ihn im Visier und ließ ihn in eine Falle laufen. Smyrek wurde am 28.11.1997 (ein 8er-Jahr, für Mars-Pluto-Menschen immer eine bedrohliche Energie) in Tel Aviv (= 12 + 14 = 26/8) verhaftet und im Sommer 1999 (= 28) zu zehn Jahren Haft verurteilt.

Falls jetzt ganz aufmerksame Esoteriker die Frage stellen, warum er mit Drogen zu tun hatte? Die einfache Antwort: Sein Geburtstag Ende Februar zeigt, dass er mit der Sonne im Zeichen Fische geboren wurde, dessen Regent der Neptun ist, der u. a. Rauschmittel (und Illusionen) symbolisiert. Wie Sie sehen, es ist alles da – man muss nur hinschauen. Mit dem Dealen dürfte er mit 20 Jahren (= 2) begonnen haben, noch während seiner Zeit beim Militär, wie er selbst zugibt.

Bekannte 7-9er: Jane Austen, Ingeborg Bachmann, Elias Canetti, Enrico Caruso, Tom Jones, Madonna, Claus Peymann, Christopher Reeve (ph = f), Gabriela Sabatini, Claudia Schiffer.

Kombinationen der 8

8-1

Der zähe Pessimismus der 8 kann nicht recht von der sonnigen Schaffenskraft der 1 unterstützt werden. Schwierige Kindheit. Auch wenn sie äußerlich hart wirken mögen, sind sie innerlich eher unsicher. Die Menschen mögen sich selbst nicht sehr. Haben Probleme mit Schwächen – den eigenen und denen der anderen.

Sonne/Saturn sind zwei mächtige Energien, die nur, wenn sie gut ausbalanciert sind, Erfolgsmöglichkeiten versprechen. Sonne/Saturn kann sehr am Dasein leiden. Selbstverleugnung und entbehrungsreiches Leben sind ein häufiges Schicksal. Im Gegensatz zur 1-8, wo ein zunehmendes Alter die Schwere des Saturns ein wenig mildert, kann hier der als permanent empfundene Druck von außen zum Rückzug in die innere oder äußere Isolation führen. Nehmen oft freiwillig Leiden (z. B. in schlechten Partnerschaften, in denen sie zu lange ausharren) auf sich.

Bekannte 8-1er: Mario Adorf, David Bowie, E. M. Cioran, Robert De Niro, Robert Frost, George Gershwin, Jim Morrison, Mae West.

8-2

Kein ideales Zusammenwirken. Der realitätsbezogenen 8 kommt die romantische 2 eher in die Quere, als dass sie sich von ihr unterstützt fühlt. 8er haben oft unter Anfeindungen zu leiden – auch im Beruf (und selbst wenn sie genial und im Recht sind). Unter dieser Zahlenkombination finden sich misstrauische, verschlossene, unzufriedene, depressive Menschen – sie nehmen ihre negativen Gefühle zu ernst.

Das weibliche Element 2 (= sanft, zufrieden, großzügig, physische Bedürfnisse, sensibel) kann sich hier gegen die saturnische Härte kaum durchsetzen. Kann Leben nur schwer genießen. Wenn die beiden Energien zur Ausgewogenheit finden, kann daraus eine starke innere Kraft, eine lang anhaltende Kreativität entstehen. Der Wunsch nach Akzeptanz und Geborgenheit wird zu einem lebenslangen Thema.

Bekannte 8-2er: Kim Basinger, James Dean, Paul Dirac, Otto Hahn.

8-3

Die 3 ist eine der wenigen Energien, die der 8 helfen; dennoch ist die Kombination 3-8 die weitaus erfolgversprechendere, weil dort der förderliche Jupiter dominiert, hier der bremsende Saturn. 8-3 ist weniger dynamisch als 3-8. Beide sind realitätsbezogen, auf Ansehen und Sicherheit bedacht, ehrgeizig. Künstler werden unter dieser Kombination eher selten zu finden sein, dafür fehlt es an Fantasie und Einfühlungsvermögen. Hohes Alter möglich.

Wie die 3-8er haben diese Menschen bei ihrer Tätigkeit

große Ausdauer. Arbeitseifer und Konzentration. Religiöse/soziale Anliegen. Braucht lange im Leben, um sich durchsetzen zu können – wird auf seinem Weg oft übergangen und missverstanden. Neigt zu Melancholie und Minderwertigkeitsgefühlen. Probleme mit Autoritäten, sofern sie ihre Stellung nicht dem Können verdanken.

Wie schon erwähnt wurde, zeigt sich bei berühmten Menschen oft eine auffallende Harmonie im Namen, etwa im Falle von Peter Sellers: Peter (= 24/6) Sellers (= 24/6), 6 + 6 = 12/3, geboren am 8.9.1925.

Bekannte 8-3er: Ernst Bloch, Nat King Cole, Christine Ebner, Rita Hayworth, C. G. Jung (die Vornamen Carl Gustav ausgeschrieben ergäben 8-2), Victor de Kowa, Robert Ranke-Graves, Martin Scorsese.

8-4

Eine harte Kombination! Nicht so günstig wie die 4-8, weil hier die impulsive 4er-Energie schlechter zu ihrem Recht kommt. Es bedarf eines starken Glaubens oder geduldiger Eltern, um die Kraft zu finden, die schwierige Schicksalskonstellation zu bewältigen.

8-4er wollen unangreifbar sein und sind dabei bereit, viel zu schlucken, um keine Schwächen zu zeigen. Streben gesellschaftliche Positionen an, die außerhalb des Üblichen liegen. Gefahr von Isolation. Das Bedürfnis nach Führung geht einher mit der Angst vor Unerwartetem. Eigensinnig, launisch, kränkbar. Gesunder Menschenverstand, willensstark, arrogant. Ein 8-4er kann Wissen auf originelle Weise anwenden. Intellektuell anspruchsvoll.

Ein ungewöhnliches Beispiel ist der Sektenführer David (= 16/7) Koresh (= 24/6). Er war der Anführer der Davidianer, die sich 1993 in Waco (= 17/9) in Texas verschanzten. Beim zweiten Angriff der Bundespolizei ging unter sehr fragwürdigen Umständen das Anwesen in Flammen auf, wobei die meisten Erwachsenen und Kinder ums Leben kamen. Geboren wurde Koresh am 17. 8. 1959 in Texas. Seine Mutter war religiöse Fundamentalistin. Seine Namenszahl 4 entsteht aus der Kombination von 7 (= Pluto: Verlangen nach Macht) und 6 (= Venus: Verlangen nach Liebe). In der Tat hatte der Sektenführer mehrere Ehefrauen und Kinder, und erst dieser Umstand machte die Behörden auf die Sekte aufmerksam.

Bekannte 8-4er: Franz Alt, Ludwig van Beethoven, Gottlieb Daimler, Dennis Hopper, Ismael Ivo, Helmut Qualtinger, Maximilian Schell.

8-5

Im Geistigen können sie einigen Erfolg erlangen, wogegen 8-5er seltener in der Kunst reüssieren. Der scharfe Geist wird dem Gefühlsleben Fesseln auferlegen. Ausdauernder Wille durch Saturn. Stärke: Achtet auf jedes Detail. Gutes Gedächtnis. Konservativ. Kommt im Alter zum Schreiben/Philosophieren. Geduldig, effizient, diszipliniert, eigensinnig, sparsam.

Vertrauen ist 8-5ern wichtig. Erreichen ihre Ziele scheinbar leicht im Leben, treffen aber auf Stolpersteine. Können sich gut selbst motivieren. Sind bereit, Verantwortung zu übernehmen, oftmals schon früh im Leben, von einer ehrgeizigen Umwelt angespornt. Bei Selbstüberschätzung kann das Alter von Bitterkeit begleitet sein. Bereit, Leidenschaften zu disziplinieren. Wenn die Sehnsucht nach Geltung keine Befriedigung findet, drohen 8-5er in Depression zu versinken.

Bekannte 8-5er: Martin Heidegger, Aldous Huxley, Reinhold Messner, Fritz Molden, Jules Verne.

8-6

Günstiger ist die 6 an erster Stelle, also wenn jemand an einem 6er-Tag geboren ist und die Namenszahl 8 hat. Hier aber dominiert der Saturneinfluss über die Venus, was zu Problemen in Begegnungen, Beziehungen, im Genuss führen kann. Bei künstlerischer Veranlagung verleiht Saturn Ausdauer und Tiefe. Für 8–6er ist Angst vor Ablehnung charakteristisch, die sich häufig in schroffem Verhalten oder Arbeitswut Luft macht. Saturnisch geprägte Menschen erkennt man häufig an ihren groben oder kantigen Gesichtern, abhängig davon, wie stark oder schwach sich die schöne 6 bemerkbar machen kann.

Generell kommen bei saturnisch geprägten Menschen Beruf, Karriere, gesellschaftliche Belange vor den Anforderungen des Privatlebens, was die venusische 6, die für Ausgleich, Wohlgefühl, Sinnlichkeit, Schönheit, Begegnung sorgt, zu kurz kommen lässt. Partnerschaft und Familie stehen da oft im Weg oder verlangen dem 8-6er große Opfer ab. 8-6er können auch pedantisch, geizig, eifersüchtig sein. Laden sich zu viel Verantwortung auf. Manchmal führt eine wütende Ablehnung der saturnischen Strenge zu einem kompensatorischen Verhalten von Maßlosigkeit und Exzessen – diese werden aber niemals fröhlich-locker sein, sondern kühl, hart und verbissen.

Bekannte 8-6er: Claudio Abbado, Al Capone, Tom Dooley, Joachim Fest, Jean Gabin, Eugene Ionesco, Mick Jagger (ck = kk), Rudolf Nurejew.

8-7

Problematisch, da der Lebensverlauf hart sein wird. Dank der zähen 8 ist die Chance aber gut, dass Menschen dieser Charakterkonstellation die Schwierigkeiten bewältigen und ihre Ziele erreichen. Jedenfalls verleiht die 7 der 8 schöpferisches Vermögen. Wie alle 8er haben auch diese häufig ein kantiges Gesicht und einen hageren Körperbau.

Der plutonische Einfluss verleiht diesen Menschen die Fähigkeit, Massen zu beeinflussen, sei es geistig oder künstlerisch. Großer Ehrgeiz in der Verfolgung der eigenen Ziele zieht zwangsläufig Schwierigkeiten nach sich. Ein 8-7er behält seine Pläne für sich. Ist detektivisch begabt, geht Dingen auf den Grund. Häuft gern Geld an als Lebensrückversicherung. Kommt bisweilen mit den eigenen Wertvorstellungen und gesellschaftlichen Normen über Kreuz.

Die an sich schwierige 8 kann erfolgsträchtig werden, wenn sie gehäuft vorkommt wie beim Musiker und Sänger Udo (= 17/8) Lindenberg (= 35/8), der am 17. (= 8) 5. 1946 geboren wurde.

Bekannte 8-7er: Ronald Biggs (englischer Posträuber), Tania Blixen, Martin Buber, Dustin Hoffman, James Last, Siegfried Lenz, Peter Lorre, Danny de Vito.

8-8

Wie immer zeigt die Zahlenverdoppelung ein auffallendes Schicksal an. Bloß ist es im Falle der 8 (wie bei der 4) eine etwas schwierige Energie: Auch wenn ein Mensch seinen Lebensweg erfolgreich beschreitet, wird ihm kaum je ein strahlendes, unbekümmertes Dasein beschert sein (zumindest ein schwerer Zusammenbruch ist zu erwarten). Von der Ausstrahlung her harte, kühle Menschen. Politisch bisweilen auffallend konservativ. Die Terroristin Ulrike (= 19/1) Meinhoff (= 43/7), zusammen 8, geboren am 17. (= 8) 10. 1934 (= 17/8), vermochte ihrer inneren Rigidität offenbar nur durch die Zerstörung äußerer Strukturen (= Saturn/8) Herr zu werden. Bemerkenswert ist auch die Doppelzahl des Familiennamens (= 43), bei der u. a. vor »Aufruhr« gewarnt wird.

Ausgeprägte Fähigkeit zur Konzentration. Zäh, ausdauernd, verschlossen. Wissen, was sie wollen. Die positive Version: ernst, ruhig, bodenständig, zurückhaltend. Die negative Version: chronische Leiden, hart, kalt, neidisch, geizig, misstrauisch, leiden sehr am Leben. Angeblich können Saturnier sehr alt werden, aber nur, wenn sie beizeiten ein Ventil für ihren Gefühlsstau gefunden haben.

Bekannte 8-8er: Hillary Clinton, Alain Delon, Fats Domino, Victor Frankl, Rock Hudson, Victor Hugo, Paul Newman, Tina Turner (ihre weibliche Ausstrahlung zeigt sich im Detail: Tina [= 11/2] Turner = [24/6]!), Donald Sutherland.

Nur in dieser Reihenfolge günstig – bei 9-8 kommt das Widersinnige der Zahlenkombination voll zum Tragen. 8 und 9 könnte man als Eis und Feuer charakterisieren. Diese Leute werden Widerspruch hervorrufen, mit ihren Ideen polarisierend wirken – großen Zuspruch und heftige Ablehnung finden. Andererseits ist diese Kombination von großer Energie, weswegen sehr gute Erfolgsmöglichkeiten angezeigt sind. Leben die Menschen die Schattenseiten dieser Kombination nach Kräften aus, werden sie sehr früh ins Grab steigen, denn sie werden so lange Eis ins Feuer werfen, bis die Flamme erloschen ist.

Ehrgeizig in Beruf und Sport. Auch wenn ihre Interessen den gesellschaftlichen Normen widersprechen, haben 8-9er die Fähigkeit, sie zu verwirklichen, da ihre Rebellion nicht offensiv zu Tage tritt. Vermeiden unbedingt Unterordnung. Gefährlicher Feind (hinterhältig!), ist in den Tiefen seiner Persönlichkeit Gewalt zugeneigt und begabt im Suchen nach Schwachstellen seiner Opfer. Steht schwierige Situationen, auch wenn sie lange andauern, durch. Bequemlichkeit und Sicherheit gehören nicht zu seinen obersten Werten. Hat eventuell Probleme mit seinen Kindern.

Bekannte 8-9er: T. S. Eliot, Jörg (ö = oe) Haider, Friedrich von Hayek, Henry Miller, Elvis Presley, Walter Scheel.

Kombinationen der 9

9-1

Zwei mächtige Energien, fast zu stark, um reibungslos miteinander auszukommen. Die 9 an erster Stelle beweist eine kämpferische Einstellung, große Durchsetzungskraft, verbunden mit der Bereitschaft, sich durch Schwierigkeiten durchzubeißen und etwas aufzubauen. Die Willenskraft der 1 facht da noch an. Enthusiastisch. Latente Anspannung und seelischer Stress. Frauen leben den Druck weniger offensiv als Männer aus, reizen aber ihre Mitmenschen (z. B. durch ein chronisches Bedürfnis, zu widersprechen), bis diese an ihrer Stelle »explodieren«. Starker Ehrgeiz, der oft »Missgeschicke« anzieht. Sucht dringend Anerkennung und will immer die Aufmerksamkeit auf sich ziehen. Kann schlecht zuhören.

Die latente Neigung zu Jähzorn und Leichtsinn kann auch die egoistischen Seiten der Sonnenkraft unterstützen. Bekommt der 9er seine Herrschsucht in den Griff, kann er seine Energien schöpferisch bestens nutzen. Starker sexueller Drang ist häufig, der phasenweise das Leben bestimmen kann. Unsensibel gegenüber den Bedürfnissen anderer.

Bekannte 9–1er: Carl Barks (Donald-Duck-Zeichner), Simone de Beauvoir, Paul McCartney, Edgar Cayce, Lawrence Durrell, Whitney Houston, Anna Moffo, John Travolta.

9-2

Keine harmonische Verbindung. Diese Menschen werden Widersprüche hervorrufen. Einerseits treten sie bestimmt (bei Männern: aggressiv) auf, andererseits haben sie eine weiche, soziale Seite, die damit nicht ganz in Einklang steht. 9-2er haben wiederholt mit Verrat und Untreue zu kämpfen, ergo häufig Partnerschaftsprobleme. So ist Elizabeth Taylor an sich eine glänzende 9-6erin, ihr hauptsächlich in der Öffentlichkeit verwendeter Name »Liz« ergibt aber die Grundzahlenkombination 9-2 mit der Namens-Doppelzahl 29, von der es heißt: »Kummer auf dem Gebiet der Liebe und Ehe«.

Wirken auf ihre Umgebung oft polarisierend; d. h., Verehrung auf der einen Seite steht ebenso heftige Ablehnung auf der anderen gegenüber. Intensives Gefühlsleben, vital und begeisterungsfähig. Sind nicht unbedingt streitlustig, vertreten aber ihre Meinung unbeirrt. Kommen mit vielen Menschen in Kontakt. Können oft mit Kindern gut umgehen, leicht beleidigt und von frecher Unbekümmertheit.

Bekannte 9-2er: Joan Baez, Klaus Kinski, Julius Meinl, Cesare Pavese, Michel Piccoli, Michael Stich.

9-3

Eine glänzende Verbindung. Eine so genannte »Linie der Kraft«. Die Weltoffenheit, soziale und humane Einstellung der 3 verleiht der vorwärtsdrängenden 9er-Kraft eine gute Zielrichtung.

Angeborener Stolz. Um zum Erfolg zu kommen, müssen diese Menschen selbst aktiv werden (= 9). Ihre Mitmenschen denken bisweilen, Stellung, Ruhm und Einkommen wären zu mühelos (= 3) erreicht. Manchmal geizig, manchmal verschwenderisch. Ungeduld entspringt einem Übermaß an körperlicher oder geistiger Energie. Der 9-3er will sofort (= 9) Anerkennung (= 3) für seine Taten. Enthusiastisch. Schlechter Mitarbeiter im Team. Handelt impulsiv, verträgt keine Kritik, was zu Kurzschlussreaktionen verführen kann.

Bekannte 9–3er: Kevin Costner, Greta Garbo (genannt »die Göttliche«; die Namensgrundzahl 3 entsteht durch die wunderschöne venusische Symmetrie Greta [= 15] und Garbo [= 15], zusammen 30/3), John Glenn, John Lennon, Irene Papas, Maurice Ravel, O. J. Simpson, Kurt Tucholsky.

9-4

Eine wilde Mischung: große Begabung möglich, gleichzeitig Neigung zu Exzessen. Die vitale Marskraft der 9 erfährt durch die 4 eine originelle, unkonventionelle Ausrichtung. Andererseits scheint es schwierig, diese beiden so ungleichen Energien auf Dauer auszubalancieren.

9-4er lieben es, aus dem Rahmen zu fallen – und sie kommen damit durch. Oft schon früh im Leben Erfolg. Große Lebenserfahrung, die sie gern weitergeben. Willensstark, mutig, entschlossen, durchsetzungsfähig, ungeduldig, gereizt. Begnadete Selbstdarsteller. Erotisch impulsiv. Brauchen unbedingt großen Freundeskreis und Anerkennung von allen Seiten. Vertragen keinerlei Kritik oder Zurückweisung (auf die 9-4er recht ungehobelt reagieren können).

Bekannte 9-4er: Jean-Paul Belmondo, John Eccles, Cary Grant, Bruce Lee, Elsa Morante, Wolfgang Amadeus Mozart, Louis Pasteur, Roman Polanski, Paco Rabanne, Harald Schmidt, Helmut Zilk (populärer Wiener Bürgermeister mit großer Medienaffinität).

9-5

Eine sehr günstige Kombination; die 5 verleiht der Kraft die mentale Ausrichtung – entweder in kaufmännischer, intellektueller oder helfend-heilend-dienender Weise. Gute Möglichkeit, zu großem Ruhm zu gelangen. Genießen als Führer große Anhängerschaft. Frauen mit 9 (an erster oder zweiter Stelle) haben oft starke Ausstrahlung.

Können sich gut in Wort und Schrift ausdrücken. Gute Geschäftsleute, scharfsinnige Denker. Suchen die Gefahr oder leben ihre Aggression in Spiel und Sport aus. Ruheloser Geist auf Suche nach Informationen. Ungeduldig, neigen zu vorschnellen Urteilen. Lieben schnelles (= 9) Fahren (= 5). Neigung sich zu überarbeiten. Können Zurückweisungen oder Verluste nicht ertragen. Manchmal richtet sich die Aggression auf die 9-5er selber.

Bekannte 9-5er: Gerhard Berger, Thomas Bernhard, Willy Brandt, Marlene Dietrich, Mia Farrow, Bobby Fischer (sein eigentlicher Geburtsname, Robert James Fischer, ist ebenso wild: 9-9!), Ornella Muti, Ross Perot, Bertrand Russell.

9-6

Wiederum eine harmonische Kombination. Der Schönsinn, die soziale Einstellung der 6 gibt der 9er-Kraft eine gute Richtung. Da beides sinnliche Zahlen sind, ist ein Abgleiten in sexuelle Exzesse denkbar, obwohl genug Kraft vorhanden wäre, um eine Selbstvernichtung zu vermeiden. Für 9-6er haben Kontakte und Begegnungen große Bedeutung. Liebe ist oft mit Sex und Besitz verbunden (auf gut Deutsch: Eifersucht im Höchstmaß). Umgekehrt ist bei fehlender Liebe auch sexueller Mangel impliziert.

Diese Kombination hat mehr geistige Kraft und Entschlossenheit als 6-9er (die ein Ergebnis oft lieber durch Schlauheit und Tricks erzielen als durch konsequente Arbeit und Vorbereitung). Daher bekommen 9-6er in der Regel, was sie wollen. Stürmen von Erregungshoch zu Erregungshoch, dazwischen von Langeweile geplagt. Sind sowohl handwerklich als auch künstlerisch geschickt. Manchmal unangenehm eitel und eingebildet. Die marsische Kraft muss sich nicht unbedingt sexuell äußern, lässt sich auch über einen körperbetonten Job (z. B. Masseur) bzw. durch großen Energieeinsatz im Beruf ableiten.

Bekannte 9-6er: Margaret Atwood, James Cook, Paul Klee, Nelson Mandela, Heinrich Mann, Richard Nixon, Steven Spielberg.

Nicht so günstig wie 7-9. Die vitale, dem Leben zugewandte, aber bisweilen naive Seite der 9 kommt nicht mit allen Aspekten der im Untergrund wirkenden 7er Kraft zu Rande. Die Getriebenheit der 7 kann durchaus zu exzessivem Leben und zu Selbstvernichtung führen. Nimmt die 9 aber die spirituell-pädagogisch-künstlerische Kraft der 7 (die noch dazu zu Reisen und Begegnungen drängt) auf, sind gute Resultate die Folge.

Großes Bedürfnis nach Kontrolle in allen Lebensbereichen. Sucht nach gesellschaftlichem Einfluss. Werden bisweilen Opfer plutonischer Ereignisse (Attentate, Geschlechtskrankheiten, Naturkatastrophen). Starke sexuelle Bedürfnisse, die aber die plutonische Kraft 7 zu beherrschen und transformieren in der Lage ist. Können aber brutal werden, wenn sich etwas den eigenen Wünschen, Plänen und Zielen in den Weg stellt. Vertragen niemanden über sich.

Am 22. November 1964 starb der berühmteste Kennedy bei einem Attentat in einem offenen Wagen. Was heute weniger bekannt ist: Damals wurde ein weiterer Politiker schwer verletzt: John (18/9) Connolly (34/7), der Gouverneur von Texas, saß ebenfalls mit John F. im Auto und wurde schwer verletzt. Connolly wurde am 27. 2. 1917 geboren, seine Grundzahlen sind also 9-7. In der Tat hat der Gouverneur in seinem Horoskop eine Mars (9) - Pluto (7) Konstellation, da sie aber günstig im Trigon zueinander stehen, überlebte er.

Bekannte 9-7er: Charles Baudelaire, Kirk Douglas, Johannes Paul II., Henry Kissinger, Samuel Morse, Jean Piaget.

Zähe und kämpferische Leute, die ihre Umwelt polarisieren. Schwere innere Kämpfe. Menschen dieser Zahlenmischung sind vital und hart. 9 drängt nach außen, zum sinnlichen Leben hin, zu kämpferischem Dasein, 8 ist erhaltend, bewahrend, vorsichtig, zusammenziehend. Diese Disharmonie ist den 9-8ern auch äußerlich anzusehen. Frauen mit einer ausgeprägten Mars-Saturn-Natur haben es nicht leicht, ihre Weiblichkeit zu leben. Haben oft lange Phasen ausgesprochener innerer Kämpfe. Sexuelle Frustration auf Grund von Schuldgefühlen.

Auf ihre Umwelt wirken 9-8er oft kühl, beherrscht, bisweilen gar hart und brutal. Der frühere Stabschef von US-Präsident Richard Nixon, H. R. Haldeman (so war er bekannt), ist am 27. 10. 1926 geboren, seine Grundzahl daher 9. Die Grundzahl des Namens: $5 + 2 + 28 = 35/8$. Er war präzise, effektiv, konservativ und so stur loyal, dass er der »Eiserne Kanzler« genannt wurde. 9-8er können sehr reizarm sein. Schweres Schicksal oder selbst gewählte Last rufen häufig Groll und Verbitterung hervor. Leidenschaften äußern sich bisweilen roh. Bereit, eigene Interessen zu verleugnen und ein entbehrungsreiches Leben zu führen (vor allem, wenn Vater seine Rolle nicht erfüllte und der 9-8er ein Leben lang auf der Suche nach Ersatz ist). Manchmal faul und durchsetzungsschwach, dann wieder ungehemmt aggressiv. Beträchtliches Maß an Leidensbereitschaft. Fühlen sich zu den negativen Seiten des Lebens hingezogen, richten immer wieder den Blick auf Probleme, Schwächen und das Leiden.

Bekannte 9-8er: Léon Blum, Lucrezia Borgia, Gérard Depardieu, Jimi Hendrix, Golo Mann, Leo Tolstoj.

9-9

Eine wilde Kombination. Große Vitalität. Die Verdoppelung der Zahl weist auf große Erfolgschancen hin, aber eher bei Männern – Frauen mit dieser Kombination haben es schwer. Neigung zu Exzessen, die Lebensflamme brennt rascher ab. Unbeugsamkeit.

Kampfeslustig, spontan, motorisch impulsiv, temperamentvoll bis cholerisch, fordernd, anspruchsvoll, Neigung zu raschem, entschlossenem Handeln, fähig, intensiv zu hassen. Positiv: große physische Energie, die sozial eingeordnet wird, Arbeitskraft und Tatendrang. Negativ: wilde, grausame Abenteuerlust, die zu Konflikten führt, Jähzorn.

Übrigens steht die Marszahl 9 auch für Krieg. Der ehemalige amerikanische Verteidigungsminister Caspar (= 18/9) Weinberger (= 36/9), also ist auch die Grundzahl des Namens 9, wurde am 18. (= 9) 8.1917 (= 18/9) geboren. Er hatte den Spitznamen »Cap the Knife«, wobei *knife* = Messer eindeutig ein Gegenstand aus dem Reiche des Mars ist. Übrigens bedeutet so viel überschüssige Marsenergie durchaus nicht, dass dieser Mann supertapfer und ein Krieger ist; in diesem Fall ist das Militante dieses Politikers, der in die Iran-Contra-Affäre verwickelt war, nur Kompensation für einen in Wirklichkeit durchsetzungsschwachen Mars.

Bekannte 9–9er: Isabelle Adjani, Peter Altenberg, Henri Bergson, Heinrich von Kleist, Yoko Ono, Dennis Quaid, Robert Redford.

Doppelzahlen

»Zahlen entscheiden.«

(Johann Friedrich Benzenberg)

Bisher pflegten wir zweistellige Zahlen durch Addition ihrer Ziffern auf einstellige zurückzuführen und sie anhand der Deutung der neun Grundzahlen zu interpretieren. Im vorangegangenen Kapitel haben wir die einstellige Zahl des Geburtstages mit der des Namens in Bezug gesetzt. Es bietet sich natürlich an, auf dieselbe Art und Weise die einstellige Zahl des Vornamens mit der des Nachnamens zu vergleichen und zu deuten, wie im vorigen Kapitel angegeben. Doch erfahren wir aus den Grundzahlen noch zu wenig über den *Verlauf* des Schicksals. Für eine vollständige Interpretation werden wir daher alle zweistelligen Zahlen deuten, jene des Gesamtnamens an erster Stelle unter Berücksichtigung der Doppelzahlen von Vor- und Nachname.

Zur Bedeutung der zweistelligen Zahlen sagt Cheiro: »Die Grundzahlen kennzeichnen trotz aller zugleich hintergründigen Bedeutung mehr das äußerlich abrollende Geschick des der Zahl zugehörigen Menschen und geben die Umrisse seines Charakters vor allem so wieder, wie sie in den Augen der Mitmenschen erscheinen. Die zweistelligen Zahlen hingegen zeigen mehr die gleichsam *hinter den Kulissen* der Geschehnisabläufe sich abspielenden Vorgänge und Kräftespiele an, wie sie sich im Verborgenen entwickeln und das Schicksal des Einzelwesens mitgestalten und symbolisch zur Auflösung bringen.«

Die Zahlen von 10 an aufwärts haben eine tiefere okkulte Bedeutung, sie betreffen das Geistes- und Seelenleben eines Menschen. Bis zur Zahl 22 sind manch einem die zur Deutung gehörenden Bilder vielleicht vertraut, da man sie auch auf den Tarotkarten findet. Doch hier wird keine Karte gezogen, sondern die Zahl streng berechnet. Die den Doppelzahlen zugeordneten Bilder und Symbole sind sehr alte Entsprechungen, deren Entstehung nicht mehr rekonstruiert werden kann. Die Bildsymbolik ist nur auf den ersten Blick etwas kraus; wer damit umzugehen gelernt hat, wird immer wieder erstaunt sein über die zutreffenden Vorhersagen. Wobei noch einmal zu erwähnen wäre, dass der Name eines Menschen abänderbar ist (siehe allerdings den Hinweis auf S. 75), somit auch die damit verbundene Ausstrahlung und Wirkung auf andere Menschen. Nur ist das Geschick nicht beliebig bezwingbar. Es muss der geänderte Name (= die geänderte Zahl, Schwingung) zu dem vorhergehenden Namen, zu dessen Möglichkeiten passen.

Im Folgenden gebe ich die Interpretation so weiter, wie ich sie bei Cheiro gefunden habe. Die Zitate sind dem *Buch der Zahlen*, Verlag Hermann Bauer, 7. Auflage 1989, entnommen. Ihre Wurzel reicht tief zurück in die Menschheitsgeschichte. Doch im Laufe der Zeit sind neue Aspekte dazugekommen, hat sich der Mensch vom ohnmächtigen Opfer der Natur zu deren Beherrscher aufgeschwungen.

Die Zahl 10

»Wird durch das so genannte Glücksrad symbolisiert. Diese verkündet Anerkennung, hohe Ehren, Glauben und Selbstvertrauen. Sie versinnbildlicht einen steilen Aufstieg, aber, im Falle böswilliger Fehlanwendung der guten Möglichkeiten, auch steilen Abstieg. Ein Träger der Zahl 10 wird ›von sich reden machen‹, meist im guten, zuweilen, wenn eben sein Wesen die schlechte Bahn geht, auch im schlechten Sinne. Im Prinzip gilt diese Zahl als förderlich im Sinne der erfolgreichen Ausführung außergewöhnlicher Pläne.«

Anmerkung: Der Weg, eine Doppelzahl zu leben, lässt sich leicht durch deren Grundzahl herausfinden. Ein Mensch mit der Zahl 10 in seinem Namen (etwa der Vorname Mick, ck = kk) wird die Schwankungen seines Glücks nur in den Griff kriegen, wenn er die Grundzahl (10 = 1 + 0 = 1), 1, die für Wille steht, einsetzt.

Bekannte Menschen mit der Doppelzahl 10: Die Doppelzahlen 10 bis 23 sind zu niedrig, um häufig als Zahl des Gesamtnamens vorzukommen; als Doppelzahl des Vor- oder Nachnamens allein kommen sie natürlich häufiger vor, sind aber nicht so aussagekräftig wie die Doppelzahl des gesamten Namens.

Die Zahl 11

»Ist für Okkultisten eine bedeutungsvolle Zahl, die jedoch vor verborgenen Gefahren, vor Verrat und unheimlichen Situationen *warnt*. Das Symbol dieser Zahl ist eine ›geballte Faust‹ oder ein ›gefesselter Löwe‹. Der dieser Zahl zugehörige Mensch wird auf seinem Lebensweg mancherlei harte Schwierigkeiten haben.«

Anmerkung: Diese Schwierigkeiten resultieren häufig aus einer voreingenommenen Sicht der Dinge. In dieser Zahl ist eine gewisse Härte verborgen, die durch Beachtung der Grundzahl (11 = 1 + 1 = 2) aufgelöst werden kann. Mit der Intuition und dem Gefühl der 2 ist der 11 beizukommen. Die Schriftstellerin Anaïs (= 1 + 5 + 1 + 1 + 3) Nin (= 5 + 1 + 5) hatte die 11 gleich zwei Mal in ihrem Namen. Wie aus ihren Tagebüchern ersichtlich, hatte sie trotz ihrer großen Begabungen viele Selbstzweifel und brachte sich in Situationen, die durch Lüge und Verrat gekennzeichnet waren (siehe das Kapitel »Musterinterpretationen«: »Eine zweigeteilte Frau«).

Bekannte Menschen mit der Doppelzahl 11: siehe »Die Zahl 10«.

Die Zahl 12

»Symbolisiert Leid und seelische Nöte. Ihr Sinnbild ist ›der Geopferte‹. Die der Zahl 12 zugehörigen Menschen führen meist eine Art Schattendasein, werden in Intrigen verwickelt und haben ein Opferdasein zu gewärtigen.«

Anmerkung: Diese Deutung ist mit Vorsicht zu genießen, da die Zahl 12 zu niedrig ist, um einen Gesamtnamen zu charakterisieren. (Die niedrigste Gesamtnamenszahl, die ich bisher fand, ist 14.) Also wird in der Praxis die Zahl 12 nur als Wert des Vor- oder Familiennamens auftreten, mithin nur ein Aspekt der Deutung der Gesamtnamenszahl sein. Im Übrigen scheint mir die Zahl 12 zu negativ gedeutet zu sein. Menschen, in deren Namen die Zahl 12 vorkommt, tragen beispielsweise das Leid in einer Beziehung – es ist immer an ihnen, einen Ausgleich zu schaffen und die Beziehung zusammenzuhalten. Eine 12 deutet darauf hin, dass diese Menschen für andere da sein, oft gute Miene zum bösen Spiel machen müssen. 12 weist auf Verantwortung hin, auf die Last der Treue. Der Begriff »Kind« hat den Zahlenwert 12, und Kind bedeutet für seine Eltern Einschränkung, Pflicht, Hingabe, im spirituellen Sinne Arbeit und Opfer. Kind ist die Versöhnung, die Sühne zwischen den getrennten Polen Mann und Frau.

Bekannte Menschen mit der Doppelzahl 12: siehe »Die Zahl 10«.

Die Zahl 13

»Ist ein Symbol für viele plötzliche Veränderungen, Wohnungs- und Berufswechsel. Es handelt sich bei der 13 im Gegensatz zur weit verbreiteten Auffassung um *keine* spezielle Unglückszahl. Einige alte okkulte Schriften besagen, dass ›demjenigen, der die Bedeutung der Zahl 13 recht versteht, Macht und Herrschaft gegeben werden‹. Das Bild dieser Zahl ist ein Skelett oder ›der Tod‹ mit einer Sense,

Menschen niedermähend und in einem Felde stehend, auf dem frisch gesätes Gras keimt, während von allen Seiten Gesichter und Köpfe junger Menschen hervorsprießen. Diese Zahl steht für das Gesetz von Ursache und Wirkung, für Revolution, Umwälzung, Auflehnung und Vernichtung des Umzuwandelnden. Die Zahl warnt vor Missbrauch der Macht, und ihre Träger haben sich vor gefährlichen Unternehmungen und Spekulationen zu schützen. Unerwartete einschneidende Ereignisse werden sowieso das Leben meist durchziehen.«

Anmerkung: »Krieg« hat den Zahlenwert 13, aber ebenso Sieg in der althochdeutschen Form »sigu«. Jede Umwandlung ist mit Schmerzen verbunden, nicht nur auf der weltpolitischen Bühne, auch in den Wänden des Ichs, wenn lieb gewordene Gewohnheiten einer höheren Einsicht zuliebe aufgegeben werden müssen. »Marie« ist ein Mensch, der unter dem Einfluss der 13 steht, und im Fall der Physikerin Marie Curie hatte die Entdeckung der atomaren Strahlung sehr viel mit Umwandlung zu tun.

Bekannte Menschen mit der Doppelzahl 13: siehe »Die Zahl 10«.

Die Zahl 14

»Kennzeichnet ein von Abwechslung und Veränderung bestimmtes Leben. Viele Kontakte mit Menschen vieler Länder, Reisen und Ortswechsel sind angezeigt. Gefährliche Naturgewalten wie Stürme, Überschwemmungen, Erdbeben und Feuersbrünste haben ebenfalls Verbindung zu dieser Zahl. Gleichzeitig aber kann sie sehr glückbringend in

Geldangelegenheiten und Spekulationen sein, wobei jedoch stets die Gefahr des Einwirkens boshafter Dritter nahe liegt. Die Zahl deutet in mancher Hinsicht also auf ähnliche Gefahren hin wie die Zahl 13; jedoch bezieht sich die 14 im Gegensatz zur 13 mehr auf drastische ›weltliche‹ Ereignisse, die meist keine Beziehung zum ausgesprochen Okkulten und Hintergründigen haben.«

Anmerkung: Eine doppelgesichtige Zahl. Menschen mit dieser Zahl sollten sich unbedingt größter Selbstdisziplin befleißigen, da sie sonst ihre »Talente« bis ins Gefängnis bringen können. 14er leisten oft Aufbauarbeit auf ihren Gebieten, sie gelten als Gründer einer Bewegung, eines Genres. Vor Unfällen oder plötzlichen gesundheitlichen Einbrüchen ist zu warnen.

Karl May hatte für den Gesamtnamen die Zahl 14, und zumindest in seinen Werken war er ein weit gereister Mensch, mit vielen Kontakten und vielen Gefahren. Auch der Vorname Indira hat den Wert 14, und Indira Gandhi ist ein guter Beweis für obige Deutung. Wie stark die 14 zur Geltung kommt, hängt von der zweiten Doppelzahl im Namen ab bzw. von der Doppelzahl des Gesamtnamens. Grace Kelly hat zwei Mal die 14! Die Verdoppelung weist auf gute Chancen hin, sie wurde als Schauspielerin und später als Fürstin von Monaco berühmt. Und dennoch holte sie der »Schatten der 14« ein, und sie starb bei einem Autounfall. Übrigens an einem 14. (9. 1982).

Bekannte Menschen mit der Doppelzahl 14: siehe »Die Zahl 10«.

Die Zahl 15

»Besitzt hervorragend okkult-übersinnliche Bedeutung und kennzeichnet vor allem die Welt der magischen Kräfte, ohne im Allgemeinen für den höheren Okkultismus ›zuständig‹ zu sein. Der dieser Zahl zugeordnete Mensch vermag häufig magische Künste anzuwenden, um seine Ziele besser zu verwirklichen. Die Verbindung dieser Zahl mit einer ›Einer‹-Zahl (Quersumme 1) kann sehr glückbringend sein. Im Zusammenhang mit der 4 oder 8 kann sie Bösartiges symbolisieren, und der dieser Zahlengruppe zugeordnete Mensch kann zur ›schwarzen Magie‹ neigen. Gute Eigenschaften, die dieser Zahl unterstehen, sind aber Redegabe, musikalische oder sonstige künstlerische Begabung, auch Schauspielertum im guten Sinne, Vitalität, gesunde Sinnlichkeit, kräftige ›magnetische‹ Ausstrahlung. Dieser Zahl zugeordnete Menschen erwerben vorteilhafte Freundschaften.«

Anmerkung: Greta Garbo, »die Göttliche«, hat die 15 gleich zwei Mal. Und auch der Ruhm der Familie Mann (= 15) geht auf die Energie dieser Zahl zurück. Da die Grundzahl der 15 eine 6 ist, ist deren Leben meist in einer Form von Liebe/Sinnlichkeit (ob unterdrückt oder ausgelebt) bestimmt; die 6 deutet gleichzeitig auf Harmoniebedürfnis, Schönsinn hin.

Bekannte Menschen mit der Doppelzahl 15: siehe »Die Zahl 10«.

Die Zahl 16

»Wird durch ein seltsames Bild symbolisiert. ›Ein vom Blitz getroffener Turm, von dem ein Mann, der eine Krone auf dem Haupt trägt, herabstürzt‹, bezeichnet diese Zahl, und auch eine ›zerstörte Zitadelle‹ wird als Symbol der 16 verwandt. Diese Zahl warnt stets vor verhängnisvollen, rätselhaften Begebenheiten im Lebensgeschick, bevorstehenden Unfällen oder Schwierigkeiten. Der von dieser Zahl ›beherrschte‹ Mensch sollte keine unnötigen Wagnisse auf sich nehmen, und besondere Vorsicht muss jeder walten lassen, wenn eine Zeitspanne besonders mit dieser Zahl verknüpft ist.«

Anmerkung: Die Zeiten sind in den westlichen Gesellschaften im Allgemeinen nicht mehr so biblisch und grausam, und die absolutistischen Herrscher werden weniger. Heute besitzt die 16 also auch nicht mehr so ausgesprochen negative Implikationen. So lässt sich der brutale Antisemitismus der Nazizeit durchaus mit der Zahl 16 (bzw. 7) in Zusammenhang bringen: Der Name Adolf Hitler hatte die Grundzahl 7 (und viele seiner führenden Helfer), »Jude« hat die Zahl 16 (= 7), und die große Jagd auf Pariser Juden begann am 16. 7. 1942 (die Jahreszahl hat übrigens auch die Quersumme 16/7!).

Bekannte Menschen mit der Doppelzahl 16: siehe »Die Zahl 10«.

Die Zahl 17

»Besitzt eine überragende okkulte Bedeutung. Als ihr Symbol gilt der achtspitzige so genannte Venusstern, der ein Sinnbild für Frieden und Liebe ist und auch ›Stern der Magier‹ genannt wird. Hierdurch wird angedeutet, dass der dieser Zahl zugehörige Mensch zu echter Geistigkeit emporsteigen kann, obwohl der Lebensweg mit manchen Hindernissen, Anfechtungen und Leiden besonders seelischer Natur abgesteckt ist. Die 17 gilt auch als ›Zahl der Unsterblichkeit‹ im Hinblick auf irdischen Nachruhm im guten Sinne. Der Mensch dieser Zahl hat folglich die Möglichkeit, wertvolle edle Werke und Handlungen zum Nutzen seiner Mitmenschen zu vollbringen. So gilt diese Zahl im Allgemeinen als fördernd, obwohl sie mit Schwierigkeiten symbolisch verknüpft ist.«

Anmerkung: Tatsächlich ist die 17 nach der 22 die häufigste Zahl, die bei berühmten Menschen zu finden ist. Doch dieser »irdische Nachruhm« kann nur begrenzt erzwungen werden. Wenn ein Diktator seine grausame Natur mit einem angenommenen Namen dieser Zahl verschleiert, so kann er noch so viel Frieden unter den Völkern und das Wohl des Vaterlandes predigen, irgendwo wird sich seine böse Natur wieder Luft machen; Stalin hat den Zahlenwert 17.

Bekannte Menschen mit der Doppelzahl 17: siehe »Die Zahl 10«.

Die Zahl 18

»Wird durch das Symbol einer ›Mondsichel, von der Bluts-
tropfen herniederfallen, die ein Wolf und ein Hund mit ge-
öffneten Mäulern gierig auffangen, während weiter unten
ein Krebs herbeieilt‹, bezeichnet. Diese Symbolik klingt
düster und unheimlich. Sie bezeichnet vor allem den Materialismus, der die geistig höher strebenden Kräfte hemmt.
Die Zahl hat Beziehung zu Menschen, die viele Kämpfe in
ihrem Leben, sei es in der Familie, im Krieg oder durch Re-
volutionen, durchzustehen haben. Zuweilen kündet diese
Zahl aber auch an, dass Anstellungen, Vermögen und Vorteile im Krieg oder durch Kriege und revolutionäre Ge-
schehnisse erworben werden. Jedoch hängen mit dieser
Zahl auch Untreue und Verrat zusammen, und es wird vor
gefährlichen Einwirkungen der Naturgewalten gewarnt,
wenn diese Zahl auftritt.«

Anmerkung: Ergänzend möchte ich zu dieser Zahl Attentate erwähnen. Auch Sucht ist unter der Zahl 18 zu finden.
Paul hat z. B. den Zahlenwert 18, dessen negative Implikationen dann zu Tage treten, wenn auch der Nachname
schwierig ist, wie im Falle des Dichters Celan (= 17), wo
auch die Doppelzahl des Namens (= 35) Unglück verheißt;
tatsächlich beendete der hoch begabte Poet sein Leben mit
eigener Hand.

Bekannte Menschen mit der Doppelzahl 18: siehe »Die
Zahl 10«.

Die Zahl 19

»Gilt als eine sehr günstige, so genannte Glück bringende Zahl. Ihr Symbol ist die Sonne oder der ›Prinz des Himmels‹. Glückhafte Ereignisse, Freude, Frohsinn, Erfolg, Anerkennung, Ehre und ein gutes Vorwärtskommen auf dem irdischen Lebenswege kündet diese Zahl im Allgemeinen an.«

Anmerkung: 19er sind in der Regel liebenswürdige Menschen, deren Grundzahl 1 darauf hindeutet, dass sie über Willen verfügen. Ihre Anziehungskraft lässt sich auch missbrauchen: Die Tänzerin Mata Hari hatte den Zahlenwert 19 für ihren angenommenen Namen. Sie hatte Erfolg und Anerkennung, aber ihr Begehren war nicht echt, ihre Erotik gespielt. Sie war innerlich einsam und hart. Sie wurde im Alter von 41 Jahren als Spionin hingerichtet. Besser geht Gerhard (= 22, die Zahl der Berühmtheit) Berger (= 19) mit seinen guten Zahlen um: Obwohl er nur wenige Rennen gewann und nie Weltmeister der Formel 1 wurde, schaffte er es in seiner aktiven Zeit, zum bestbezahlten Fahrer aufzusteigen.

Bekannte Menschen mit der Doppelzahl 19: siehe »Die Zahl 10«.

Die Zahl 20

»Wird in der okkulten Tradition ›das Erwachen‹ oder ›der Urteilsspruch‹ genannt. Ihr symbolisches Entsprechungsbild ist ›ein Engel, der in eine Trompete bläst, während unten ein Mann, eine Frau und ein Kind aus dem Grabe auferstehen. Sie halten die Hände im Gebet gefaltet. Diese Zahl deutet das Erwachen zu allem Neuen, Ungewöhnlichen, neu geweckten Ehrgeiz, neues Beginnen, neue Taten an. Der große Ruf zur besonderen Tat ist allgemein mit dieser Zahl verknüpft. Weltliche, materielle Vorteile lassen sich mit dieser Zahl jedoch nicht unbedingt vereinbaren, da sie in erster Linie geistige, okkulte Bedeutung hat. In Bezug auf den irdischen Schicksalsablauf kündet die 20 oft Verzögerung, Hindernisse und Hemmungen an, die nur durch geistige Erkenntnisse und seelische Entwicklung überwunden werden können.«

Anmerkung: Eine schwierig zu interpretierende Zahl. Sie deutet auf ein sich entwickelndes Unheil hin, andere Kabbalisten betonen den Aspekt der Wiedergeburt. Sie ist nicht sonderlich förderlich für alltägliche Belange, und selbst die großen Führergestalten unter dieser Zahl haben höchst Unterschiedliches hervorgebracht: Das große Schulmassaker (13 Menschen erschossen, danach töteten sich die zwei jugendlichen Attentäter) in der amerikanischen Stadt Littleton fand am 20.4.1999 statt, dem Geburtstag Hitlers. Letztlich kann die Zahl 20 also sehr gute und sehr üble Folgen haben.

Bekannte Menschen mit der Doppelzahl 20: siehe »Die Zahl 10«.

Die Zahl 21

»Wird durch das ›Weltall‹ symbolisiert und auch ›Krone der Magier‹ genannt. Dieser Zahl werden beruflicher Aufstieg, hohe Anerkennung, geistige und weltliche Erfolge zugeschrieben. Sie kündet sieghaftes Überwinden der eigenen Schwächen durch seelische Läuterung an. Die ›Krone der Magier‹ wird erst nach manchen Prüfungen und Einweihungen erlangt. Es gilt, standhaft zu bleiben und der höheren Bestimmung zu folgen. Der materielle Lebensweg wird für die mit dieser Zahl verknüpften Menschen im Allgemeinen erleichtert.«

Anmerkung: Menschen mit der 21 erreichen ihr Ziel durch das Werk der 3, also Ehrgeiz und Optimismus, aber auch durch eine harmonische Beziehung. Ihre Vorhaben erreichen sie in der Regel in späteren Jahren, zuvor müssen sie noch »die Zahl 12 (= Leid) abdienen«. 21er haben öfters literarische Begabungen. Menschen, deren Gesamtnamen unter dem Einfluss der 21 standen, waren Karl Marx und Kay Ash, Leiterin eines Kosmetikkonzerns und eine der erfolgreichsten Geschäftsfrauen der Welt.

Bekannte Menschen mit der Doppelzahl 21: siehe »Die Zahl 10«.

Die Zahl 22

»Wird durch einen ›gutmütigen Mann, der sich von anderen täuschen lässt und eine schwere Last auf dem Rücken trägt‹, symbolisiert. Auf dem symbolischen Bild scheint sich dieser Mann nicht gegen einen bösartigen, ihn angreifenden Tiger wehren zu wollen. Diese Zahl warnt vor Illusionen, Selbsttäuschungen und gefährlichen Irrtümern. Sie bezeichnet einen zwar gutmütigen, aber von der Wirklichkeit abgewandten Menschen, einen Träumer und Fantasten, der sich nicht früher mit Realitäten abgeben mag, ehe ihm von diesen aus Gefahr droht. Menschen, die mit dieser Zahl verknüpft sind, werden auch oft unschuldig in die Gesetzesmaschinerie verwickelt und verfolgt, obwohl der Anlass dazu meist ihr eigener Leichtsinn ist. So werden also durch diese Zahl vor allem Warnungen ausgedrückt, die man beachten sollte, um manchem Unheil aus dem Wege zu gehen.«

Anmerkung: Die 22 ist eine der wenigen Zahlen, die einen völligen Bedeutungswandel durchgemacht haben. Ich würde sie eher als »Zahl der Berühmtheit« bezeichnen, denn sie kommt bei weitem am häufigsten bei Zelebritäten aus dem öffentlichen Leben vor. In dieser Zahl steckt latent sicher die Gefahr der Illusion (immerhin stehen hier zwei Zweien, die auch Neptun vertreten, nebeneinander), aber der große Erfolg im Leben ist gern in der Nähe der 22. Da die Wurzelzahl der 22 die 4 ist, dürfen sich Menschen dieser Zahl nie auf ihren Lorbeeren ausruhen, weil 4 immer auf Unruhe und Veränderungen hindeutet.

Bekannte Menschen mit der Doppelzahl 22: Cary Grant, Anaïs Nin (siehe auch »Die Zahl 11«).

Die Zahl 23

»Wird mit einer okkulten Symbolbezeichnung ausgedrückt: ›der königliche Stern des Löwen‹. Erfolg und Fortschritt auf dem irdischen Lebenswege, Hilfe durch Vorgesetzte und einflussreiche Beschützer sind die dieser Zahl entsprechend günstigen Prognosen.«

Anmerkung: In unserer heutigen Gesellschaft würde man eher von Protektion sprechen. 23er haben selten finanzielle Probleme, sie sind in ihrer Lebensplanung sehr realistisch. Nicht zufällig haben die Namen »Victor« und »Felix«, die schon vom Klang her Glück versprechen, den Zahlenwert 23. Der schnelle Ruhm kann aber Menschen auch verbrennen; die Grundzahl 5 (23 = 2 + 3 = 5) deutet darauf hin, dass die Betreffenden nicht über extrem viel Energie verfügen, sofern nicht die Zahl des Geburtstages eine »aufpäppelnde Wirkung« hat, also eine 1, 3 oder 9 ist. Trifft das nicht zu, besteht trotz des Erfolges die Gefahr, dass Menschen dieser Zahl kein sehr langes Leben beschieden ist.

Bekannte Menschen mit der Doppelzahl 23: Maria Callas, Cheiro, Marisa Mell.

Die Zahl 24

»Gilt ebenfalls als Glück bringend. Diese Zahl deutet auf Unterstützung der eigenen Pläne durch Persönlichkeiten in Rang und Würden (wie es also auch der Zahl 23 zugeschrieben wird), nutzbringende Teilhaberschaften, glückhafte Liebesbindungen, die zugleich Einfluss und Vermögen stärken. Der Schicksalsverlauf der von der Zahl 24 bestimmten Menschen kann ebenfalls als überwiegend günstig bezeichnet werden. Jedoch sind alle ›günstigen Zahlen‹ zugleich Hinweise, die Dankbarkeit gegenüber der höheren Führung in Form von selbstlosen eigenen Leistungen nicht zu vergessen!«

Anmerkung: Zu dieser Deutung ist zu sagen, dass die Stärke der Aspekte nur dann zutage treten, wenn sie von den übrigen Zahlen gefördert werden. Da 24 in der Grundzahl 6 ist, weist sie darauf hin, dass der Sexus, die Erotik, im Leben dieser Menschen eine große Rolle spielt. Sex ist Feuer und kann die Energien verzehren, sodass der glückhafte Aspekt aus Kräftemangel nur schwach zum Tragen kommt.

Bekannte Menschen mit der Doppelzahl 24: Jean Gabin, Niki Lauda.

Die Zahl 25

»Kündet innere Stärke an. Die eigentlichen geistigen Kräfte müssen jedoch erst durch lange Erfahrung und Menschenkenntnis erworben und zur rechten Entfaltung gebracht werden. Die mit dieser Zahl verknüpften Menschen haben in jüngeren Jahren meist viele Schwierigkeiten und Anfechtungen zu überwinden und kommen erst in reiferen Jahren zu größeren Erfolgen.«

Anmerkung: Die 25 hat als Grundzahl 7, was auf träumerische, sehnsüchtige oder exzessive (bis selbstmordgefährdete) Menschen hinweist. Die innere Stärke dieser Zahl kommt nur zum Tragen, wenn sie von einer zweiten kräftigen Zahl unterstützt wird.

Bekannte Menschen mit der Doppelzahl 25: Jean Améry, Bob Dylan, Clark Gable.

Die Zahl 26

»Deutet auf Missgeschick in gemeinschaftlichen Unternehmungen, auf Fehlspekulationen, auf schlechte Ratgeber, juristische Verwicklungen und Ungunst der Verhältnisse vor allem im Berufsleben. Mit dieser Zahl verknüpfte Menschen sollen stets auf der Hut sein, nicht auf verlockende Angebote hereinzufallen, die einen relativ mühelosen Aufstieg und Erwerb von Wohlstand zu versprechen scheinen. Harte Arbeit ist meist der beste Weg, um negative Auflösungen, die an diese Zahl geknüpft werden, zu umgehen. Wie bei allen anderen Zahlen auch, sind die Zeiten, die von der 26 ›beherrscht‹ werden, besonders in Bezug auf die Bedeutung der betreffenden Zahl zu beachten. Im Falle der 26 sind also Warnungen ausgesprochen, die man beachten muss.«

Anmerkung: Auf die Schwierigkeiten von 26ern deutet die Grundzahl 8 hin. Dennoch sollte man die 26 nicht so negativ deuten. Zumeist haben Menschen dieser Zahl eine schwierige Jugend, oft Schulabbrüche und einen frühen Arbeitseinsatz, um die Eltern zu unterstützen. Doch harte Arbeit ermöglicht auch den Weg zum Erfolg, wenngleich die Gefahr besteht, dass die Überwindung der Schwierigkeiten ihre Vitalität zu rasch aufzehrt. Schaffen sie aber ein erfülltes, schöpferisches, exzessfreies Leben, können sie steinalt werden. Das ist die Doppelgesichtigkeit der 8, die sowohl Armut als Reichtum impliziert. Eine gewisse Nei-

gung zur Melancholie, auch zu Unfällen ist nicht zu übersehen. 26er sollten überdies bei Spekulationen sehr vorsichtig
sein.

Bekannte Menschen mit der Doppelzahl 26: Ray Charles, Mark Twain.

Die Zahl 27

»Gilt als sehr förderlich. Sie wird vom Bild eines Zepters
symbolisiert. Herrschertum, Macht und gehobene Positionen kündet diese Zahl an. Der dieser Zahl zugehörige
Mensch wird meist Erfolg durch geistige Anstrengungen
haben. Durch schöpferische Leistungen werden gute Saaten
aufgehen; die Leistungen verbessern sich. Ferner wird dem
Menschen dieser Zahl geraten, sich selbst treu zu bleiben,
Geduld zu üben, sein Ziel unbeirrt zu verfolgen und unbe-
einflusst eigene Pläne durchzuführen.«

Anmerkung: Künstler dieser Zahl werden großen Einfluss haben, die Grundzahl 9 (27 = 2 + 7 = 9) verleiht ihnen
die vitale Energie dazu. Die 27 bzw. 36 und 45 ist im Verein
mit der 32 bzw. 41 und 50 die stärkste Erfolgszahl. Die Betreffenden verfügen über echte Führungsqualitäten, die bisweilen pädagogisch (als Lehrer) ausgelebt werden. 27er
können eine starke Gefolgschaft haben; bisweilen genießen
sie gottähnliche Verehrung.

Bekannte Menschen mit der Doppelzahl 27: Madonna,
Bob Marley.

Die Zahl 28

»Ist eine Zahl, die Widerspruchsvolles ankündet. Menschen, die dieser Zahl zugeordnet sind, sind zwar meist zu besonderen Leistungen ausersehen und auch befähigt, werden aber meist harte Rückschläge erleben, wenn sie nicht äußerst vorsichtig zu Werke gehen. Oft geschieht es den Menschen dieser Gruppe, dass sie stets von Neuem aufbauen und beginnen müssen, da ihnen kaum begonnene Werke durch missgünstige Gegner oder widrige Zeitumstände zerstört werden. Die innere Widersprüchlichkeit dieser Naturen soll tunlichst bekämpft werden.«

Anmerkung: Meiner Erfahrung nach leiden 28er mehr an ihrem Wesen als an den Hürden des Schicksals. Vor allem ihre Impulsivität bringt Schwierigkeiten. Dieser Charakterzug ist bereits im Kindesalter zu sehen: 28er sind aufgeweckte Kinder, die rasch begreifen, viel Energie haben ($28 = 2 + 8 = 10 = 1 + 0 = 1$), aber rasch vom Zorn gepackt werden und ohne Reue etwas, das sie gerade aufgebaut haben, zerstören, nur weil es nicht ihren Vorstellungen entspricht. Dieser Eigensinn kann bis zur Selbstschädigung reichen, wenn 28er wider besseres Wissen handeln. In ihrem Leben werden sie viele Aufs und Abs erleben, wobei ihr sonniges Naturell ihnen hilft, schlechte Zeiten zu überdauern und schwarze Stimmungen sehr rasch wieder verrauchen zu lassen. In ihrer Laufbahn sind ihnen die höchsten Höhen möglich.

Bekannte Menschen mit der Doppelzahl 28: Eric Ambler, Lex Barker, Carl Benz, Jimmy Carter, Edgar Cayce, Cassius Clay (bis zur Namensänderung; Muhammed Ali ist ein

25er), Grace Kelly (bis zur Namensänderung), Kim Novak, Carl Zeiss.

Die Zahl 29

»Ist ebenfalls nicht gerade günstig. Diese Zahl deutet auf Schicksalsungewissheiten, Verrat, Hinterlist und Untreue. Enttäuschungen durch unzuverlässige Freunde sowie Kummer auf dem Gebiet der Liebe und Ehe sind zu überwindende Prüfungen, welche die dieser Zahl zugehörigen Menschen oft durchmachen müssen. Auch soll man sich großer Zurückhaltung und Vorsicht in allen Partnerschaftsangelegenheiten befleißigen, dann wird manche negative Ereignisauslösung vermieden werden können.«

Anmerkung: Der negative Teil dieser Zahl ist heute eher im privaten Bereich zu finden. Beruflich haben 29er große Erfolgschancen, wenngleich ihr Werk oder ihre Person oft polarisierend wirkt. Viele Künstler sind unter dieser Zahl zu finden, ebenso wie die bei ihnen häufigen instabilen Partnerschaftsverhältnisse.

Bekannte Menschen mit der Doppelzahl 29: James Dean, Paul Dirac, Klaus Kinski, Jerry Lewis, Liz Taylor.

Die Zahl 30

»Deutet auf Nachdenklichkeit, Zurückhaltung, ernsthafte Lebensauffassung und geistige Ausrichtung des dieser Zahl zugehörigen Menschen hin. Weltliche und irdische Erfolge werden von allen dieser Zahl Zugeordneten weniger erstrebt als geistige, philosophische, wissenschaftliche oder künstlerische. Äußerer Erfolg ist bei dieser Zahl weder ausgesprochen angezeigt noch ausgesprochen verweigert. Hier kommt es vor allem auf die Einstellung des betreffenden Menschen an, ob er sich überhaupt allzu sehr für materielle Ziele einsetzen will, und das ist, wie gesagt, seltener der Fall. Da aber keine absolute Vorbestimmung des Wesens und Schicksals herrscht, sondern die Schicksalsgestaltung teilweise unsere eigene Aufgabe bleibt, gilt das auch für die Menschen dieser Zahl. Und zwar eröffnet diese eine besondere Vielfalt der Möglichkeiten.«

Anmerkung: Für Menschen dieser Zahl (bzw. 39 und 48) ist Geld durchaus wichtig, aber nicht als primäres Ziel. Hier steht die künstlerische/politische Mission oft im Vordergrund. Es gibt viele große Persönlichkeiten unter den 30ern, leider auch Idealisten, die die Schwankungen des Schicksals nicht ertragen. Weswegen hier zahlreiche, auch erfolgreiche Menschen zu finden sind, die ihrem Leben selbst ein Ende setzen, etwa Heinrich Heine, Stefan Zweig, Gisela Elsner oder der Unternehmer Robert Maxwell. Auch äußere Widrigkeiten suchen 30er heim, wie im Falle von Mahatma und Rajiv Gandhi zu sehen ist. 30er sind oft besonders tief denkende, stark beobachtende Menschen, Menschenkenner durch Intuition. Sie zeichnen sich aus durch eine große Hingabe an eine Idee, den Beruf oder die Familie.

Bekannte Menschen mit der Doppelzahl 30: Hans Albers, H. C. Artmann, John Cage, Greta Garbo, Max Ernst.

Die Zahl 31

»Hat eine ähnliche Bedeutung wie die Zahl 30. Die Menschen, die der Zahl 31 zugeordnet sind, neigen jedoch stärker zur Selbstgenügsamkeit und Isolierung als jene der vorhergehenden Zahl. Die 31 deutet auf Entbehrungen und untergeordnete Stellungen im irdischen Leben hin, die mit entsprechender geduldiger Einstellung aber zu ertragen und zu überwinden sind.«

Anmerkung: Die Zahl ist zu negativ gedeutet. Ihre Probleme sind ähnlich der Grundzahl 4, es sind oft (schüchterne) Einzelgänger, deren Talente aber in einer gefestigten Partnerschaft zum Durchbruch kommen können. Als Künstler haben sie oft eine ausgesprochene Anhängerschaft und erbitterte Gegner. Es können große Künstler unter der Zahl 31 gedeihen, die aber meist mit einer starken Hemmung zu kämpfen haben. Ist ihre Grundzahl der Geburt eine kräftige, Geduld fördernde Zahl, werden auch 31er ihre Ziele erreichen.

Bekannte Menschen mit der Doppelzahl 31: Agnes Baltsa, Judy Garland, Karl Jaspers, James Joyce.

Die Zahl 32

»Ist eine der geheimnisvollen, magisch fördernde Einflüsse ankündenden Zahlen. Ebenso wie die Grundzahl 5 oder die zweistelligen Zahlen 14 und 23, deren Quersumme ebenso wie die der 32 die 5 bildet, deutet sie auf viele anregende Verbindungen zu Menschen vieler Nationen hin. Für Menschen mit eigener Urteilsfähigkeit und Unternehmungslust ist die Zahl äußerst förderlich. Die Zukunftsaussichten für die der 32 zugeordneten Menschen sind sehr günstig, wenn die zahlreichen Chancen klug wahrgenommen werden.«

Anmerkung: Eine jener Zahlen, deren Träger beste Aussichten haben. Unter den 32ern bzw. 41ern und 50ern finden sich nicht nur populäre Persönlichkeiten, sondern Olympiasieger und Nobelpreisträger sonder Zahl, die oft über ihr eigenes Fach hinaus bekannt bzw. erfolgreich sind.

Bekannte Menschen mit der Doppelzahl 32: Willy Brandt, Yul Brynner, Jim Courier, Lee Iacocca, Gene Kelly, Nelly Sachs, Georg Trakl.

Die Zahl 33

Erfährt nach Cheiro eine ähnliche Deutung wie die 24.

Bekannte Menschen mit der Doppelzahl 33: Boris Becker, Wald Disney, Max Frisch.

Die Zahl 34

Ähnlich der 25, da sie dieselbe Ziffern- bzw. Quersumme aufweist.

Bekannte Menschen mit der Doppelzahl 34: Jean Genet, Lilian Harvey.

Die Zahl 35

Vergleichbar der 26.

Bekannte Menschen mit der Doppelzahl 35: Paul Celan, Alain Delon, Hans Fallada, Jimi Hendrix.

Die Zahl 36

Zu vergleichen mit der 27.

Bekannte Menschen mit der Doppelzahl 36: Isabelle Adjani, Fred Astaire, Elias Canetti, Salvador Dalí, Erich Fried, Jörg Haider, Bob Hope, Janis Joplin, Henry Miller.

Die Zahl 37

»Weist wieder eine besondere Deutung auf. Sie kündet vorteilhafte Freundschaften und Partnerschaften und Liebesglück an. Sie gilt als überwiegend förderliche und Glück bringende Zahl.«

Anmerkung: Menschen mit der Zahl 37 erlangen nicht so leicht Berühmtheit, und wenn, dann steht in der Regel ein Partner stützend zur Seite. Ihr privates Glück hält sie davon ab, mit der meist notwendigen Verbissenheit gesellschaftlichem Erfolg nachzujagen. Menschen dieser Zahl steht zumeist ein sorgenfreier Lebensabend ins Haus.

Bekannte Menschen mit der Doppelzahl 37: David Bowie, Bill Clinton, Jane Fonda, Franz Kafka, Gustav Klimt, Primo Levi, Sidney Rome, Ted Turner, Liv Ullmann.

Die Zahl 38

Hat etwa dieselbe Bedeutung wie die 29.

Bekannte Menschen mit der Doppelzahl 38: Ilse Aichinger, Bruno Kreisky, Rainer Maria Rilke.

Die Zahl 39

Gehört kabbalistisch zur 30.

Bekannte Menschen mit der Doppelzahl 39: Ernst Bloch, Agatha Christie, Joan Collins, Gary Cooper, Sven Hedin, Garry Kasparov, Henri Matisse, Robert Musil, Ronald Reagan.

Die Zahl 40

In ihrer Bedeutung der 31 vergleichbar.

Bekannte Menschen mit der Doppelzahl 40: Julie Christie, André Heller, Elke Sommer, Richard Strauss, Richard Wagner.

Die Zahl 41

Hat eine mit der Zahl 32 vergleichbare Deutung.

Bekannte Menschen mit der Doppelzahl 41: George Bush, Fidel Castro, Bobby Fischer, Erich Fromm, Immanuel Kant.

Die Zahl 42

Hat eine ähnliche Bedeutung wie die 24.

Bekannte Menschen mit der Doppelzahl 42: Brigitte Bardot, Coco Chanel, Sean Connery, Richard Nixon.

Die Zahl 43

»Hat wieder eine besondere Bedeutung. Sie ist eine Warnzahl und wird durch Bilder von Aufruhr und Zwistigkeiten symbolisiert. Menschen, die dieser Zahl zugeordnet werden, haben sich vor Feinden zu hüten, ohne allerdings unangebrachtes Misstrauen herausstellen zu sollen. Vielmehr wird durch diese Zahl die Aufforderung erteilt, die eigene Menschenkenntnis gut zu entwickeln, um somit Hemmnissen und Benachteiligungen selbst aus dem Wege zu gehen.«

Anmerkung: Eine seltsame, geheimnisvolle Zahl. Zum einen trifft die negative, warnende Deutung Cheiros zu (Adolf Hitler hatte die Namensquersumme 43). Ich sehe in der 43 aber auch große positive Erfolgschancen. Menschen mit der Namenszahl 43 sollten nicht ihren pessimistischen Tendenzen nachgeben, ebenso wenig ihrer negativen Beurteilungslust anderer. 43er ereilt häufig ein früher Tod.

Bekannte Menschen mit der Doppelzahl 43: Richard Branson, Bruce Chatwin, Henry Fonda, Gert Fröbe, Steffi Graf, Adolf Hitler, Rudyard Kipling, Peter Lorre, Shirley MacLaine, Gustav Mahler, Gustav Meyrink, Samuel Morse, Wilhelm Reich, Otto Waalkes, Frank Zappa.

Die Zahl 44

In der Bedeutung der 26 gleichgestellt.

Bekannte Menschen mit der Doppelzahl 44: Ursula Andress, Richard Burton, Claudia Cardinale, Heinrich Harrer, Pablo Neruda.

Die Zahl 45

Zu deuten wie die 27.

Bekannte Menschen mit der Doppelzahl 45: Yves Montand, Neil Armstrong, Enrico Caruso, Umberto Eco, Curd Jürgens, Marilyn Monroe, Elvis Presley, Walter Scheel.

Die Zahl 46

Bedeutung wie 28.

Bekannte Menschen mit der Doppelzahl 46: Wilhelm Busch, Paul McCartney, Charlie Chaplin, Robert De Niro, Albert Einstein, Peter Handke, Ernst Jünger.

Die Zahl 47

Hat etwa dieselbe Bedeutung wie die 29.

Bekannte Menschen mit der Doppelzahl 47: Heinrich Böll, Pablo Picasso, Jean-Paul Sartre, Romy Schneider.

Die Zahl 48

Zu interpretieren wie 30.

Bekannte Menschen mit der Doppelzahl 48: Friedrich Gulda, Hermann Hesse, John Lennon, Kurt Tucholsky, Marcel Proust.

Die Zahl 49

Zu deuten wie 31.

Bekannte Menschen mit der Doppelzahl 49: Gottlieb Daimler, Marguerite Duras, Robert Mitchum.

Die Zahl 50

Entspricht der 32. Ich würde bei den 50ern zusätzlich eine gewisse Gefährdung aus Aggression gegen sich selbst vermuten.

Bekannte Menschen mit der Doppelzahl 50: Konrad Adenauer, Roald Amundsen, Thomas Bernhard, Truman Capote, Marlene Dietrich, Aldous Huxley, Bertrand Russell.

Die Zahl 51

»Wird wiederum durch eine besondere eigene Bedeutung gekennzeichnet. Diese Zahl eignet die symbolische Entsprechung des Krieges und kennzeichnet Offiziers- und Soldatentum. Aber auch Beamte, Organisatoren in zivilen ›Feldzügen‹ und allgemein verantwortliche Personen stehen mit dieser Zahl in Verbindung. Aber auch die 51 ist zugleich eine Warnzahl, denn sie fordert gleichsam äußerste Bedachtsamkeit gerade in gewagten Unternehmungen heraus. Andernfalls besteht die Gefahr von Unglück und gewaltsamen Einwirkungen negativer Art.«

Anmerkung: Österreichs größter Waffenproduzent, Emmerich Assmann, ist ein 51er. Unter 51ern gibt es Menschen, deren Ideen polarisieren, sowie »bürokratische Genies«. Es finden sich hier sehr zähe und ausdauernde Naturen, obwohl die Grundzahl ihres Namens, die 6, eher Ausgleich, Hingabe und Sanftmut nahe legen würde. Aber die Doppelzahlen tragen eine eigene Bedeutung, und es spielt eben eine Rolle, aus welcher zweistelligen Zahl die einstellige Grundzahl hervorgeht.

Bekannte Menschen mit der Doppelzahl 51: Margaret Atwood, Harry Belafonte, Charles Bukowski, William Faulkner, Sigmund Freud, Heinrich Himmler.

Die Zahl 52

Wird gedeutet wie die 43.

Bekannte Menschen mit der Doppelzahl 52: Charles de Gaulle, Steve McQueen, Franz Vranitzky, Helmut Schmidt.

Die Zahlen über 52

Für Namen mit einem Zahlenwert über 52 gibt es keine eigenen Deutungen mehr. Zur Interpretation ist (mit Vorsicht) eine Deutung der einmal involvierten Zahlen möglich.

Der berühmte Hollywoodschauspieler Arnold Schwarzenegger z. B. sprengt alle Rahmen, sein Vorname hat den Wert 22, was auf großen Ruhm hindeutet; sein Nachname allein kommt auf den Wert 55. Ein Weg besteht nun darin, beide Zahlen einmal zu involvieren – also 22 ergibt 4, und 55 wird in der Ziffernsumme 10 – und sie dann quasi auf niedriger Potenz zu addieren, was hier 14 (4 plus 10) ergibt. Die Deutung für die 14 sollte dann in etwa für den Namen zutreffen. Mit zu erwägen ist auch die Summenbildung aus 10 (von 55) plus 22 = 32, die sehr gut auf den ehemaligen Mr. Universum passt, der von Österreich in die USA auswanderte, dort viele Menschen kennen lernte und mit enormem Geschäftssinn zum Weltstar und schwerreichen Mann wurde.

Die Zahl des Lebenswegs

> »Wir wohnen in sicherem Schlaf
> hinter dem Rücken der Zahl.«
>
> (Johannes Poethen)

Für tiefer gehende Analysen ist es zuweilen etwas unbefriedigend, Charakter und Lebenslauf eines Menschen mit zwei einstelligen Zahlen und ein paar Farbtupfern durch die (zweistelligen) Doppelzahlen zu charakterisieren. Daher haben die Zahlenmystiker immer nach Wegen gesucht, weitere Informationen aus den Geburtsdaten bzw. dem Namen zu erhalten: Das häufigste Instrument ist die Addition der Geburtsdaten. Ich halte die Ergebnisse der herkömmlichen Methode für wenig überzeugend, und sie ist auch bei Cheiro nicht zu finden.

Das Verfahren geht wie gehabt, nur wird es statt auf den Tag der Geburt allein auch für die Monats- und Jahreszahl angewandt. Also etwa so: Wer am 15. 1. 1980 geboren ist, würde alle Ziffern addieren, was 25 ergibt, und daraus so lange die Quersumme bilden, bis er zu einer einstelligen Grundzahl gelangt, also hier 7. Manche Autoren bieten dann noch unterschiedliche Deutungen, abhängig von den vorangegangenen zweistelligen Zahlen, also eine Deutung für 25/7 und eine geringfügig andere für 34/7.

Im Prinzip ist diese Idee korrekt, Cheiro vermeidet sie aber, denn die Vorgehensweise ist falsch, und zwar aus einem einfachen Grund: Die Ordnungszahlen der Monate entsprechen keineswegs ihrem inneren Prinzip. Wenn also jemand am 15. Januar geboren ist und man das Datum mit 15. 1. umschreibt, um es zu addieren, ist der Fehler schon geschehen. Der Januar untersteht nämlich der Energie des Saturn, ist also mit 8 zu bewerten und nicht mit 1, nur weil zufällig unsere Kalenderzählung mit dem Januar beginnt.

Um die Zahl des Lebensweges ermitteln zu können, ist es unvermeidlich, einen Zwischenschritt einzulegen – man muss die Monatszahl gemäß ihrer Stellung im astrologischen Tierkreis neu bewerten (siehe Tabelle).

Die Umwandlung der Monatszahl

Geboren			Planet	Zahlenwert
Zwischen	1. 1.	und 19. 1.	Saturn	8
Zwischen	20. 1.	und 18. 2.	Uranus	4
Zwischen	19. 2.	und 20. 3.	Neptun	2
Zwischen	21. 3.	und 20. 4.	Mars	9
Zwischen	21. 4.	und 21. 5.	Venus	6
Zwischen	22. 5.	und 21. 6.	Merkur	5
Zwischen	22. 6.	und 22. 7.	Mond	2
Zwischen	23. 7.	und 22. 8.	Sonne	1
Zwischen	23. 8.	und 22. 9.	Merkur	5
Zwischen	23. 9.	und 22.10.	Venus	6
Zwischen	23.10.	und 22.11.	Pluto	7
Zwischen	23.11.	und 20.12.	Jupiter	3
Zwischen	21.12.	und 31.12.	Saturn	8

Wenn also jemand am 13. 8. 1955 geboren ist, dann wird bei diesem Datum der Wert »August« (zumindest bis zum 22.) gemäß dem Tierkreiszeichen Löwe in die Zahl 1 (die Sonne ist der Regent des Löwen) umgewandelt. Das korrekte Additionsergebnis lautet also: 13 + 1 + 1955 = 1 + 3 + 1 + 1 + 9 + 5 + 5 = 25/7.

Mit der Ordnungszahl 8 für den Monat August würde man ein ganz anderes Ergebnis erhalten, nämlich 32/5. Nur bei jenen, die zwischen dem 22. und 31. 5. geboren sind, entspricht die Ordnungszahl 5 für den Monat Mai auch dem astrologischen Monatswert, da Zwillinge vom Merkur (= 5) regiert werden. Dasselbe gilt für jene Schützen, die zwischen dem 1. und 20. 12. geboren sind, da der 12. Monat in der Quersumme 3 ergibt, was auch die Zahl des Jupiter ist, die das Zeichen Schütze regiert. Dasselbe gilt für alle Fische, die noch im Februar, also zwischen dem 20. und 28. geboren sind – hier stimmt die Zahl des zweiten Monats im Jahr mit der Neptunzahl 2 überein.

Ein Beispiel: Der Dalai Lama ist am 6. 7. 1935 geboren. Dan Millman rechnet in seinem Buch *Die Lebenszahlen als Lebensweg* (Ansata Verlag) den Monat Juli mit seiner Ordnungszahl 7, und er kommt so auf eine Lebenszahl von 31/4 (6 + 7 + 1 + 9 + 3 + 5). Als Lebensbestimmung führt Millman u. a. die Überwindung von Unsicherheit und Selbstzweifel an, den Hang zu Labilität und Unzuverlässigkeit; ferner soll für diese Menschen eine Trennung von Kopf und Herz charakteristisch sein. Auf Grund geistigen Stresses ist den 31ern Kampfsport empfohlen. Zu den wesentlichsten Begabungen zählt unternehmerische Tätigkeit. Das geistige Oberhaupt der Tibeter vermag ich in dieser Beschreibung beim besten Willen nicht zu erkennen.

Wendet man dagegen die hier vorgestellte Methode an, dann wird der Juli dem Zeichen Krebs gleichgesetzt und erhält die Zahl 2. Die Lebenszahl des Dalai Lama lautete dann: 26/8. Zur Lebensbestimmung schreibt Millman u.a., sie sollten sich mit ihren höchsten Visionen und Idealen in den Dienst anderer stellen; auf Grund ihrer hohen Maßstäbe würden sie oft Lob abweisen, aber trotzdem eine kindliche Unschuld besitzen. Unter Begabungen erwähnt der Autor »visionäre Weitsicht«. Diese Beschreibung des Dalai Lama ist erheblich treffender.

Mit der Umwandlung der Zahlen des Geburtsdatums lassen sich zwei weitere Bereiche abdecken – die Berechnung des Lebenswegs und die Qualität einzelner Jahre.

Die Berechnung des Lebenswegs

Wenn man mit Hilfe der Tabelle die Zahl des Monats eruiert hat, kann man auch das gesamte Geburtsdatum zur Deutung heranziehen. Eine Frau beispielsweise, die am 20.9.1967 geboren ist, hat wie gesagt *nicht* die Quersumme 34/7, da die Monatszahl nach ihrem astrologischen Wert ermittelt werden muss, ergo nicht die Ordnungszahl 9 (für September) herangezogen werden kann. Diese Frau ist im Zeichen der Jungfrau geboren, also wird »September« in die Zahl 5 (= Merkur, Regent der Jungfrau) umgewandelt, woraus sich dann als Zahl des Lebensweges statt 34/7 richtigerweise 30/3 ergibt.

Im Folgenden werden nur die einstelligen Grundzahlen interpretiert, man sollte aber die zweistelligen Zahlen nicht außer Acht lassen (siehe das Kapitel »Doppelzahlen«), die jedoch nur Bedeutung erlangen, wenn sie die Tendenz der zuvor gefundenen Doppelzahlen (Geburtstag, Vorname, Nachname, Gesamtname) unterstützen. Ein Beispiel: Abraham Lincoln war der 16. US-Präsident. Die Zahl seines Vornamens ist 16/7, die Zahl des Nachnamens ergibt 27/9. Die Doppelzahl des Namens ist 43, die bekanntlich vor Feinden und Aufruhr warnt, die Grundzahl des Namens ist natürlich 7. Lincoln wurde am 12.2.1809 geboren; da der Februar nach unserer Tabelle der Zahl 4 untersteht, ergibt die Addition aus Tag (= 3) plus Monat (= 4) plus Jahr (= 18/9) wiederum eine 16/7. Auf den Präsidenten wurde ein Attentat verübt, das er nicht überlebte. Der Schuss fiel am 14.4.1865, ergibt in der kabbalistischen Addition: Tag (= 5) plus Monat (= 9) plus Jahr (= 20/2) wiederum die Zahl 16/7.

Bevor Sie die folgenden Charakteristika studieren, können Sie auch bei den Beschreibungen zur »Zahl des Charakters« nachlesen, da die dortigen Schilderungen der Zahlen 1 bis 9 prinzipiell auch zu den nachstehenden Ausführungen passen.

Lebensweg 1

Menschen, deren gesamtes Geburtsdatum eine 1 ergibt, sind sehr ehrgeizig und werden hart daran arbeiten, ihre Begabungen umzusetzen und Ziele zu erfüllen. Sind in ihrem Bestreben materialistisch, logisch, konsequent, aber durchaus hilfsbereit anderen gegenüber. Zumindest in ihrer Jugend gelten sie als Menschen, die auf die Butterseite des Lebens gefallen sind, ob sie später auch noch Glückspilze sind, hängt davon ab, ob die beiden Grundzahlen (Tag der Geburt, Name) diese Tendenz unterstützen. Sie sind sehr erfolgsorientiert und messen ihren Wert auch an der Stellung in der Gesellschaft bzw. ihrer Gruppe/ihrem beruflichem Umfeld.

Ein 1er-Lebensweg legt es nahe, den Pfad zur Spitze zu suchen (zumindest in der Gruppe, in der man aktiv ist). 1 eignet sich gut, um in der materiellen Welt Karriere zu machen, ist aber kein Hinweis auf eine spirituelle Berufung. In Sachen Ehe und Liebe ist der Lebensverlauf eher holprig.

Wenn der 1er-Lebensweg mit den übrigen Zahlen harmoniert, werden sie sehr rasch Karriere machen, Glück haben und zu Geld kommen, passen die anderen Zahlen nicht dazu, fällt das Glück geringer aus, und die Menschen sind auch nicht so extrovertiert. 1er sollten unbedingt nach ihrer

Berufung im Leben suchen und diese Aufgabe mit Eifer verfolgen. Lebensweg 1 bedeutet auch, dass man in großem Maße die Chance hat, sein Leben selbst zu bestimmen – aber auch, dass man dazu gezwungen sein wird.

Beispiele: Neil Armstrong, Marlon Brando, Cher, Arthur C. Clarke, Lady Diana, Walt Disney, Thomas Edison, Bobby Fischer, Marcel Reich-Ranicki, Rainer Maria Rilke, Yves Saint Laurent, Otto Schily, Barbra Streisand.

Lebensweg 2

Eine 2 als Summe des Geburtsdatums deutet auf einen Lebensweg hin, bei dem sich Höhen und Tiefen recht krass auswirken können – so unterschiedlich wie die Phasen des Mondes (= 2). Das heißt nicht, dass sich Menschen mit einem 2er-Lebensweg keinen Namen in der Welt des Erfolges machen könnten – nur werden sie sich nicht halten können, sofern sie es schaffen, den Gipfel zu erklimmen. Wenn sie abstürzen, sehen sie sich gern als Opfer. Bei einem 2er-Lebensweg hängt es mehr als bei allen anderen davon ab, wie gut die übrigen Zahlen harmonieren, da der Mond die Funktion des Spiegels hat.

In ihrem Leben werden Genuss, Bequemlichkeit, ein heimeliges Zuhause und die Familie eine große Rolle spielen. Dem Mond sind soziale Anliegen immer wichtig. Passen die übrigen Zahlen des Namens und des Geburtstages nicht dazu (8 oder 9 etwa), drohen Depressionen und Selbstgefährdung. Deutet die 2 statt auf den Mond auf Neptun hin, werden die Betroffenen auf ihrem Lebensweg immer wieder mit Lüge, Täuschung und Illusionen konfrontiert sein. Bisweilen plagt sie auch ein Größen- und Erlösungswahn, vor allem, wenn irgendwo eine starke 3 mitspielt. Steht eine gute 4 oder 5 zur Unterstützung bereit, wird das Leben überwiegend intellektuell geprägt sein. Ein 2er-Lebensweg kann auch auf zwei völlig getrennte Karrieren hinweisen (bzw. einen zweiten Anlauf, ehe man das Gewünschte erreicht).

Frauen mit einer starken 2 können sehr begehrt sein, Männer werden unsichere (aber einfühlsame) Liebhaber sein. Normalerweise haben sie aber Glück mit Frauen, oder sie werden von Frauen auf ihrem Weg unterstützt.

Beispiele: Wilhelm Busch, Karlheinz Böhm, Charles Bukowski, Paul Celan, Friedensreich Hundertwasser, Oskar Lafontaine, Karl Marx, Friedrich Nietzsche, Swami Vivekananda.

Lebensweg 3

Obwohl die Jupiterzahl 3 generell von Vorteil ist, kann man sie als Zahl des Lebensweges nicht nur positiv bewerten. Die Menschen sind zwar stark und ausdauernd, sie neigen aber dazu, sich zu viel Arbeit und Verantwortung aufzuladen. Allerdings halten sie hohe Belastungen aus. Sie sind selbstbewusst (manchmal bis zum angeberischen Verhalten), egoistisch, hilfsbereit nur bei ihnen nahe stehenden Menschen, offen und selten willens, von ihrem einmal eingeschlagenen Weg abzuweichen. Im Endeffekt werden sie zumeist Glück haben. In finanziellen Angelegenheiten sind sie recht locker; wenn unerwartet Geld hereinkommt, geben sie es gern ebenso schnell wieder aus.

Sex spielt eine wesentlich größere Rolle als bei den 1er- und 2er-Lebensläufen. In Liebesangelegenheiten haben sie nicht immer eine glückliche Hand.

Die Karriere beginnt trotz der Zahl 3 bei ihnen nicht mit einem göttlichen Paukenschlag, sondern bescheiden; da sie aber geplant vorgehen und zielbewusst sind, überwinden sie die Schwierigkeiten. Sie finden immer wieder Menschen, die ihnen treu ergeben und zu helfen bereit sind. Erfolg und Geld stellen sich zumeist erst in der zweiten Lebenshälfte ein. Ihre Kreativität (gut im Schreiben, Reden, Diskutieren) versickert oft in Organisationen. Bei Unternehmern ist auffällig, dass sie mit zumindest einem großen Glücksfall rechnen können. Sie eignen sich wie die 1er zu Führungsaufgaben. Geldmangel ist niemals von Dauer. Die 3 kann zum Größenwahn verleiten, zum Glauben, andere missionieren zu müssen, sich allen überlegen zu fühlen.

Beispiele: Maria Callas, Paul Cézanne, Fjodor Dostojewski, Gudrun Ensslin, Diane Fossey, Ernesto Che Guevara, Václav Havel, Christoph Kolumbus, Sepp Maier, Nelson Mandela, Napoleon Bonaparte, Aristoteles Onassis, Robert Redford, Heinz Rühmann, Luis Trenker, Donald Trump, François Marie Arouet Voltaire, Virginia Woolf.

Lebensweg 4

Wie es die Zahl 4 andeutet, sind Menschen mit dieser Grundzahl aus dem Geburtsdatum vielen (und oft unerwarteten) Veränderungen ausgesetzt. Nun hängt es davon ab, wie gut die übrigen Zahlen das vertragen. Sind die Betroffenen auch an einem 4er Tag geboren, werden sie den

Wandel schätzen und sich auf jede Abwechslung freuen. Kommt irgendwo eine starke 8 oder 6 vor, wird eher Unsicherheit die Folge der plötzlichen Veränderungen sein. Das Ideal der 4 ist ein völlig eigenständiger Lebensweg, den andere häufig als exzentrisch ansehen. Die grundlegende Frage ist: Kann man sich mit einer 4 als Lebenswegzahl auf die Umbrüche einstellen? Im Prinzip schon. Entweder man entwickelt eine gute Intuition oder man entdeckt Rhythmen im Lebensverlauf. Die Art und Weise, wie das Neue kommt, ist aber immer überraschend. Ganz im Gegensatz zu den 3er-Lebenswegen hilft hier auch die beste Planung nichts, weil Uranus (= 4) beständig in Richtung Befreiung und Individuation drängt. Das ist eine Lebensaufgabe, daher kann man niemals sagen, ich habe es geschafft. Ausruhen auf einmal Erreichtem gibt es für 4er-Schicksale nicht, da kommt mit Sicherheit ein unerwartetes Ereignis und schlägt einem alles aus der Hand.

Andererseits sind 4er immer unruhig, überspringen gerne den nächsten Lebensschritt und blicken schon auf den übernächsten. Mit Herausforderungen und Erfolgen sind sie nie zufrieden, weil sie immer etwas Zusätzliches (oder Neues) im Hinterkopf haben. Bei Hindernissen fehlt ihnen die Ausdauer der 8. Die Ungeduld des Herzens sollte unbedingt in Kreativität fließen, sonst droht bloß ein sinnentleertes, hektisches, unerfülltes Leben übrig zu bleiben. Beständig von Selbstzweifeln und Vorbehalten gegenüber gesellschaftlichen Strukturen geplagt (immer wieder Auflehnung gegen Einschränkungen und moralische Hürden). Starker Sextrieb, der Probleme bereitet, wenn er allzu unkonventionelle Ventile schafft. Trotz ihres flinken Geistes treffen sie keine raschen Entscheidungen (wie 9er etwa). 4er-Lebensläufe sind von der Begabung gekennzeichnet, aus vielerlei verschiedenen Tätigkeiten Einkommen und Zustimmung zu erzielen. Das Gefühl, nicht genügend anerkannt zu werden, ist ein lebenslanger Begleiter.

Beispiele: Isabelle Adjani, Leonard Bernstein, Bert(olt) Brecht, Bill Clinton, Salvador Dalí, Plácido Domingo, Martin Heidegger, Grace Kelly, Madonna, Reinhold Messner, Swami Muktananda, Rudolf Nurejew, Ramakrishna, Ronald Reagan, Wilhelm Reich, Frank Sinatra.

Lebensweg 5

Ein merkurischer Lebensweg ist natürlich für alle förderlich, die einen Beruf im Reiche Merkurs wählen – Journalisten, Kunstkritiker, Schriftsteller, Verleger, Talk- und Show-Master, Geschäftsleute, Vortragsredner, Mathematiker, Lehrer und Physiker. Wissenschaftliche Entdecker, Berater, Spekulanten, Schauspieler sind hier ebenso zu finden wie Diebe. So wie 5er sind – logisch, aber nicht unbedingt geordnet –, kann auch das Leben verlaufen: einer großen Sache hingegeben, bei vielen kleinen versagend. Ein Weg des Intellekts, bei dem der Gefühlsausdruck erst gelernt werden muss. 5 ist auch die Zahl der Beweglichkeit – geistig, psychisch, physisch.

Nicht selten führt der 5er-Weg ins Ausland. Vergleichbar der 4 bringt auch die 5 viele Veränderungen im Leben, denen unbedingt mit Optimismus begegnet werden sollte, da 5er-Lebensläufe im Prinzip sehr günstig und förderlich sind.

5er-Wege sollten, wie bei den 4ern, unbedingt in die Unabhängigkeit führen. Da die 5 Wissen und Erfahrung repräsentiert, sind diese Biografien nicht von vornherein geradlinig auf ein bestimmtes Ziel ausgerichtet. Die Gefahr, sich zu verzetteln, ist hier wie bei den 4ern gegeben – beiden ist unbedingt Geduld und Übung in Ausdauer anzuraten. Ein schnelles Stoffwechseltempo schlägt bisweilen aufs Nervenkostüm, wenn sich 5er nicht um ihre Gesundheit kümmern (wozu Zwillinge-5er neigen, nicht jedoch Jungfrau-5er). Unter Jungfrau-5ern findet man bisweilen Tierfanatiker, die – besonders im Alter – mit Menschen weniger gut zurechtkommen.

Beispiele: Peter Alexander, Warren Beatty, Albert Einstein, Sigmund Freud, Mahatma Gandhi, Günter Grass, Jacqueline Kennedy Onassis, Thomas Mann, François Mitterrand, Wolfgang Amadeus Mozart, Pelé, Pablo Picasso, Karl Popper, Jean-Paul Sartre.

Lebensweg 6

Der Zahl 6 (= Venus) entsprechend, dreht sich in diesem Leben viel um Freundschaften, Beziehungen, Sex und Erotik. Besonders Frauen mit der Zahl 6 führt ihr Lebensweg zu vielen Auseinandersetzungen mit dem anderen Geschlecht. Luxus und Glück sind zu erwarten, aber nicht unbedingt in der Ehe. Männer leben den venusischen Drang eher über Ideale und soziale Gesinnung (manchmal politisches Engagement) aus. Selbst den von Erfolg Verwöhnten fällt es nicht leicht, das Leben so zu nehmen, wie es ist. Schuldgefühle. Idealistisch, aber nicht unbedingt realistisch. Nicht gerade geborene Menschenkenner, müssen sie schmerzhaft

Erfahrungen auf diesem Gebiet machen. Zu inflexibel, hören eher auf ihre Gefühle als auf Logik.

Sie gehen mit Geld großzügig um. Kritik vertragen sie nicht, was zu einer enttäuschten Lebenseinstellung führen kann. Im Grunde ihres Wesens friedliebend, werden sie im Leben Konflikte zu vermeiden trachten.

Beispiele: George Bush, Charlie Chaplin, Alain Delon, Paul Gauguin, Herbert Grönemeyer, Sophia Loren, Marilyn Monroe, Max Planck, Bertrand Russell, Leo Tolstoi, Tina Turner.

Lebensweg 7

Verspricht ein aufregendes Leben zu werden. Wer der 7 zu entsprechen vermag, ist charismatisch, witzig, ein begnadeter Redner, voller Energie, beliebt. Mit dieser Zahl ist Abenteuer- und Reiselust verbunden. Was 7er-Pfade so erfolgreich macht, ist die Bereitschaft, sich an die Erfordernisse der Situation (des Lebens) anzupassen. Die Zahl der Bosse. Vor allem für Männer verheißt eine Schicksalszahl 7 einen erfolgreichen Lebensweg. Fühlen eine hohe Bestimmung in ihrem Dasein. Das Thema Macht taucht immer wieder auf – sei es in Beziehungen, im Beruf, in der sie umgebenden Gesellschaft. Dieser Lebensweg führt die Menschen häufig in die Öffentlichkeit, wo sie Gelegenheit haben, andere zu beeindrucken (beeinflussen). Starken 7ern ist eine magnetische Qualität eigen, die alle Menschen in ihrer Umgebung in Bann zieht.

Versagensangst kreuzt immer wieder den 7er-Weg. Hier gibt es zwei Typen: Der positive 7er-Weg führt zu fortwährender Erneuerung bei jenen Menschen, die die Herausforderung akzeptieren. Der negative 7er-Weg ist mit Größenwahn verbunden – wer sich hier missverstanden und verletzt fühlt, wird sein Leben in Isolation, Verbitterung, Verfolgungswahn sehr einsam beenden. Wie die Kinder beharren sie auf ihrer Sicht der Dinge – wer ihnen nicht folgen will, wird als Verräter abgestempelt. Hier wird der verlangte Veränderungsprozess mit Erstarrung abgewehrt. Die 7 eignet sich auch hervorragend für einen spirituellen Lebensweg.

Beispiele: Sri Aurobindo, Boris Becker, Ludwig van Beethoven, Jean-Paul Belmondo, Edgar Cayce, Prinz Charles, Charles Darwin, Joschka Fischer, Peter Handke, Erich Honecker, Helmut Kohl, Michelangelo, Elvis Presley, Anthony Quinn, Gerhard Schröder, Arnold Schwarzenegger, Albert Schweitzer, Mutter Teresa, Paramahansa Yogananda.

Lebensweg 8

Der saturnischen Zahl 8 entsprechend, gibt es auf diesem Lebensweg Hemmnisse, Unterbrechungen, Verzögerungen, Widerstände, Misserfolge. Mit heftigen Feindschaften ist zu rechnen, ebenso mit beinharten Konfrontationen. Andererseits ermöglichen solche Hürden den Menschen auf diesem Pfad, Lebenserfahrungen zu sammeln und weise (Saturn ist nicht nur ein großer Hemmschuh, sondern auch der Planet der Weisheit) zu werden. Warum? Weil die 8 einen zwingt, Bilanz zu ziehen und Überholtes hinter sich zu lassen. Meistens wird das als Schmerz empfunden, der lebenskluge Mensch sieht es als Chance an, Ballast abzuwerfen. Das gilt auch für Missgeschicke wie Unfälle, Verletzungen, Schmerzen oder verlorene Gerichtsstreitigkeiten.

Für den 8er-Weg braucht man Zähigkeit. Es sei nicht verschwiegen, dass daran einige zerbrechen, oftmals nach erreichtem Erfolg (weil dann das Leben keineswegs leichter wird!). Wenn die Lebenszahlen den 8er-Weg unterstützen, lernt man aus Schwierigkeiten und wird noch besser. Dann wartet Verantwortung in leitenden Stellungen oder für Rat suchende Menschen. Glück in der Liebe ist auf diesem Pfad kein unverdientes Geschenk. Auf Grund ihrer Erfahrungen eignen sich Menschen mit 8er-Schicksal dazu, die Nöte anderer zu lindern, sich um Menschen im Elend zu engagieren. Vergnügen ist nicht der primäre Antriebsstoff auf diesem Weg (wie er in der Biografie der Zahl 6 zu finden ist, und zwar bei jenen, die ihre Energie nicht in kreative Herausforderungen leiten).

Auf dem Weg der 8 ist Planung und Organisation angezeigt. Ein kreatives Chaos und die Unberechenbarkeiten von 4ern auf ihrem Trip sind 8ern ein Gräuel. Der Weg der 8 ist mit Verantwortung gepflastert. Geld wird gespart, auf Geld wird geachtet. Obwohl sie Familie mögen, tun sie sich nicht leicht, den richtigen Partner zu finden. Das Verlangen nach Ansehen und Perfektion kann zur echten Qual werden.

Selbstzweifel und Ängste werden durch einen starken Erfolgswillen kompensiert. Großer Ehrgeiz, der in Führungspositionen drängt. Sehr statusbewusst. Physisch robuste Naturen. Frauen bekommen spät oder gar keine Kinder.

Beispiele: Willy Brandt, Richard Burton, Al Capone, Giacomo Casanova, Winston Churchill, der Dalai Lama, Jodie Foster, Galileo Galilei, Steffi Graf, Ernest Hemingway, Hildegard Knef, Robert De Niro, Olof Palme, Roman Polanski.

Lebensweg 9

In einer Hinsicht ist der 9er-Weg eine Mischung aus den Pfaden 7 und 8: Menschen mit dieser Lebensaufgabe werden auf viele Härten im Leben stoßen, sie sind aber mit großer Energie ausgestattet, sodass der Bewältigung kein prinzipielles Hindernis entgegensteht. Der Zahl 9 sind auch die Entdeckung und der Neubeginn zugeordnet. 9 ist bekanntermaßen die Zahl des Kampfes, d. h., Menschen auf diesem Lebensweg ziehen Konflikte an, sind aber fähig, Erkenntnisse aus schlimmen Erfahrungen zu destillieren. Der Lebensweg 9 fördert daher Lehrer – unabhängig davon, ob wissenschaftlich oder spirituell. Da 9 als letzte einstellige Zahl Vollendung und Wiedergeburt bedeutet (8, Saturn, ist der Hüter zur Schwelle ins Jenseits), finden sich auf diesem Weg auch herausragende Gurus (z. B. Krishnamurti, der es aber ablehnte, als religiöser Führer aufzutreten und seine Anhänger zur Eigenständigkeit anspornte).

Die Jugend verläuft in der Regel eher schwierig und konfliktreich – es dauert, bis man auf diesem Weg echtes Selbstbewusstsein gewinnt. Andererseits lieben diese Menschen Herausforderungen und Abenteuer.

Beispiele: Ingeborg Bachmann, Jacques Cousteau, Alexandra David-Neel, Catherine Deneuve, Hermann Hesse, Thor Heyerdahl, Luciano Pavarotti, Margaret Thatcher.

Wie wird das Jahr?

Abgesehen vom individuellen Lebensrhythmus, den jeder mit Hilfe von Geburtsdaten und Namen herausfinden kann, gibt es eine weitere Technik, das Grundthema eines bestimmten Jahres zu erfahren. Es funktioniert sehr einfach. Man nimmt Tag und Monat der Geburt und das Jahr, dessen Qualität erkundet werden soll. Aber Vorsicht: Wie schon gesagt wurde, darf nicht die Ordnungszahl des Monats verwendet werden (siehe Seite 213). Wer am 16. 2. eines Jahres geboren ist, muss 16 auf 7 reduzieren und darf für »Februar« *nicht* die Zahl 2, sondern 4 (= Uranus, Herrscher des Wassermanns) verwenden. Also ergibt Tag plus Monat die Zwischenzahl 7 + 4 = 11/2.

Will nun jener Mensch wissen, wie ein bestimmtes anderes Jahr auf ihn wirken wird, sagen wir 2000, dann braucht er bloß zur Tag-Monats-Zahl 2 die Quersumme des betreffenden Jahres, hier 2, addieren, ergibt 4. Zusätzliche Informationen lassen sich gewinnen, wenn man auch den Doppelzahlen Aufmerksamkeit schenkt (siehe das gleichnamige Kapitel).

Wie diese Jahresqualitäten im Prinzip gedeutet werden können, zeigt die folgende Kurzcharakteristik.

1er-Jahr

Gut geeignet, um die Entscheidung für einen völlig neuen Lebensweg zu treffen (der dann in der Regel erst im darauf folgenden Jahr angetreten wird). Wunsch, etwas Neues zu beginnen. Ob daraus ein Erfolg wird, hängt von der Qualität der Planung zuvor ab – ein günstiges Jahr allein genügt nicht. Lange vorbereitete Projekte können jetzt zum Durchbruch kommen.

Geistig und körperlich stabil, seelisch kann es in diesem Jahr aber auf und ab gehen – einerseits auf Grund hoher Erwartungen, andererseits aus einer gewissen Abenteuerlust heraus.

1er-Jahre sind geeignet, lang gehegte künstlerische Projekte (z. B. ein Buch schreiben) zu beginnen. Auch finanziell könnte sich ein Wendepunkt andeuten, der seine volle Wirkung aber vermutlich erst zwei Jahre später entfalten wird. Gut für große Reisen und Auslandsaufenthalte. Man lernt neue Menschen kennen, beginnt eine Beziehung.

2er-Jahr

Ein Jahr, das dem Mond untersteht und daher von starken Emotionen geprägt sein wird. Die im Jahr zuvor begonnenen Pläne beginnen, erstes Geld abzuwerfen. In Beziehungen kann es allerdings etwas stressig sein. Ein Partner (oder beide) ziehen um. Ganz allgemein verändert sich die Lebenshaltung, die Grundeinstellung, da man eine neue Erfahrung bewältigen muss. Das Mondjahr ist auch gut für Nachwuchs. Man ist für Stress und Sorgen anfällig, sollte diesen Tiefs daher entgegenwirken. Profitable Geschäftspartnerschaften, die länger halten, sollten in diesem Jahr ihren Ausgang nehmen.

3er-Jahr

Grundsätzlich ein Glück verheißendes Jahr, das eine angenehme Überraschung bringen wird (unerwartete gewünschte Schwangerschaft, unerhofftes erotisches Erlebnis). Der im 1er-Jahr begonnene berufliche bzw. finanzielle Aufstieg setzt sich fort.

Gerichtsverfahren laufen nur dann günstig, wenn die Grundzahl des Geburtstages es nahe legt. Menschen, die an einem 4er (z. B. an einem 31.) oder einem 7er-Tag (z. B. an einem 16.) geboren sind, sollten jegliche Rechtsstreitigkeiten meiden.

Ein gutes Jahr, um ein Studium oder eine Ausbildung zu beginnen bzw. zu beenden. Günstig für Wettkämpfe und Glücksspiele. Eine kleine Warnung: Wünsche nach mehr Freiheit und Unabhängigkeit, die man in diesem Jahr gern verspürt, führen zu Frustration und Enttäuschungen.

4er-Jahr

Ein Jahr, das starke innere und äußere Veränderungen bringen wird. Die im 1er-Jahr begonnenen Projekte und neuen Aufgaben streben einem Höhepunkt entgegen. Obwohl man in der Regel gut verdient in diesem Jahr, gehen Sorgen damit einher (z. B. auf Grund eines Wohnungskaufes oder anderer, im Grunde aber positiver finanzieller Belastungen). Auftauchende Schwierigkeiten wird man überwinden, es ist jedoch ein schlechtes Jahr für juristische Angelegenheiten (Vorsicht vor Klagen, Vorsicht bei der Unterzeichnung von Kaufverträgen – auch wenn alles gut ausgeht, werden unerwartete Details/Probleme auftauchen).

In Beziehungen kann es eine Krise geben, aber eine jener Sorte, aus der die Partnerschaft gestärkt hervorgeht (sofern sie im Kern gut war – ansonsten geht sie schlagartig zu Ende). Eine gute Zeit für spirituelle Tätigkeiten (z. B. um mit Zahlenphilosophie oder Astrologie zu beginnen).

5er-Jahr

Finanziell das beste Jahr in dem Zyklus, der mit dem 1er-Jahr begonnen hat. Gut für Beruf und Geschäfte. Geschäftliche Partnerschaften entwickeln sich bestens (echte Krisen kommen erst im 8er-Jahr). Ein Spitzenjahr für alle Kommunikationsberufe – Journalismus, Werbung, Schreiben. Gut für kleine Reisen. Angestellte werden stark den Wunsch nach mehr Freiheit, Beweglichkeit und Selbstständigkeit verspüren.

Merkurjahre können einen aber auch mit Tricksern zusammenbringen, weshalb bei (neuen) Geschäftsabschlüssen größte Vorsicht angebracht ist. Wer bisher beruflich eine längere Durststrecke hinter sich hat, für den ergeben sich in diesem Jahr völlig neue Perspektiven (obwohl sie nicht unbedingt von Dauer sein werden). Für Beziehungen könnte es ein eher schwieriges Jahr sein, in dem sich Probleme aber durch viel Reden lösen lassen. Wohnungsumzug wahrscheinlich. Die geschäftliche gute Tendenz sollte nicht darüber hinwegtäuschen, dass mit Schwierigkeiten im familiären Bereich zu rechnen ist. Eine Zeit der Kommunikation, man lernt viele Leute kennen.

6er-Jahr

Das venusische Jahr legt sinnliche Annehmlichkeiten und soziale Aktivitäten nahe, und man ist auch bereit, ihnen größeren Stellenwert als sonst einzuräumen. Gut für Liebesbeziehungen und Affären. Ein brauchbares Jahr, um einen neuen Arbeitsplatz bzw. einen neuen Wirkungskreis zu finden, um seiner Berufung näher zu kommen. Wenn es finanzielle Höhepunkte gibt, kommen sie eher unerwartet (Geschenke, Zuschüsse, Gehaltserhöhungen). Förderlich für Kunst und alle ästhetischen Belange. Man lernt leicht neue Menschen kennen. Erhält Einladungen und Lob (Anerkennung). Frauen werden ihr Jawort geben. Untreue.

7er-Jahr

Verborgenes kommt an die Oberfläche. Beruflich kündigen sich schwierige Zeiten an. Es läuft nicht mehr so rund wie gewohnt. Starke Spannungen mit Vorgesetzten. Alles, was nach Macht und Einfluss riecht, treibt einen in diesem Jahr auf die Palme. Man wird gekündigt, weil man unbewusst den Boss herausfordert (da man schon zu lange verdrängt hat, dass die Situation unhaltbar war). Änderung der Familienverhältnisse (Kind).

Die im 6er-Jahr begonnene Affäre geht zu Ende, obwohl der Reiz zu erotischen Abenteuern immer noch stark ist. Man sollte stattdessen die Energie in esoterische Praktiken umpolen, da okkulte Belange in diesem Jahr gedeihen. Große Reisen sind eventuell mit Problemen verbunden. Es ist empfehlenswert, sein Kraftpotenzial zu einer inneren Wiedergeburt zu nutzen.

8er-Jahr

Ein Jahr, in dem die bisherige Tätigkeit auf den Prüfstand gestellt wird. Saturn bringt immer Abrechnungen. Wer beruflich selbstständiger werden wollte, wird jetzt den Impetus dazu verspüren. Neue berufliche Beziehungen sollten geprüft werden, dann sind sie sicher erfolgreich. Wer lange gesucht hat, wird jetzt seine Berufung (seinen Job, sein Studium) finden. Finanziell ist es kein berauschendes Jahr, daher sollten Ausgaben wohl erwogen sein (zumeist ist die zweite Jahreshälfte pekuniär besser). Beziehungen könnten eine Stagnationsphase erleben.

Man hat nicht allzu viel Energie in diesem Jahr, weshalb man erstens mit seinen Ressourcen haushälterisch umgehen und zweitens beizeiten einen Gesundheitscheck einplanen sollte. Berufliche Sorgen sollten nicht in Stress ausarten, denn der schlägt dieses Jahr aufs Herz. Wenn Depressionen ausbrechen, dann bevorzugt in 8er-Jahren.

9er-Jahr

Ein Jahr des Fortschritts. Pläne und Ideen tauchen auf, Lösungen zeichnen sich ab, der Blick in die Zukunft wird klarer. Die Veränderungen und Erneuerungen, die im Jahr zuvor in Angriff genommen wurden, gehen zügig voran, wenngleich ein Durchbruch nicht vor dem nächsten Jahr zu erwarten ist (z. B. ein Projekt wird im 9er-Jahr angenommen, aber erst im darauf folgenden 1er-Jahr realisiert).

9er-Jahre bringen in der Regel Energie. Familien könnten Nachwuchs erhalten. Ein Jahr der Hoffnungen und der Freude. Man sollte seinen Zweifeln diesmal nicht nachgeben und bei dem (schon lange gehegten und sorgfältig geplanten) Entschluss bleiben, egal, welche unerwarteten Schwierigkeiten auftauchen.

Die Kunst der Deutung

»Bei euch, ihr Herren, kann man das Wesen
Gewöhnlich aus dem Namen lesen.«

(Johann Wolfgang von Goethe, Faust)

Einen Namen nach vorgegebenem Schema in Zahlenwerte umwandeln – das kann, wie gesagt, auch ein Computer. Mechanisch die Zahl der Geburt und des Namens auszurechnen und bei den jeweiligen Interpretationen nachzublättern ist keine Kunst. Doch damit ist nur der Rohbau erfasst. Um dem Gelände ein Gesicht zu verleihen, bedarf es der Erfahrung. Hier kommt ein Element der Intuition ins Spiel, die Kunst der Deutung. Jeder, der sich anfänglich mit Neugier auf die Kabbalistik wirft, verspürt bald einmal ein brennendes Verlangen, seine Bekannten rundherum zu »berechnen«. Ähnlich wie bei Kurzcharakteristiken von Sternzeichen wird man teilweise Zustimmung und teilweise Kopfschütteln ernten. Deswegen muss die Methode noch nicht falsch sein. Denn es sind drei Dinge zu berücksichtigen:

1. Eine kabbalistische Namensdeutung kann nur den Rahmen erfassen, in dem sich ein individuelles Leben bewegt; ob nun jemand willens ist, sein ganzes Potenzial zu erforschen und zu leben, oder ob er unter seinen Möglichkeiten bleibt, ist aus den Zahlen *allein* nicht abzulesen. Dazu muss man schon den Betroffenen selbst treffen und sprechen.

2. Das Bild eines Menschen entsteht nur dann einigermaßen richtig, wenn alle in ihm waltenden Kräfte, ob einander unterstützend oder behindernd, erfasst und *richtig* in einem Zusammenhang gebracht werden. Im Kapitel »Die Zahl des Charakters« ist auf diese Problematik hingewiesen worden, und die 81 aufgelisteten Typen können nicht mehr als nur eine Momentaufnahme bieten. Wer hier tiefer in die Materie eindringen will, muss dafür ein Gefühl entwickeln, muss viele Menschen, deren Charakter und Schicksal er einigermaßen kennt, gedeutet haben. In Worten wird das nicht immer nachvollziehbar sein, da unmöglich jedes einzelne Detail auflistbar ist. Der erfahrene Kabbalist wird die besondere Rhythmik oder eben Ungereimtheiten in Namen und Geburtszahlen erspüren. Bisweilen ist es oft sehr schwer, den richtigen Namen auszuwählen. Ist das exzentrische Schachgenie nun mit »Bobby Fischer«, »Robert Fischer« oder »Robert James Fischer« zu berechnen? Der praktizierende Kabbalist ahnt schon angesichts des Charakters, welche Zahlen er bei einem Menschen erwarten darf.

3. Wird ein Mensch mit seinen Zahlen (= Eigenschaften) konfrontiert, sind vielfach Charakteristika dabei, die der Betroffene an sich vielleicht gar nicht wahrgenommen hat oder die er gerade abzulegen bemüht ist. Oder die er nicht mag und schlichtweg verdrängt hat – was der häufigste Fall ist. In der Beratung tätige Menschen wissen damit umzugehen. Wer sich erstmals hobbymäßig auf das Gebiet der Namens- und Zahlendeutung hinauswagt, ist gut beraten, hier vorsichtig vorzugehen. Ein triumphierendes »Du musst so sein, die Zahlen lügen nicht!« wird nur in Ausnahmefällen hilfreich sein.

Um den Einstieg zu erleichtern, gebe ich hier einige Hinweise, wie man einen roten Faden finden kann. Gehen wir einmal von Berufsgruppen aus und sehen wir, ob sich hier gemeinsame Charakteristika finden lassen.

Künstler

Feinfühlige Menschen haben fast immer eine 2 oder eine 7 an prominenter Stelle in ihren Zahlen. Doch Vorsicht vor Generalisierungen – ein intellektueller Essayist braucht andere Fähigkeiten als ein Schauspieler oder ein Bildhauer. Allen gleich ist der kreative Moment bzw. Vitalität und Ausdauer (wenn sie Ruhm erlangen wollen). Die 1, die für Schöpferkraft steht, kommt eher bei Denkern vor, sie symbolisiert Schaffenskraft, gesellschaftliche Anerkennung, Vorbildfunktion. Bei Schauspielern ist eine Vielzahl von Charakteren vertreten, einfühlsame 2er, ehrgeizige 3er, charismatische 7er. Originelle, exzentrische, ungewöhnliche Darsteller weisen eine 4 auf. (Buster Keaton, Jean Paul Belmondo, Anthony Hopkins, Meryl Streep, Susan Sarandon, Audrey Hepburn usw.)

Schauspielerinnen, die zu Prototypen der Weiblichkeit wurden, sind 2er-Menschen: Sophia Loren, Liz Taylor, Marilyn Monroe, während Bardot zwar ein 2er-Name ist, die Gesamtzahl mit Brigitte aber eine venusische 6 ergibt.

Bei Regisseuren ist fast immer die Zahl 7 bzw. 4 auffallend vertreten.

Prinzipiell lässt sich bei Künstlern die Unterscheidung treffen, ob ihr Zugang stärker vom Kopf (= 5) oder vom Gefühl (= 2) her kommt. Typisch zu sehen bei den Sängern

Cher oder Michael Jackson, die an 2er-Tagen geboren wurden. Dagegen dominieren bei Madonna (= 9) die Willenszahlen (an einem 7er-Tag geboren). Die Diva Maria Callas wurde an einem 4er-Tag geboren. An ihren Spannungen zerbrachen Jimi Hendrix (Gesamtnamenszahl ist eine saturnische 8, die zum sonnenhaften Namen Hendrix, ist 1, in Opposition steht) oder Jim Morrison (an einem 8er-Tag geboren, ein 1er-Name).

Hingegen lebt der Illusionist David Copperfield nicht schlecht davon, dass er sich verwandelt. Die Zahl der Verwandlung ist 7: David ergibt den Zahlenwert 7, dito der Gesamtname, und an einem 7er-Tag ist der Bühnenzauberer auch geboren.

Politiker

Politiker haben oft eine 9 (Vitalität und Ausstrahlung) bzw. eine 1 (Energie und Willen). Sind es eher diplomatische Naturen, ist die 6 häufig. Die Präsidenten Jimmy Carter, Bill Clinton und Boris Jelzin sind nicht nur alle an einem 1er-Tag geboren, auch ihre Namenszahl ergibt 1.

Die Machtzahl 7 ist ebenfalls häufig anzutreffen, nicht dagegen die sensible 2. Auch wenn sich das Bild des Politikers wandelt, Ehrgeiz (3) oder der Drang nach Macht (7) werden bei führenden Köpfen immer wieder anzutreffen sein.

Wissenschaftler

Physiker werden die 5, die Zahl des Intellekts, an bevorzugter Stelle haben. Albert Einstein ist an einem 5er-Tag geboren worden. In der indischen Astrologie steht die Venus (= 6) in Bezug zur Physik. Entscheidend ist dabei nicht so sehr das Fach, sondern die Herangehensweise: Ein bohrender Forscher wird sicher in seinen Zahlen eine 7 an bedeutsamer Stelle haben, ein besonders optimistischer eine 3, ein Grübler und pessimistisch gesinnter Denker eine 8 usw. Bei ungewöhnlichen Denkern und originellen Geistern ist eine 4 zu erwarten (z. B. bei Erfindern und etwas abwegig erscheinenden Philosophen).

Abenteurer/Reisende

Hier ist die 7 bzw. die 9 die Antriebskraft bzw. die 1, wenn die Motivation eher wissenschaftlicher Natur ist (z. B. Sven Hedin, ein 1-3er), Roald Amundsen ist an einem 7er-Tag geboren. Die Zahlen 1 und 9 hat im Tag der Geburt und im Namen der Schriftsteller Ian Fleming, der mit James Bond einen Abenteurer-Prototypen geschaffen hat. Dagegen hat der Extrembergsteiger Reinhold Messner, der mit besonders guter Planung und großer Vernunft an seine Abenteuer herangeht, eine 8 an bevorzugter Stelle (wer würde sich sonst so oft in sauerstoffarmen Regionen herumquälen?)

Abenteuerinnen, die ihre Erotik einsetzen, werden an bevorzugter Stelle eine 6 (= Venus) oder eine 4 (= Unkonventionalität) besitzen.

Rechtsanwälte

Da die saturnische Zahl 8 das Karma bzw. die »Waage der
Gerechtigkeit« repräsentiert (das galt schon bei den Griechen; in der Astrologie steht der Saturn im Zeichen Waage
besonders gut!), verwundert es wenig, wenn sie im Namen
oder im Geburtstag bei Rechtsvertretern gehäuft vorkommt.
Ferner wird die Jupiterzahl 3 wiederholt zu finden sein.

Sportler

Hier hängt alles davon ab, ob Ausdauer gefragt ist, brutale
Kraft oder Gefühl. Tennisspieler besitzen sehr häufig eine 2
bzw. 7 in ihren Zahlen: Patrick (= 21/3) Rafter (= 22/4) hat
die Namenszahl 7, Mark Philippoussis ist am 7.11.1976
geboren, auch Sergi Bruguera (16.1.1971) ergibt einen 7er-
Tag), Anna Kurnikowa ist an einem 7.6. geboren. An einem 2-er Tag geboren sind Monica Seles, Jimmy Connors,
dessen Name übrigens 7 ergibt, oder Thomas Muster. Einen
7er-Namen haben auch Boris Becker und Steffi Graf. Athle-
ten sind 8er: Bob Beamon, Carl Lewis und Mike Powell haben allesamt 8er-Namen.

Mode

Da Mode eine venusische Angelegenheit ist, wird es wenig
verwundern, dass Coco Chanel und Karl Lagerfeld die Namenszahl 6 haben (und beide an einem 1er-Tag geboren

sind, was ihren unternehmerisch-gesellschaftlichen Erfolg repräsentiert). Kreatives Einfühlungsvermögen ist auch durch die Zahl 2 symbolisiert (Gloria Vanderbilt, Pierre Cardin und Gianni Versace wurden an einem 2er-Tag geboren, Christian Dior hat einen 2er-Namen). Die Schaffenszahl 1 wird gehäuft auftreten, wenn auch starker unternehmerischer Erfolg mit im Spiel ist.

Zelebritäten (allgemein)

Bei berühmten Menschen ist am häufigsten die Doppelzahl 22 zu finden. Der beste Tennisspieler aller Zeiten, Pete (= 22) Sampras (= 22), hat einen idealen Namenswert, wobei die Grundzahl des Gesamtnamens eine 8 ergibt, was die unglaubliche Beharrlichkeit und Ausdauer widerspiegelt. Am zweithäufigsten findet sich die Zahl 17.

Im Übrigen hängt es davon ab, wie »kräftig« die Zahlen sind bzw. wie gut sie harmonieren. Förderlich ist die Übereinstimmung von Geburts- und Namenszahl, also entweder eine Verdoppelung 1-1er, 2-2er, 3-3er usw. oder Harmonie wie 2-7. Sie werden im Leben zumeist eine hervorragende Rolle spielen – sofern sie es selber wollen; das Zeug dazu haben sie zumeist.

Langlebige

Ganz alte Menschen haben sehr häufig die Zahl 2 bzw. 7 betont: Jeanne Calment (älteste Frau der Welt, die 120 wurde) und Annette Kolb (97 Jahre) hatten 2er-Namen. Der

Schriftsteller Ernst Jünger, der seinen 100er in beachtlicher Frische feierte, kam an einem 2er-Tag zur Welt. Willi Ehrenreich, ein 7er-Name, spielte noch mit 100 Tennis. Der 7er Ludwig Reindl, Erfinder des Tixo-Klebebands, wurde im Jahr 1993 ebenfalls 100 Jahre alt. Der älteste Angestellte der Welt, der US-Amerikaner Milton Garland, ging noch mit 100 in die Firma; sein Name hat den Zahlenwert 7. Der lange Zeit älteste Mann der Welt, Christian Mortensen, wurde an einem 7er-Tag geboren (16. 8. 1882).

Musterinterpretationen

»Gebt euren Kindern schöne Namen,
Darin ein Beispiel nachzuahmen,
Ein Muster vorzuhalten sei.
Sie werden leichter es vollbringen,
Auch guten Namen zu erringen;
Denn Gutes wohnt dem Schönen bei.«

(Friedrich Rückert)

Der Tycoon

Versuchen wir nun gemeinsam, das Schicksal und den Charakter von Menschen anhand einiger Musterinterpretationen zu deuten.

Folgendes Porträt stand in einer österreichischen Tageszeitung zu lesen: »Sensibilität ist nicht Assmanns Stärke. Härte im Geschäftsleben brachte ihm sein Firmenimperium ein.« Die Rede ist von Emmerich Assmann, Österreichs nahezu einzigem (privatem) Waffenhersteller. Berüchtigt wurde er schon Jahre früher, noch in der Aufbauphase seines Firmenkonglomerates, als ihn ein Wirtschaftsmagazin als »Österreichs härtesten Industriellen« bezeichnete. Wenn nun getreu unserer Annahme die Zahlen den Charakter bzw. Lebenslauf eines Menschen spiegeln, welche Zahlen wären dann bei diesem Geschäftsmann zu erwarten?

Wer ein bisschen Erfahrung in der kabbalistischen Namensanalyse hat (oder im Kapitel »Die Zahl des Charakters« nachblättert) käme auf die Zahl 9 (steht für aggressiv-kriegerisch) bzw. die Zahl 8 (Härte). Beginnen wir beim Geburtsdatum: 8. 1. 1926. Die für einen Menschen wesentliche Zahl, die (einstellige) Zahl des Tages der Geburt, ist eine 8. Verstärkt wird die Wirkung der saturnischen 8 noch durch den Geburtsmonat Januar (österreichisch Jänner), der in unserem System nicht den Wert 1, sondern 8 (= Steinbock) erhält. Den Lebensverlauf dieses Mannes kann man auf einen Blick durch die Quersumme der Jahreszahl feststellen – 1926 = 1 + 9 + 2 + 6 = 18 = 9, also kämpferisch.

Zur 8 heißt es, dass Menschen mit dieser Zahl entweder einen sehr schwierigen Lebensweg haben oder nach langen Kämpfen Ruhm und Geld einheimsen. Sie neigen zum Fanatismus, sind tapfer und kompromisslos und haben fast immer unter Anfeindungen zu leiden. Tatsächlich wurde Assmann vielfach von Politikern hofiert, um Arbeitsplätze zu erhalten, gleichzeitig erfuhr er viel Kritik ob seines Gewerbes, das er mit sturer Zähigkeit verteidigt: An ein Einstellen der Waffenproduktion, ließ der leidenschaftliche Jäger wissen, denke er nicht.

Nun zum Namen: Emmerich hat den Zahlenwert 29 (5 + 4 + 4 +5 + 2 + 1 + 3 + 5) und Assmann den Zahlenwert 22 (1 + 3 + 3 + 4 + 1 + 5 + 5). Die Doppelzahl des Namens ist 51. Die wichtigste der drei Zahlen ist die des gesamten Namens. Von der 51 heißt es: »Diese Zahl eignet die symbolische Entsprechung des Krieges und kennzeichnet Offiziers- und Soldatentum.« Das passt nicht schlecht zu dem Waffenproduzenten, der übrigens Offizier der Reserve ist. Die Grundzahl seines Namen ist die 6 (51 = 5 + 1), was überrascht, steht diese Zahl doch für die Kraft der Venus, für Sinnlichkeit, Harmonie, Friedensliebe. Aber er ist ein 8-6er, von dem es heißt: »Für 8-6er ist Angst vor Ablehnung charakteristisch, die sich häufig in schroffem Verhalten oder Arbeitswut Luft macht.«

Doch die 6 passt nicht recht zu seinem kriegerischen Selbstverständnis und herrischen Auftreten als Unternehmenspatriarch. Handelt es sich hier um eine unausgelebte Fähigkeit? Oder steht der »Liebeszahl 6« etwas entgegen? Betrachten wir die zweistelligen Namenszahlen genauer: Emmerich ergibt 29, von der es heißt: »Kummer auf dem Gebiet der Liebe und Ehe.« Der Nachname Assmann ergibt den Wert 22, eine Zahl, die entweder auf Illusion oder großen Erfolg hinweist und vor Selbsttäuschungen warnt. Wenden wir uns zur Bestätigung an das eingangs erwähnte Zeitungsporträt. Dort ist u. a. zu lesen: »Familiäre Eckpunkte sucht man vergebens. Hier war Assmann auch weniger erfolgreich; eine gescheiterte Ehe mit (…): Sein Sohn Emmerich landete nach einem wirtschaftlichen Sturzflug hinter schwedischen Gardinen. Die Vater-Sohn-Beziehung sei ›fast schon pervers‹ gewesen, gab der Verteidiger damals zu Protokoll. Aber das haute den Senior nicht um.«

Ein Mann, der fast krankhaft an seiner Weltanschauung festhält, auch um den Preis einer zerstörten Familie: Die Eigenwilligkeit wird auch durch die 4 dokumentiert, die die Grundzahl des Nachnamens ausmacht; sie hat zwar nicht vorrangige Bedeutung, liefert aber einen Hinweis. Wobei hier etwas zu beobachten ist, vor dem in der kabbalistischen Literatur immer wieder gewarnt worden ist: Eltern sollten ihren Kindern niemals den eigenen Namen geben. In dem hier geschilderten Fall erwartete der Vater vom Sohn das gleiche Wesen, doch der Sohn zerbrach an den väterlichen Anforderungen.

Unternehmer und Manager

Was sind das eigentlich für Menschentypen, die Macher unserer Wirtschaft? Welche Eigenschaften finden sich am häufigsten unter Managern und Unternehmern? Ist es Ausdauer und Härte (wäre die Zahl 8)? Oder der Drang, etwas zu schaffen (1)? Oder der Wille zur Macht(7)?

Meine erste Entdeckung war, dass man scharf trennen muss zwischen Unternehmern und Managern. Manager sind zuallererst Verwalter und – auch wenn sie noch so bekannt sind und Millionen einstreichen – letztlich Angestellte. Erfolgreiche Unternehmer haben zumeist ein anderes Naturell. André Leysen, ein belgischer Unternehmer, der zuerst eine Reederei aufbaute, dann die deutsch-belgische Agfa-Gevaert-Gruppe leitete und außerdem noch die größte flämische Tageszeitung, *De Standaard,* sanierte, schreibt in seinen Erinnerungen: »Ausgehend von einem Überfluss an Fakten und Gegebenheiten, muss man mit intuitivem Einfühlungsvermögen die richtige Entscheidung treffen. Darin offenbart sich das Talent des Unternehmens (…).« Daneben betonte Leysen noch die Fähigkeiten Menschenkenntnis, Vertrauen, Entschlusskraft und Hausverstand (d. h. der auf die alltäglichen Dinge des Lebens gerichtete praktische Verstand) neben der Bereitschaft, erworbenes Wissen über Bord zu werfen, sowie Durchhalten bis zum Äußersten, wenn man einmal etwas begonnen hat.

Spiegelt sich das auch in seinen Zahlen? Die Fähigkeit zur Intuition zeigt sich schon in seinen Geburtsdaten: 11. 6. 1927. Ein 2er also. Auch wenn vielen Unternehmern Ausbeutertum nachgesagt wird, habe ich doch häufig bei ihnen die »Mondkraft« 2 gefunden – die Intuition und Fähigkeit, sich einfühlen zu können. Eine Zahl, die auch soziales Gewissen vermuten lässt.

Seine Zähigkeit finden wir kabbalistisch im Vornamen: André = 17/8. Die Bereitschaft zu unkonventionellem Denken, sich zu lösen von überkommenen Ansichten, findet sich in seinem Nachnamen – Leysen = 22/4. Die Gesamtnamenszahl (17 + 22 = 39/3) beweist den Ehrgeiz dieses Mannes.

Laut kabbalistischer Lehre passt zur Zahl 2 am besten die Zahl 7 – die Zahl Plutos, dessen vielleicht hervorstechendstes Merkmal der Wille zur Macht ist – ein Merkmal, das sich bei Unternehmern *und* Managern häufig findet.

Der Erfinder des bekannten Klebebandes Tixo, der 1993 seinen 100. Geburtstag feierte, kam an einem 16.5. zur Welt, also ein 7er. Seine Namenszahl ergibt wiederum 7: Ludwig (= 23/5) und Reindl (20/2) ergibt 43/7.

Die Namenszahlen einiger berühmter deutscher Unternehmer:

- Konrad Henkel: 21/3 + 25/7 = 46/1.
- Werner Otto: 25/7 + 22/4 = 47/2.
- Reinhard Mohn: 25/7 + 21/3 = 46/1 (geboren an einem 2er-Tag).
- Max Grundig: 11/2 + 24/6 = 35/3 (Grundig ist übrigens an einem 7er-Tag geboren – 7.5.1908).
- Heinz Nixdorf: 23/5 + 33/6 = 56/2.
- Axel Springer: 15/6 + 29/2 = 44/8.

Und welche Zahlen hat der deutsche Sanierungsmanager Gerhard Cromme, dem nachgesagt wird, er sei brutal und machtlüstern? Gerhard (= 22/4), Cromme (= 25/7), die

Grundnamenszahl lautet somit 2 (22 + 25 = 47/11/2). Geboren ist Cromme am 25.2.1943, also an einem 7er-Tag. Zwei Mal die 7 weist durchaus auf einen starken Willen zur Macht hin. Geboren ist er übrigens im Jahre (19) 43 ...

Diese Auswahl an deutschen Unternehmern ist nicht repräsentativ, zeigt aber, dass die Zahlen 7 und 2 am häufigsten in den Charakterprofilen vorkommen.

Hier die Daten einiger amerikanischer Manager:

- Andy Grove, lange Jahre Leiter des Chipherstellers Intel: Andy (= 11/ 2) Grove (= 23/5) ergibt als Grundnamenszahl 34/7. Geboren ist Grove an einem 2.9., also ein perfekter 2-7er.

- Lou Gerstner, der die Kommandobrücke des schlingernden Flaggschiffs IBM zu einer kritischen Zeit übernommen hatte: Lou (= 16/7) Gerstner (= 29/2) ergibt als Grundnamenszahl 9 (7 + 2). Geboren am 1.3., ist Gerstner ein 1-9er.

- Bob Palmer, einer der Chefs beim Computerhersteller Digital: Bob (= 11/2) Palmer (= 23/5) ergibt eine 7 als Grundnamenszahl. Geboren ist er an einem 11.9., also ein 2er-bzw. 2-7er.

- Ben Rosen, Vorsitzender der Computerfirma Compaq: Ben (= 12/3) Rosen (= 22/4) ergibt 34/7. Geboren ist er an einem 11.3. (= 2), also wiederum ein 2-7er.

- Scott McNealy, Chef des Computerkonzerns Sun: Scott (= 21/3) McNealy (= 22/4) ergibt eine Namensgrundzahl 7 (21 + 22 = 43 = 7). Geburtstag hat er am 13.11., also ein 4er bzw. 4-7er.

- Auch der aggressive australisch-amerikanische Medien-Tycoon Rupert Murdoch ist an einem 2er-Tag geboren:

11.3.1931. Rupert (= 27/9; Mars=Aggression), Murdoch (= 31/4, Originalität, Wille zur Selbstständigkeit). Ein interessanter 2-4er.

Die häufigsten Eigenschaften erfolgreicher Wirtschaftsleute sind also 2 (Intuition, Einfühlungsvermögen) und 7 (Wille zur Macht). Daneben tauchen noch 4 (= Wunsch nach Selbstständigkeit) und 1 (Schaffensdrang) häufig auf.

Vor diesen Analysen hatte ich eigentlich als häufigste Zahlen 8 (Ausdauer, Härte) und 3 (Ehrgeiz, Geld) erwartet. Etwa wie beim von Porsche zur VW-Spitze gewechselten Ferdinand Piëch, dessen Namenszahl 3 ergibt und der an einem 8er-Tag geboren ist.

Übrigens: Winston Churchill und Helmut Kohl haben dieselben Zahlen, bloß umgekehrt wie Piëch, es sind beide 3-8er. So lässt sich kabbalistisch eine innere Verwandtschaft und Motivation zwischen dem deutschen und verstorbenen englischen Politiker beweisen. Wogegen der machtbewusste und etwas unberechenbare General de Gaulle unter dem Einfluss der Zahlen 4 und 7 stand.

Nicht nur für die »Hardliner« unter den Gewerkschaftern haftet dem Unternehmertum immer das Odium des Ausbeuterischen an. In der Regel ist das falsch. Gerade deutsche Unternehmer haben eine lange Tradition sozialen Denkens ihren Angestellten gegenüber. Ein solcher Mensch war beispielsweise Werner (= 25/7) Otto (= 22/4), der Versandhauskönig. Darauf deutet die Grundzahl seines Namens, die 2 (7 + 4 = 11/2) hin. Geboren wurde der Sohn eines Kaufmanns am 13.8.1909. Seine Grundzahl der Geburt war damit die 4, die nicht selten bei Selbstständigen vorkommt. Allerdings sollte man von einem erfolgreichen

Großunternehmer ein regelmäßiges Leben erwarten, ganz dem Wohl und dem Wehe der Firma untergeordnet – was wiederum überhaupt nicht zu einem 4er passt. Wir werden sehen ...

Im Alter von 17 (= 8, keine gute Zeit für 4er-Menschen!) muss er das Gymnasium verlassen, da sein Vater, ein Lebensmittelgroßhändler, nach einem Konkurs das Schulgeld nicht mehr aufbringen kann. Er engagiert sich politisch im Untergrund (4er müssen gegen die Herrschaft rebellieren), was ihm zwei Jahre Haft einbringt.

Im Alter von 21 kauft er mit einem kleinen mütterlichen Erbe einen Zigarrenladen. Er baut dann mit geradezu besessener Energie ein Versandhandelsunternehmen auf. Er heiratet zwei Mal, doch beide Ehen scheitern jeweils im 7. Jahr (o Werner!). Er raucht wie ein Schlot und hat Übergewicht, arbeitet nächtens und am Wochenende. Er wirkt im Schnitt 16 (= 7) Stunden. 1962 wirft ihn ein Herzinfarkt um. Der kluge 4er zieht die richtige Konsequenz daraus und ändert seine Lebensführung. Fette Speisen, Rauchen – Schluss damit. Er sucht sich Partner (wo er früher alles allein gemacht hat) und verkauft Anteile. Dieser drastische Wechsel ist ganz typisch für 4er. Mit 57 zieht er sich vom Versandhaus zurück, um noch einmal von vorn zu beginnen, indem er Europas größte Bauträgergesellschaft aufbaut. Wie heißt seine zweite Firma? Was mit Bau und Struktur zu tun hat, sollte einen Namen besitzen, der 8 ergibt. Aber nicht bei einem 4er – die Firma lautet auf ECE, was den Zahlenwert 13/4 hat.

Ein Porträt beschreibt ihn als einen Menschen, der eigensinnig »stets seine eigene Linie verfolgt« (typisch 4), »immer bereit, Fehlentwicklungen kompromisslos zu korrigieren«. Doch dieser Mensch sagt auch, »ein Unternehmen ist eine Gemeinschaft von Menschen«, ein sozialer Anspruch, wie er für die Zahl 2 typisch ist.

Dass sich die Zahl 4 (Unruhe, Umbruch, Verlassen) mit der Zahl 2 (Zuhause, Heimat) oft nicht verträgt, zeigt sein Lebenswandel. Er sagt von sich: »Ich klebe eigentlich nirgendwo dran.« Weshalb er mehrere Wohnsitze sein Eigen nennt und sogar mit 90 viel reist (»Ich liebe den Wechsel«, das sagen vor allem 4er). Er gilt als »Ausnahmeunternehmer« und »Ausnahmemensch« (8 = die Regel, 4 = die Ausnahme). Auf seinem Geld bleibt er nicht hocken, er zählt zu den großen Mäzenen Deutschlands.

Die Zahl der Kommunikation

Wir leben im Zeitalter der Medien. Kein Tag vergeht, ohne dass ein Fernsehunterhalter seinen Kopf in unsere Wohnzimmer steckt. Haben diese Show-Master etwas gemeinsam, das sich in den Zahlen ausdrückt?

Sie sind alle Quasselstrippen, reden gern, schnell und viel. Sie sind schlagfertig und kopflastig. Das deutet auf die Kommunikationsenergie des Merkur, also auf die Zahl 5, hin. Energie, Ausdauer und Durchhaltevermögen brauchen sie auch; für diese eher physischen Energien ist die Zahl des Geburtstages zuständig. Ferner kommen in Frage die manchmal zur Ellbogentechnik neigende Durchsetzungskraft des Mars (= 9), nicht zu vergessen die joviale Venus (= 6), denn ohne Zuneigung für sein Publikum stellt sich kaum jemand jahrelang (erfolgreich) auf die Bühne. Ehrgeiz (= 3) wäre ebenfalls denkbar.

Apropos Erfolg: Von der Doppelzahl des Namens kämen wohl die 19, die 23, die 27 und 32 in Betracht; besonders Letztere, die neben Berühmtheit auch noch Kontakt mit vielen Menschen vieler Nationen verheißt. In der Tat, der Nachname der flotten Bärbel, Schäfer (Ä = a+e) ergibt 32. Durchleuchten wir also ein paar prominente TV-Unterhalter.

- Rudi Carrell: Rudi als Zahl ergibt 13, der Nachname des Holländers 19, in Summe also 32. Die Grundzahl des Namens ist somit wie prophezeit die 5. Die 13 ließ erahnen, dass in seinem Leben nicht alles glatt laufen würde, dass es gravierende, unerwartete Umbrüche und Neuanfänge geben müsse. Die 19 verheißt ihm zum Ausgleich Glück, Erfolg und Ehre.

- Thomas Gottschalk: Thomas ist 24, Gottschalk 35, zusammen 59. Die Grundzahl ist also wiederum die 5. Was die Doppelzahl betrifft, so liegt 59 zwar außerhalb unseres Deutungsschemas (das ja nur bis 52 reicht), im Grunde kann aber 59 ähnlich wie die Zahl 32 interpretiert werden. Die Zahl seines Vornamens weist darauf hin, dass er sein Publikum durch Anziehung (6 = die Zahl der Venus) erobern kann, was bei dem blond gelockten Strahlemann ja einigermaßen zutrifft. Die Zahl seines Nachnamens gibt einen Hinweis darauf, dass beruflich nicht immer alles glatt laufen wird, dass Saturn (35/8 = Saturn) den alerten Aufsteiger wieder bremsen wird, dass er aber die Spitze lange behalten wird, wenn er sie einmal erklommen hat.

- Peter Alexander: Ein erklärtes Vorbild von Gottschalk, das sich schon seit Jahrzehnten im Showgeschäft behauptet, ist Peter Alexander. Seine Zahlen verraten, warum: Peter erhält den Zahlenwert 24 (wie Thomas), wogegen der Künstlername Alexander (= 32) schon auf eine uns bekannte Deutung hinweist: rosige Zukunftsaussichten für Menschen mit Unternehmungslust. Die Grundzahl des Namens Peter Alexander ist die 2. Übrigens verheißt die Doppelzahl 24 »glückhafte Liebesbindungen«, und tatsächlich wird Peter Alexander schon seit Jahrzehnten von seiner Frau gemanagt (angetrieben?); vielleicht ist diese unterstützende Kraft auch im Falle Gottschalks ausschlaggebend. Während Carrell und Gottschalk durch ihr Mundwerk überzeugen (ausgedrückt in ihrer Merkurzahl 5), erobert Alexander sein Publikum durch seine schauspielerischen und Gesangesfähigkeiten, ganz klar in der Gefühlszahl 2 (= Mond) ablesbar.

- Stefan Raab: Einer der erfolgreichsten unter den jungen Mundwerkern im deutschen Privatfernsehen ist Stefan Raab: (= 26/8) Raab (= 6), 8 + 6 = 14/5!

- Dass eine Showsendung sowohl in Österreich als auch in Deutschland »Vera« heißt, ist auffällig – aber kabbalistisch nicht verwunderlich, da »Vera« (= 14/5) wiederum die Zahl der Kommunikation ergibt. Würde man neben den Namen noch die Zahlen des Geburtstages berücksichtigen, fände man sicherlich noch weitere 5er.

Die Tänzerin

Nehmen wir auch hier eine Berühmtheit und überprüfen, wie weit sich ihr Leben in den Zahlen nachvollziehen lässt. Martha Graham erlangte Weltruhm als die Begründerin des »Modern Dance«. Die Tänzerin, Choreografin und Tanzpädagogin erlebte das seltene Alter von 96 Jahren. Choreografie/Pädagogik weist auf die Zahl 6 bzw. 7 hin. Ihr hohes Alter könnte auf eine 2 (= die Zahl der weiblichen Kraft) zurückgehen. Ihr künstlerisches Können verlangt (neben der 6) eventuell eine 7 oder eine 2. Auch der Ruhm müsste kabbalistisch »zum Vorschein« kommen: an erster Stelle die 22 oder die 17; in Frage kämen noch die 19, die 21, eventuell 23, 27 und 32 (bzw. die um 9 höheren Äquivalente).

Martha Graham wurde am 11. 5. 1894 in Pennsylvania geboren, ist also eine 2, denen man Einfühlungsvermögen und künstlerische Begabung nachsagt. Ihr Tierkreiszeichen ist der Stier, der dem Planeten Venus (= 6) zugeordnet ist. Ihr Lebenslauf muss den Zahlen zufolge durch eigenwillige Leistungen und Anschauungen, durch Neuerungen gekennzeichnet sein (1894 = 1 + 8 + 9 + 4 = 22/4!; die 22 deutet zusätzlich auf »hohe Berufung im Leben« hin).

Nun zum Namen: Martha hat den Zahlenwert 17 (4 + 1 + 2 + 4 + 5 + 1), Graham den Zahlenwert 16 (3 + 2 + 1 + 5 + 1 + 4). Die Doppelzahl des Gesamtnamens ist somit 33, die Grundzahl 6. Vom Typ her ist sie also eine 2-6. Die 6 ist eine Zahl, die für Feinsinnigkeit und »künstlerisches Gestaltungsvermögen« steht.

Die Doppelzahl 33 wird gedeutet wie die 24, die Liebesglück und nutzbringende Teilhaberschaften verheißt. Tatsächlich erlangte Martha Graham, die als Soloartistin debütierte und dann eine Frauentanzgruppe aufbaute, erst Ruhm mit ihrer großen Dance Company (bei der dann auch Männer dabei waren, was auf gute Teamfähigkeit hinweist). Der Vorname Martha hat den Wert 17, was irdischen Nachruhm verspricht, in der Grundzahl 8 aber ein hartes Arbeitsleben bedeutet (hier entstammt auch der stark gegenwarts- und realitätsbezogene Aspekt ihrer Arbeit). Der Nachname Graham weist auf Grund der Zahl 16 auf Katastrophen hin, die aber auch als Herausforderung bzw. als Lernprozess gedeutet werden kann. Die Grundzahl 7 des Nachnamens ist wieder ein Hinweis auf »begabte Künstler und Pädagogen«.

Ein Wort noch zu ihrem ungewöhnlichen Alter. Kabbalistisch gesehen, vollendet sich ein Menschenleben mit 81 (9x9) bzw. 84 (12 Tierkreiszeichen mal die 7 klassischen Planeten) Jahren; jedes Jahr darüber hinaus kann als »Geschenk der Götter« angesehen werden. Wie schon erwähnt, ergibt die Quersumme des Geburtsjahres, zu diesem addiert, immer ein bedeutungsvolles Jahr im Leben eines Menschen. Manchmal setzt sich diese Synchronizität bis zum Tod fort. Das ist bei Martha Graham der Fall:

1894 (das Jahr ihrer Geburt)
+ 22 (Quersumme aus 1894)
1916 (1 + 9 + 1 + 6 = 17)
+ 17
1933 (1 + 9 + 3 + 3 = 16)
+ 16
1949 (1 + 9 + 4 + 9 = 23)
+ 23
1972 (1 + 9 + 7 + 2 = 19)
+ 19
1991 (ihr Todesjahr)

Der Vollständigkeit halber soll erwähnt werden, dass sie wiederum an einem 2er-Tag starb (2. 4. 1991), unter derselben Kraft, die sie ins Leben rief.

Politiker

Ein europäischer Staatsmann

In der Regel ist bei Politikern eine Zahl immer zu finden: die 7, der Wille zur Macht. Daneben zeigen sich viele Veranlagungen – Zähigkeit (8), eine große Berufung fühlen (3), große Vitalkraft (9), viel Diplomatie (6).

Die Zahl 3, als Zahl Jupiters Vertrauen in eine göttliche Führung bzw. die eigene Mission andeutend, findet sich bei geborenen Staatsmännern, die bisweilen zu Hochmut und Herrschsucht neigen, wie Cheiro betonte. Helmut Kohl ist ein typischer Politiker unter dem Einfluss der Zahl 3: Am 3. 4. 1930 geboren, weist sein Tierkreiszeichen Widder (= 9) auf marsische Durchsetzungsenergie hin, während sein phänomenales Beharrungsvermögen ganz klar eine 8 sein muss. Tatsächlich ergibt »Kohl« den Zahlenwert 17 (= irdischer Nachruhm), was mit der Grundzahl 8 gleichzusetzen ist, die auch den Wert des gesamten Namens ausmacht, da sein Vorname Helmut die Zahl 27 (weist auf Ruhm hin) ergibt, was bekanntlich den Gesamtwert nicht verändert, da 9 zu jeder Zahl addiert oder subtrahiert werden kann, ohne dass sich dadurch die einstellige Ziffernsumme verändern würde. Man kann Kohl auch ohne das stimmlose »h« deuten, wie ich es in diesem Buch empfehle, dann ergibt der Name den Zahlenwert 12 respektive 3 – Helmut Kohl wäre dann dank seines Geburtstages eine doppelte 3, was ein besonders gehobene Rolle und ein glückhaftes Leben verspricht. Es soll nicht unerwähnt bleiben, dass die an sich förderliche Doppelzahl auch von »Anfechtungen« spricht. Aber immerhin – der Nachruhm ist garantiert.

Wo aber bleibt die 7? Im Kapitel »Die Zahl des Lebensweges« wird eine Methode vorgestellt, mit der man die Zahl der Biografie berechnen kann, und die ergibt bei Kohl exakt die fehlende Zahl (Tag der Geburt [= 3] plus Zahl des Monats [= 9] plus Zahl des Jahres [= 13/4] ergibt die Grundzahl 7). Übrigens weist die Doppelzahl seines Geburtsjahres, die 13, deutlich darauf hin, dass er im Verlauf seiner politischen Karriere mit plötzlichen Veränderungen bzw. unerwarteten Ereignissen zu rechnen haben wird, da die Zahl ganz klar vor »Missbrauch der Macht« und »Spekulationen« warnt. Tatsächlich bekam das Denkmal Kohl 1999 sehr unschöne Kratzer ab, als eine Affäre mit Spendengeldern aufflog. Dass sein Leben an einer Wende stand, zeigt die Addition seiner Jahreszahlen: 1930 (= 13) plus 13 = 1943 plus 17 = 1960 plus 16 = 1976 (Kohl musste bei den Bundestagswahlen F.-J. Strauß die Kanzlerkandidatur überlassen, obwohl er seit 1976 Kandidat seiner Partei für dieses Amt war), plus 23 = 1999 (jenes Jahr, in dem seine lange politische Karriere zu Ende ging). An die Macht kam Kohl 1982, nachdem die sozialliberale Regierungskoalition über ein Misstrauensvotum gestürzt war. Damals war er 52 (= 7) Jahre alt. Offenbar ein gutes Jahr, um an die Macht zu kommen, denn dort hielt er sich 16 (= 7) Jahre lang.

Dr. Jekyll und Mr. Haider

Schwieriger ist die Deutung bei einem politischen Chamäleon. Ein 1992 erschienenes Buch nennt Jörg Haider, den Obmann der Freiheitlichen Partei Österreichs, den führenden rechtsextremen Politiker Europas. Tatsächlich ist er nicht wirklich extrem, denn dafür ändert er nach außen hin seine Meinung viel zu oft. Allerdings ist die Kombination 8-9 sehr fixiert – von einmal gefassten Überzeugungen, und erweisen sie sich als noch so schädlich, können sich diese Menschen kaum mehr lösen.

Haider ist ein ungeheuer charismatischer Mann, was auf eine 7 hindeuten würde; er ist aber nicht so visionär-weltfremd, wie es Diktatoren und ihre Schergen zum Teil waren (Hitler, Himmler, Eichmann hatten alle eine 7 in den Grundzahlen). Andererseits ist eine harmoniebedürftige 6 nicht denkbar, da Haider berüchtigt ist für seine Härte gegenüber Parteigenossen mit anderer Meinung – das deutet auf eine 8 hin. Seine jugendliche Vitalität könnte auf eine 9 weisen, bleibt immer noch seine ungewöhnliche Verführungskraft zu eruieren. Die enorme Diskutierlust und Überzeugungskraft könnten auf einer 5 beruhen.

Nun, Jörg Haider wurde am 26. 1. 1950 geboren, und tatsächlich ist die 8 (26/8) auch an seinen harten Gesichtszügen ablesbar. Zum Namen: Jörg ergibt den Wert 18 (ö = oe!) und Haider abermals 18; diese Verdoppelung deutet bereits auf Erfolgsmöglichkeiten hin, wobei aber die zweimalige 18 zeigt, dass er viele Feinde haben wird (was tatsächlich der Fall ist). In der Doppelzahl aus Vor- und Nachname ergibt sich 36, gedeutet wie 27, von der es heißt:

»... symbolisiert Herrschertum, Macht und gehobene Positionen.«

Führungseigenschaften kann man Herrn Haider nicht absprechen, und als »Führer« (und die FP als »Führer-Partei«) wurde er auf Grund seines rigorosen Durchgreifens von den österreichischen Medien wiederholt verspottet. Die Grundzahl des gesamten Namens ergibt 9, was eine starke Vitalität verspricht (in der Tat hetzt Haider in einer One-Man-Show ungezählte Male von Wahlkampfveranstaltung zu Wahlkampfveranstaltung). Die kriegerische Komponente der 9 kommt bei diesem Politiker unübersehbar zum Zuge, da er sich bevorzugt mit den regierenden Parteien anlegt und dabei durchaus kampfeslustiges Vokabular benutzt. Interessant ist, dass eine ehemalige Mitstreiterin Haiders dieselben Zahlen hat, nur umgekehrt: Die Politikerin Heide Schmidt ist am 27. (= 9) 11. geboren, die Grundzahl ihres Namens ist 8 (Heide = 2, Schmidt = 6). Schmidt ließ sich lange Jahre in dieser Partei demütigen und verleugnete ihre liberale Grundhaltung aus opportunistischen Gründen, ehe es zum Eklat kam und sie aus der FP austrat, um eine eigene liberale Partei zu gründen. Zuerst war ihr Erfolg beschieden. Aber das typische Anhaftungsproblem (= fortgesetzter Stellungskrieg gegen ihren einstigen Chef Haider), das die Mars-Saturn-Kombination von 9 und 8 mit sich bringt, brachte sie schließlich zu Fall – ihre Partei schnitt bei den Parlamentswahlen 1999 so katastrophal ab, dass sie bei weitem nicht die nötige Mandatszahl schaffte, um wieder ins Parlament einzuziehen.

Die Kombination aus vitaler, ausdehnender Kraft (9) und zäher, geduldiger, konservativer, zusammenziehender Energie (8) lebt Haider sehr deutlich als Marathonläufer. Sie ist aber auch ein Beleg dafür, dass er einem ungeheuren Kräfteverschleiß im Inneren ausgesetzt ist und dass er kein friedliches Schicksal haben wird, selbst wenn er seine Ziele erreicht. Bereits einmal verlor er den mit immenser Kraft erkämpften Posten eines Landeshauptmannes von Kärnten durch eine sehr unbedachte Äußerung zur Nazi-Vergangenheit. Sollte er sein Fernziel, der Regierung Österreichs als Kanzler vorzustehen, tatsächlich eines Tages erreichen, wird seine ungezügelte Natur und sein polarisierendes Wesen mit großer Sicherheit einen anhaltenden Erfolg verhindern. Ich getraue mich zu prophezeien, dass er diese Position keine volle Regierungsperiode durchhalten würde. Im harmoniebedürftigen Österreich (= 6) kann wohl niemals ein Mars-(9-)Saturn-(8-)Mensch dauerhaft an der obersten Spitze stehen, weshalb klar sein dürfte, dass dieser Politiker in der Opposition seine größte Wirkung entfaltet. Dass er überhaupt ankommt, kann man damit erklären, dass ein Waageland wie Österreich dem Grunde nach sehr konservativ ist (astrologisch gesehen, steht Saturn, symbolisiert in der Zahl 8, in der Waage sehr gut, aber nicht Mars, die Zahl 9). Außerdem ist Haider in einem 6er-Jahr (1950/ 15/6) geboren.

Mit den Zahlen 8 und 9 ist Haiders enorme Wandlungsfähigkeit nicht zu erklären. Für jedes Publikum hat er die passende Maske parat. Psychologen haben versucht, das mit seiner Schwäche – dem unbedingten Wunsch, angenommen und geliebt zu werden – zu erklären. In der Tat besteht seine Lebenshürde in der Zahl 6, die sich aus den Initialen J. H. = 1 + 5 = 6 ergibt (siehe das Kapitel »Die Initialen eines Namens«).

Hitler und die Zahl

Es gibt eigentlich keinen Grund, diese Schreckensgestalt der Geschichte auszugraben. Adolf Hitler hat aber vielfach die Esoteriker beschäftigt – hauptsächlich deshalb, weil a priori so wenig Außergewöhnliches an diesem Menschen war. Viele vermuteten in seinem unheimlichen Einfluss auf die Massen schwarzmagische Fähigkeiten. Lässt sich astrologisch oder kabbalistisch nachweisen, was für ein Monster in diesem Menschen steckte? Nein. Wie schon in den ersten Kapiteln erwähnt, können wir zum Teil die Meister unseres Schicksals sein, nämlich durch die Entscheidung, was wir aus unseren Fähigkeiten machen. Ob wir unsere Kräfte zum Guten oder Schlechten wenden, ist in keinem Schicksalsbuch vorherbestimmt. Es mögen einander aufbauende und zerstörende Kräfte bedingen, aber niemals ist der Weg des Heiligen und des Mörders schon von Geburt an festgeschrieben. Wir können nur strebend uns bemühen …

Zur folgenden Interpretation sei noch angemerkt, dass meine Kenntnisse über das Leben des Diktators nicht über durchschnittliches Allgemeinwissen hinausreichen. Untersuchen wir einmal seine Zahlen:

Hitler wurde am 20. 4. 1889 geboren. Also ein 2er. Sein Name ergibt den Zahlenwert Adolf (= 23) und Hitler (= 20). In der Grundzahl 7 (5 + 2). Also ist Hitler ein »2-7er«. Die Zahlen 2 und 7 passen gut zusammen und verstärken einander. 7 ist, wie wir wissen, eine magische Zahl, die häufig bei getriebenen Naturen auftaucht und etwas Dämonisches an sich hat. (Bei der Berechnung nach Herbert Reichstein ergibt »Hitler« übrigens wiederum die Zahl 7. Reichstein deutet 7 mit »Sieg«, in seiner positiven Bedeutung mit »sieghafter Kampfkraft«, in der negativen Ausprägung »Zerstörungssucht, Fanatismus«.) Die Zahl 2 deutet auf eine empfindliche (wehleidige) Natur mit künstlerischen Ambitionen hin. Tatsächlich wollte Hitler in jungen Jahren Maler werden. »2« steht aber auch für Neptun, in seiner negativen Ausprägung ein Garant für Melancholie, wahnhafte Vorstellungen bis hin zur manifesten Geisteskrankheit.

Aber bleiben wir bei Cheiros Zahlen und Deutungen. Adolf Hitlers Doppelzahl ist 43 (23 + 20), zu der es bei Cheiro heißt: »Sie ist eine Warnzahl und wird durch Bilder von Aufruhr und Zwistigkeiten symbolisiert. Menschen, die dieser Zahl zugeordnet werden, haben sich vor Feinden zu hüten.« Dazu möchte ich aus eigener Erfahrung ergänzen: Menschen mit der Doppelzahl 43 haben starke Erfolgsmöglichkeiten, wirken vor allem auf die Massen anziehend und leiden nicht selten unter Selbsteinschätzung. Ein früher Tod ist möglich.

Die 23 (= Adolf) wird symbolisiert durch den »königlichen Stern des Löwen« und deutet auf Erfolg hin. Seinen Nichtangriffspakt mit Russland (»Hitler-Stalin-Pakt«) schloss er übrigens an einem 23.

Die 20 (= Hitler) verheißt ungewöhnliche Neuerungen. »Der große Ruf zur besonderen Tat ist allgemein mit dieser Zahl verknüpft« (Cheiro). Dass sich Hitler zur Errichtung eines »Tausendjährigen Reiches« berufen fühlte, ist bekannt. In Hinsicht auf den irdischen Lauf des Schicksals steht die 20 in Verbindung mit aufkommendem Unheil. In der okkulten Tradition bedeutet 20 *geistiger* Fortschritt, Wiedergeburt. Was darauf hinweist, dass Hitler seine unleugbaren Fähigkeiten auch positiv hätte einsetzen *können*.

Die Zahl 20 kommt übrigens häufig bei ungewöhnlichen Schicksalen vor, nicht selten mit einer tragischen Komponente verbunden.

Die Addition seiner beiden Grundzahlen, 2 und 7, ergibt 9, gleichzusetzen mit »Kampf«. Den Reichstag löste Hitler an einem 27. (= 9) auf.

Auffallend ist, dass der Zahlenwert von »Hitler« (= 20) dem Tag seiner Geburt entspricht. Das ist kabbalistisch bedeutsam. Taucht diese Zahl an prominenter Stelle in seinem Leben auf? Am 20. 7. 1944 unternahm Stauffenberg ein Attentat auf Hitler, das dieser überlebte. Die 2 hatte ihm schon bisher Glück gebracht: Am 2. 8. 1934 wurde er Reichskanzler, und am 29. (2 + 9 = 11/2) 3. 1936 »gewann« er die Reichstagswahl mit 99 Prozent. (Sogar sein Arierfimmel hängt mit dieser Zahl zusammen: Arier = 1 + 2 + 1 + 5 + 2 = 11/2.) An einem 2er-Tag ernannte er seinen Nachfolger, am selben Tag heiratete er Eva Braun. »Braun« hat übrigens dieselbe Doppelzahl wie »Jude«, nämlich 16.

Was Hitler an einem 3. begann, endete (vorläufig) für ihn »gut«: Er nannte seine Partei NSDAP (= 21/3). Er marschierte ohne Gegenwehr in Österreich am 12. (= 3) 3. 1938 ein, er begann den Krieg gegen Frankreich und England am 3. 9. 1939.

Zum Verhängnis wird ihm die gefährliche 4, die umstürzlerische Zahl, die zur Tat drängt und den Keim des Todes in sich trägt. Hitler löst am 1. 9. 1939 den Zweiten Weltkrieg aus, da sich Polen einen Tag zuvor (31. [8.] = 4!) der Eingliederung in den deutschen Machtapparat widersetzt hatte. Er beginnt den Russlandfeldzug am 22. (= Illusion) 6. 1941, er kapituliert in Stalingrad an einem 31. (1. 1943), die Heeresgruppe Afrika kapituliert an einem 13; die Alliierten landen an einem 22. in der Normandie, am 13. 4. besetzen russische Truppen Wien. Am 4. 5. kommt es zu einer Teilkapitulation der Wehrmacht. Übrigens begann auch die Konferenz von Jalta an einem 4.

Hitlers Geburtstag, der 20.4., steht astrologisch im Übergang von Widder zu Stier, also zwischen den von Mars und Venus beherrschten Zeichen. Hitlers Antriebskräfte dürften demnach im Kriegerischen und Sexuellen gelegen haben. Gleichzeitig hatte er eine ausgesprochen mystische Weltsicht und war von romantischer Schwärmerei (2, 7) erfüllt. Seinem Drang zum Erfolg (23) werden seine Schattenseiten zum Verhängnis: 20 und 43 sind starke Zahlen, deuten aber auf (irdisches) Unheil hin. Dass er ein pathologischer Antisemit war, ist in psychologischer Hinsicht auffallend, denn die Zahl für »Jude« (= 1 + 6 + 4 + 5 = 16/7) entspricht der Grundzahl des Namens Adolf Hitler. Ob sein kranker Geist tief drinnen eine (mystische) Verwandtschaft spürte, die er mörderisch bekämpfte? Glaubte er vielleicht, selber einen Tropfen jüdisches Blut in sich zu haben? Übrigens begann die große Jagd auf die Pariser Juden an einem 16. (7. 1942) – auch die Summe der Jahreszahl ergibt wiederum 16, was bekanntlich für »Katastrophe« steht.

Angesichts dieser auffälligen Zusammenhänge wird es kaum überraschen, dass in Hitlers engstem Führungsstab bzw. unter seinen eifrigsten Schergen die Zahl 7 gehäuft vorkommt:

- Adolf Eichmann: 1-7,
- Heinrich Himmler: 7-6,

Sogar Hitlers Todesjahr lässt sich kabbalistisch bestimmen. Dazu addiert man zu seinem Geburtsjahr die Quersummen der daraus resultierenden Jahre:

$$1889 \ (1 + 8 + 8 + 9 = 26)$$
$$\underline{+\ 26}$$
$$1915 \ (1 + 9 + 1 + 5 = 16)$$
$$\underline{+\ 16}$$
$$1931 \ (1 + 9 + 3 + 1 = 14)$$
$$\underline{+\ 14}$$
$$1945$$

Vermutlich richtete sich Hitler selbst. Die Lexika geben als Todestag den 30. 4. an; falls er sich zwischen Mitternacht und Sonnenaufgang tötete, war es esoterisch gesehen noch der 29. 4. Er war damals 56 Jahre alt: $56 = 5 + 6 = 11/2$, womit zum Zeitpunkt des Todes Hitlers seine wichtigste Grundzahl wiederum auftaucht. Zu erwähnen ist auch, dass er in einer zeitlichen Nähe zu seinem Geburtstag starb; ein Phänomen, das nicht selten zu beobachten ist und eine astrologische Erklärung besitzt, auf die ich hier nicht näher eingehen möchte. Die in diesem Fall sichtbare Synchronizität – das man durch fortwährendes Addieren der Quersumme des Geburtsjahres bis zum Todesjahr gelangt – funktioniert nur gelegentlich. Für den Suchenden ist es vielleicht eine reizvolle Aufgabe, herauszufinden, bei welchen Zahlen/welchen Lebensumständen/welchen Persönlichkeiten das der Fall ist.

PS: Warum kam der in Österreich geborene Hitler nicht in seinem Heimatland an die Macht? Wer nachrechnet, wird finden, dass »Österreich« sich auf die Grundzahl 6 zurückführen lässt (ö = oe!) (siehe auch oben, »Dr. Jekyll und Mr. Haider«). Die 6 steht für die Venus bzw. in diesem Fall für das Tierkreiszeichen Waage – kein Wunder, dass die Habsburger durch günstige Heiraten erfolgreich Politik machen konnten. Die 6 ist keine Zahl für Hitler! Und was ist mit Good Old Germany? Deutschland hat die Doppelzahl 43, was exakt der Namenszahl Adolf Hitlers entspricht! Damit steht Deutschland, kabbalistisch betrachtet, unter dem Einfluss des Skorpions (43/7 = die Zahl Plutos, des Regenten von Skorpion). Das heißt auch, dass die Deutschen anfällig sind für Massenbewegungen, für Schwarzweißdenken. Skorpion repräsentiert einen Zustand, der sehr rasch wechseln kann – von total materialistisch zu absolut idealistisch. Für Zwischentöne und Kompromisse haben waschechte Skorpione weder Gespür noch Geduld oder Verständnis. Die Zahl 43 verheißt jedenfalls Gefahr und Aufruhr. Interessanterweise war das schlimmste Jahr für die Bundesrepublik, als zwei 7er in der Jahreszahl zusammenkamen: 1977 war der RAF-Terror auf seinem Höhepunkt.

Ein Mörder und Literat

Er war einer der meistbeschriebenen Kriminellen in Österreichs Medien. Johann Unterweger, später Jack Unterweger. Dass die Zahl 7, die Zahl Plutos und des Todes, bei Mördern an prominenter Stelle vorkommt, konnte ich mehrmals beobachten. Unterweger (= 43/7) kam in Judenburg (= 34/7) zur Welt, und zwar am 16. (= 7) 8. 1950. Den Vater lernte er nie kennen, die Mutter verschwand kurz nach seiner Geburt und hatte verschiedene Liebhaber. In einem abgelegenen Kärntner Tal wird J. U. (= 7) zu seinem Großvater, einem jähzornigen Trinker, abgeschoben. Seine Mutter sah er nur noch auf dem Bild. Der Opa schlug ihn. In der Schule war er Außenseiter. Im Alter von acht wird Johann dem alkoholsüchtigen Großvater weggenommen. Jugendamt, Kellnerlehrling, mit 16 (= 7!!) erste Verurteilung (drei Tage Arrest): Anstalt für Schwererziehbare. Mehrere Verurteilungen, mehrere Haftstrafen. Rutscht immer weiter ab und versucht sich im Zuhältermilieu. Bis zum endgültigen Tiefpunkt: Kurz vor Weihnachten 1974 erwürgt er ein 18-jähriges Mädchen.

1976 wird er wegen Mordes verurteilt; übrigens ein 5er-Jahr (1 + 9 + 7 + 6 = 23/5); wieder vor dem Richter wird er 1994 stehen, ein 5er-Jahr.

Im Gefängnis beginnt er zu schreiben, seine Autobiografie *Reise ins Zuchthaus* wird ein Bestseller. Der literarische Ruhm verhilft ihm zur Freiheit; 1990 wird er aus der Haft entlassen, nach 16 (= 7!!) Jahren Zuchthaus. Doch nicht einmal zwei Jahre später wird er wegen Verdachts des mehrfachen Mordes an Prostituierten wieder in Haft genommen. Er wird am 24. 8. 1993 (ein 4er-Jahr) wegen elffachen Mordes angeklagt. Das Verfahren wird am 20. 4. 1994 – kurioserweise der Geburtstag Hitlers, der von der Namenszahl auch ein 7er war – eröffnet.

Sehen wir uns seine Zahlen an: Die Grundzahl der Geburt (16. 8. 1950) ist 7, identisch mit Pluto, dem Regenten des Skorpions. Seine Namenszahl besteht ursprünglich aus Johann (= 24/6) und Unterweger (= 43/7), also 6 + 7 = 13/4. Ein 7-4er also. Interessant ist, dass eine Wiener Krankenschwester, die in einer geriatrischen Klinik mehrere Schwerleidende in den frühzeitigen Tod geschickt hatte, ebenfalls eine 7-4erin war. Der populäre Schriftsteller Johannes Mario Simmel ist das positive Gegenbeispiel, der bedrückende Themen durch seine Romankunst sublimieren konnte.

Unterweger änderte aber seinen Vornamen in Jack (= 6 [ck = kk]), was an seinem Charakter und Schicksal allerdings nichts verbesserte. Auch »Jack« mit »ck« gerechnet, würde das Bild nicht optimieren – dann hätte der Vorname ebenfalls den Zahlenwert 7, der nun sämtliche Grundzahlen dieses Mannes dominieren würde (diese Zahlverdoppelungen weisen darauf hin, dass jemand die Möglichkeit hat, berühmt zu werden – und sei es auch im negativen Sinne). Pluto (= 7) kann in Kombination mit Uranus (4) eine große geistige Kraft einsetzen, eine Beeinflussung der Gesellschaft; die Astrologen deuten diese Konstellation manchmal auch als »Lebensgefahr durch nervöse Störungen«.

Die Anklage legte ihm elf Morde zur Last. Auffallend ist, dass vier davon in der Nacht von 7er-Tagen (zwei Morde in der Nacht des 7. 3. 1991, dann am 16. 4. 1991 und am 7. 5. 1991) geschahen.

In der Anklageschrift wird das aggressive Frauenbild Unterwegers erwähnt. Psychologisch ist das nachvollziehbar – war die Mutter noch als Schwangere im Gefängnis, verließ sie kurz nach der Niederkunft ihr Baby. Diese harte, verletzte und verletzende Mutter müsste sich auch kabbalistisch zeigen. Geboren ist sie am 8.2.1929, also eine 8erin, was oft auf eine schwierige Jugend hinweist. Ihre sexuelle Anziehungskraft zeigt sich im Namen: Theresia (= 26/8) Unterweger (= 43/7), ergibt aus $7 + 8 = 15 = 6$ (= Venus = Erotik) als Grundzahl des Namens. 8-6erin also. Bei ungünstigen Verhältnissen kann der Saturn (= 8) aus dem lieblichen 6er-Wesen einen Menschen voller Neid, Selbstsucht und Herzenskälte machen. 8-6er sind häufig in Begegnungen blockiert. Dass Johann Unterwegers Namenszahl 4 mit der 8 seiner Mutter nicht harmonierte, ist evident.

Nachdem Unterweger aus dem Gefängnis entlassen worden war, genoss er kurze Zeit einige (mediale) Popularität. Seine Geliebte, mit der er später kurz auf der Flucht war und die auch in die Schlagzeilen kam, lernte er nach ihren Aussagen am 16. (= 7) 11. (= Skorpion = 7) 1991 kennen (übrigens ein 2er-Jahr, was seine 7er-Energie förderte und ihn für Frauen anziehend machte). Die Grundzahl ihres Namens ist 4, genauso wie jene Unterwegers. Nach dem Schuldspruch erhängte sich Unterweger – ein typisch skorpionischer Akt.

Ingeborg Bachmanns Feuertod

Die in Klagenfurt geborene Schriftstellerin Ingeborg Bachmann trat zuerst mit Lyrik in die Welt der Literatur ein, ehe sie sich der Prosa zuwandte. In ihren Schriften wird das Ich der dargestellten Personen immer großen Bedrohungen ausgesetzt. Für den Esoteriker ist natürlich das tragische Ende der Dichterin besonders interessant: Ingeborg Bachmann verbrannte in ihrer Wohnung in Rom. Die Frage lautet nun: Lassen sich ihre künstlerische Begabung, ihr offensichtlich schwieriger Lebenslauf und ihr tragisches Ende in ihrem Namen/ihren Zahlen ablesen?

Ingeborg Bachmann tat ihren ersten Schrei am 25.6. 1926: also eine 7erin, was auf schöpferische Begabung hinweist. Was verrät uns ihr Name? »Ingeborg« ergibt den Zahlenwert 28, zu dem die Deutung besagt, Menschen dieser Zahl können hoch hinauskommen, aber es bestehe Gefahr, dass sie wieder abstürzen. Der Name Bachmann ergibt den nicht so günstigen Wert 26, der Schwierigkeiten im Lebenslauf und Probleme im Beruf verheißt. Diese Interpretation wird noch gestützt durch die 9 ihres Jahrganges 1926 (= 18/9), die auf Kämpfe im Leben und Feindschaften verweist.

Die Doppelzahl des Gesamtnamens können wir nicht zur Deutung heranziehen, da 28 plus 26 jenseits unserer Interpretationen liegt, die nur bis 52 gehen. In diesem Fall kann man die zweistellige Vor- und Nachnamenszahl einmal involvieren: 28 = 2 + 8 = 10; 26 ist in der Quersumme 8. 10 und 8 erlaubt uns unter »18« die Interpretation: Eine materialistische Einstellung hemmt die höher strebenden Kräfte.

Die Zahl hängt mit »Untreue und Verrat zusammen, und es wird vor gefährlichen Einwirkungen der Naturgewalten gewarnt«; wie bereits erwähnt, kam die Poetin im Feuer um.

Die (einstellige) Grundzahl ihres Namens ist die 9, die darauf hinwies, dass sie in ihrem Leben zu kämpfen haben würde (vor allem in jüngeren Jahren) und dass sie über einige sexuelle Energie verfügte (9 = Triebkraft); ihr Sex dürfte aber eher aggressiv sein, da in ihren Daten die »weiblichen« Zahlen 2 und 6 völlig fehlen. (Astrologisch gesprochen: In ihrem Geburtshoroskop sind vermutlich Venus [= 6] und Mond [= 2] verletzt.) Interessant erscheint auch, dass ihre 9 aus den Zahlen 1 (von Ingeborg) und 8 (von Bachmann) gebildet wird. An sich eine ideale Kombination – die schöpferische Kraft der Sonne (= 1) erhält Ausdruck durch die formgebende Kraft des Saturn (= 8). Bloß: Im Alltag ist dieses Kräfteverhältnis sehr schwer zu bewältigen, und es scheitern mehr Menschen daran, als dass es ihnen gelingt, beide Pole zu integrieren.

Aus Geburts- und Namenszahl können wir den Typus ablesen: 7-9. Die 7, die Kraft Plutos, wirkt in die Masse, zieht Interesse an Politik nach sich; in Kombination mit der Triebkraft des Mars (= 9) ergibt das häufig machthungrige Politiker. Dieser Typ war Ingeborg Bachmann nicht (wiewohl sie politisch stark interessiert war), sie sublimierte derartige Energien in ihrem Schreiben.

Ihr Todestag ist der 26. 9. 1973, wobei wir auf die mögliche negative Auswirkung der Zahl 26 (= Bachmann!) schon gestoßen sind. Es mag für den Uneingeweihten höchst verblüffend wirken, aber sogar ihre Todes*art* spiegelt sich in den Zahlen wider: »Feuer« hat nämlich exakt den Zahlenwert 26! Zum dritten Mal tritt hier die 26 bzw. die Grundzahl 8 auf. Von der 8 wissen wir, dass sie mit der 4 die schwierigste aller 81 Energiekombinationen (siehe das Kapitel »Die Zahl des Namens«) ergibt – die zu plötzlichen Veränderungen neigende Kraft des Uranus (= 4) harmoniert ganz und gar nicht mit der konservierenden, beharrenden Energie des Saturn (= 8). Ingeborg Bachmann hatte diese schwierige Zahlenkombination nicht in ihren Daten. Doch wenn wir genauer hinsehen, entdecken wir, dass es die Stadt Rom war, in der sie lebte und starb. Und Rom (= 2 + 7 + 4) ergibt den Wert 13, mithin 4; ein Ort also, der für Ingeborg Bachmann ungünstig war; jeder Kabbalist hätte ihr anraten müssen, andere Gefilde aufzusuchen, wobei höchst zweifelhaft gewesen wäre, ob die eigenwillige Frau darauf gehört hätte ...

(Anmerkung: Rom hat nur für Menschen aus deutschsprachigen Landen eine 13er-Wirkung. Auf Engländer, die Rome sagen, wirkt die Stadt mit der Kraft 9, für ihre eigenen Bewohner ist Roma eine 5er-Stadt.)

Eine zweigeteilte Frau

Mit ihren Tagebüchern erlangte sie Weltruhm, nicht so sehr mit ihren übrigen literarischen Bemühungen: Anaïs Nin war eine hellsichtige Interpretin des Zeitgeistes und die Muse vieler bedeutender Menschen. Ihre erotischen Aufzeichnungen wurden als Skandal gehandelt.

Geboren wurde sie am 21. (= 3) 2. (astrologisch ein Fisch; der Monatseinfluss steht also unter Neptun bzw. der Zahl 2) 1903 (ein 4er-Jahr, das sowohl für ihren Lebenslauf als auch ihre Exzentrizität prägend war). Ihre Namenszahlen sind auffallend harmonisch und künstlerisch inspiriert: Anaïs (= 11/2), dito Nin (= 11/2). Die Gesamtnamenszahl 22 ist jene, die man bei Berühmtheiten am häufigsten findet. Die Grundzahl ihres Namens ist 4, bestätigt somit die Tendenz des Geburtsjahres. Sie müsste also ein erfülltes (= 3) Leben gehabt haben, das aus der Norm fiel (= 4) und dank der auffälligen 2 mit künstlerischer Sensibilität erfüllt war. Sie wird aber auch wegen ihrer Neigung zu Hochmut (= 3) hart kritisiert worden sein. Spiegelbildlich dazu kennzeichnet sie eine »fatale Neigung zum Idealisieren«, wie ihre Biografin vermerkt.

Die 11 deutet aber auch auf Leiden und Irrtümer hin, die 22 warnt vor Illusionen und Selbsttäuschungen. Sie wird ihr Schreiben dazu benutzt haben, um Schmerz, Leid und Verlassenwerden künstlerisch zu verarbeiten. Sich stolz abzukapseln, weil man sich der Welt überlegen fühlt, ist der negative Ausdruck der Zahl 3. (Anmerkung für Astrologen: Nin hat ihren Aszendenten im Zeichen Waage, eine Sonne-Jupiter-Konjunktion in den Fischen im 5. Haus im Trigon zu Neptun, den Horoskopherrscher Venus ebenfalls in den Fischen und eine Mond-Uranus-Konjunktion im 3. Haus, der Mond ferner eine Opposition zum Neptun.) Die Zahl 2 symbolisiert auch die Dualität.

Anaïs Nins Eltern führen ein freies Künstlerleben und kümmern sich wenig um die Kinder. Besonders der Vater, Klavierspieler und Komponist, fühlt sich zu Höherem berufen und verführt lieber Kindermädchen, als sich um die Tochter zu sorgen. Schon in jungen Jahren beweist Anaïs ein Talent zu exaltierter Schauspielerei, um den Wutausbrüchen ihres Vaters zu entgehen. Die Kinder ziehen viel herum, was den Vorteil hat, dass Anaïs schon in jungen Jahren mit der kosmopolitischen Welt der Kunst in Berührung kommt. Sie ist frühreif und altklug einerseits (typisch für 4), voller Träume (Neptun = 2) andererseits. Körperlich ist sie nicht belastbar und häufig krank (Neptun = schlechte Immunabwehr!). Doch das ist kein angeborener Defekt, sondern eine Auswirkung ihres seelischen (= 2) Gekränktseins (darauf weist die 11 hin). Sie leidet darunter, nicht ihre starken Fantasien (= 2) ausdrücken zu können. Sie zieht sich gern in die Einsamkeit zurück (typisch für 4er und ihre eigenwillige Weltanschauung).

Sie braucht lange, bis aus ihrem romantischen Sehnen Realität wird. In jungen Jahren ist sie prüde, hält Männer auf Distanz. Kurz nach ihrem 18. Geburtstag verliebt sie sich erstmals in einen »richtigen« Mann, aufgeklärt ist sie erst mit 19. Anaïs studiert – und leidet darunter, nicht als Wunderkind erkannt zu werden. Sie tanzt und lebt ihren Narzissmus vor dem Spiegel aus. Sie ist ein gefragtes »Model«, ermüdet aber rasch (= 2!).

»Das gewöhnliche Glück«, schreibt sie in einem Brief,

bedeute ihr nicht viel – sie braucht »Martyrium und Opfer«. Das ist eine interessante Mischung aus neptunischer Sensibilität und Leidensfähigkeit (= 2), das Gefühl der Einzigartigkeit (= 4) und jovialer Überspanntheit (= 3). Seit der Kindheit gibt sie ihrer Neigung zum Posieren (= neptunisch) ungehemmt nach.

Sie heiratet am 2. 3. 1923 im Alter von 20 (= 2). Nach zehn Jahren in den USA übersiedelt sie mit ihrem Mann Ende 1924 nach Paris. Noch hat die Sinnlichkeit der Stadt etwas »Unreines« für sie. Sexuell funktioniert es überhaupt nicht zwischen dem »steifen Püppchen« und dem Mann, dessen erste erotische Erregungen bestraft worden waren. Doch allmählich gewinnt sie an Selbstbewusstsein und gesteht sich ihre sinnlichen Defizite ein, wenngleich ihre neptunische Verhaltensweise noch stärker ist (statt Erotik echt zu leben, spielt sie: Ich liebe es, Gefühle wachzurufen; es macht mir Spaß, so zu tun, als ob [sie ist also ein typischer Fisch]). Derweilen wird ihr Mann immer stärker durch seinen Beruf (Banker) in Anspruch genommen. Sie ist klug und attraktiv und genießt die Bewunderung der Männer, die sich in sie verlieben. Sie kleidet sich extravagant (= 4).

Literarisches Selbstvertrauen gewinnt sie durch die Begegnung mit dem Schriftsteller John Erskine, dem sie auch erotisch näher kommt. Erstmals bemerkt Anaïs Nin, wie sehr sie gespalten ist – auf der einen Seite will sie eine loyale, rücksichtsvolle, freundliche Frau sein, auf der anderen Seite fühlt sie sich von Ausschweifungen angezogen.

Ihr erstes Buch ist am 2. 2. 1931 fertig. Im Dezember lernt sie den damals noch unbekannten Autor Henry Miller kennen, in dem sie eine verwandte Seele spürt. Aber zunächst wird Anaïs von einer heftigen Leidenschaft für Millers Frau June ergriffen, an der sie das so offensichtlich Unmoralische ihres Lebens fasziniert.

Obwohl sich Nin in verzehrende Erotik hineinfantasiert, kommt es zu keiner intimen Begegnung. Sie flüchtet in die Schweiz und gesteht Miller ihr Leiden in einem Brief vom 13. (= 4) 2. 1932. Heimlich treffen sie sich am 4. 3., und Miller gesteht nun seinerseits, in Anaïs verliebt zu sein. Beide begegnen sich zu einem Zeitpunkt, wo ihre Lebensentwürfe gescheitert waren. Nin kann sich nicht hingeben, da sie aus Angst vor Verletzlichkeit (= 2!) einen starken Kontrollzwang hat. Miller erscheint ihr als Vorbild an Ungehemmtheit. Warum? Miller ist an einem 8er-Tag geboren, die Grundzahl seines Namens Henry (= 18/9) Miller (= 18/9), 36 = 9, ist eine durch die Verdreifachung betonte 9. 8-9er können sich ziemlich brutal holen, was sie wollen. Miller seinerseits lässt sich vom Leben packen und davonziehen – die wilde Marskraft ist in seinen ersten 40 Lebensjahren stärker als die formgebende 8, die sich erst später durchsetzt, als er ein zurückgezogenes Leben in Kalifornien führt. Jemand muss ihm helfen, sich um ihn kümmern, seine Manuskripte durchsehen, mit Verlegern Kontakt aufnehmen usw. Das wird Anaïs Nin tun: »Ich bewirke, dass seine herumprobierenden Gedanken einrasten.« Mit Miller erlebt sie erstmals wilden Sex, sagt aber ihrem Mann nichts davon, der häufig in Bankgeschäften unterwegs ist, weil diese andere, bürgerliche, Sicherheit suchende Seite ebenso ein Teil von ihr ist. Sich in zwei so getrennte Existenzen aufspalten können nur Fische/Neptunier (= 2). Miller und Nin werden einander künstlerische Musen.

Anaïs Nin lernt nun die rauschhafte (= 2) Seite ihres Wesens kennen und geht weitere Liebesbeziehungen ein. Sie braucht diese Lügen (= 2), um nicht zu durchsichtig zu werden. In ihrem Schreiben verträgt sie keinerlei formale Vorschriften, man wirft ihr Formschwäche vor, doch sie ist »freiheitsbesessen« (= 4!). »Eine bis zur Maskenhaftigkeit stilisierte junge Frau, die bis dahin ihre Ekstasen vorwiegend im ›Naturschutzpark der Fantasie‹ erlebte, gerät im Medium der Sexualität außer Fassung und ist darauf versessen, diese Erfahrung im Schreiben einzuholen.«

Warum wird Sex so wichtig? Die Initialen eines Namens (siehe das Kapitel »Experimente«) verraten uns eine Hürde, die es zu nehmen gilt, im Falle von A. N. (= 6) offensichtlich der Sexus. 1932 begibt sie sich in analytische Behandlung, was in einem kurzen, perversen sexuellen Abenteuer endet, wo der Analytiker seine Grenzen überschreitet und sich unglücklich verliebt. Nin hat ihren Anteil mit einer typisch neptunischen Verführung – sie zeigt ihm ihre (kleinen) Brüste zur Begutachtung, damit er ihre körperliche Entwicklung einschätzen kann. Anaïs bemängelt an dem schwachen Psychoanalytiker auch, dass er zu wenig exaltiert sei (= 3) und zu wenig Fantasie (= 2) habe. Doch Nin spielt und inszeniert nur – einmal die Rolle der Helfenden, dann die des erotischen Dauerfeuers. Mit einem Vetter wird sie intim, damit er seine Homosexualität überwinden kann (helfen und Erotik). Typisch, dass dieser sexuelle Ausbruch in einem 6er-Jahr (1932 = 15/6) stattfindet. Ihren Mann belügt (= Neptun/2) sie nach wie vor; sie begründet ihre Freiheit in einem Konzept von »Leben schenkender Lüge«.

1933 erfolgt der Tiefpunkt der sexuellen Verirrung: Anaïs Nin hat brieflichen Kontakt mit ihrem Vater, sie treffen einander und verbringen neun Liebestage in einem Hotelzimmer. Und zwar in der letzten Juniwoche, als die Sonne in das Zeichen Krebs (= 2) gewechselt ist. Sie 30, er ein 54-jähriger Don Juan mit Rückenschmerzen. Nun agiert hier ihre Fantasie (= 2) und ihren Größenwahn (= 3), sie könne jeden verführen und Menschen schaffen (= göttlicher Akt = 3!), aus. Dass diese erotische Machtdemonstration in einem 7er-Jahr (1933 = 16/7) geschieht, ist passend. Gesunde, reife Erotik spiegelt sich in der Venus (6), an krankhaften sexuellen Exzessen beteiligt sich der große Vernebler Neptun (= 2). Aber nirgendwo ist Gewalt (= 9) oder Härte (= 8) im Spiel. Anaïs erzwingt die so lange ersehnte väterliche Liebe mit ihrem Körper.

Die Grundzahl des Namens, die 4, kommt immer wieder durch: Sie rebelliert gegen gesellschaftliche Normen, gegen ihr Dasein als Frau, gegen künstlerische Fesseln. Sie schreibt das Vorwort zu Henry Millers »Skandalbuch« *Wendekreis des Krebses*. Dazu vermerkt sie: »Ich schrieb das Vorwort in einem Akt der Auflehnung und Rebellion gegen die Welt, die mich beschützt.« Pure 4. (Übrigens ist Nins Lieblingsheldin Jeanne d'Arc, deren Geburtstag unbekannt ist, aber mit Sicherheit ein 4er-Tag war).

Anaïs Nin lebt heißblütig und betrachtet kalt. Sie will – wie in ihren Träumen – mehrere Leben gleichzeitig leben, und scheitert natürlich immer an demselben Problem: der Wirklichkeit (der härteste Prüfstein für ausgeprägte Neptunier). Doch nur Kinder in den ersten Lebensjahren können so leben – rein nach dem Lustprinzip, ohne Rücksichten (solange Erwachsene zum Schutz da sind). Als erwachsene Frau gestaltet sie sich nach dem Bild ihrer in jungen Jahren fantasierten Rollenvielfalt. Ihr seltsam verschachteltes Leben dient auch dazu, ihre größte Furcht zu entdecken – den

»Krebs von Zweifel und Angst«. Interessanterweise fällt ihr das Lügen im Leben leichter als beim Schreiben.

Als der Naziwahn über Europa hereinbricht, verlassen Nin und ihre Freunde den alten Kontinent endgültig in Richtung Amerika. In den ersten Jahren kommt Anaïs mit den pragmatischen Amerikanern nicht zurecht. Da niemand ihre Texte drucken will, kauft sie 1942 selbst eine alte Druckpresse und veröffentlicht mit tatkräftiger Unterstützung von Freunden ihr Buch *Winter of Artifice*. Doch es sollen noch zwei Jahrzehnte vergehen, ehe die Öffentlichkeit Nins Texte begeistert aufnimmt. Nin hat Affären mit jüngeren Männern, ohne dadurch Ruhe oder Erfüllung zu finden. Gesundheitlich ist sie angeschlagen.

Besonderen Anteil an der Entwicklung von Anaïs Nin als Schriftstellerin hat in den 40er-Jahren die Psychoanalytikerin Martha (= 17/8) Jaeger (= 17/8), die versucht, Nins Erfahrungen, Erlebnissen, Bedürfnissen und Schreiben eine gewisse Struktur (= 8) zu geben. Hellsichtig erkennt sie, dass Nins Emanzipationsversuche (als Frau und als Künstlerin) später für andere Frauen Vorbild werden. 1943 ist sie in einem Tief gefangen, verzweifelt über die ausbleibende Anerkennung (astrologisch eindeutig: Neptun im Transit im Quadrat zu Geburts-Neptun). Sie ist 40 (= 4) Jahre alt, immer eine kritische Phase für 4er. Im darauf folgenden Jahr kommt sie überraschend zu Erfolg mit der Veröffentlichung des Buches *Unter einer Glasglocke* (wie treffend der Titel für ihr Leben). Nun verstärken sich die sexuellen Abenteuer, die Männer werden immer jünger – eine endlose Kette, rekrutiert aus dem Kreis ihrer Bewunderer, die meisten ohne Bedeutung für ihr Leben. »Ich bin die größte Liebhaberin der Welt.«

1946 (= 20/2) erscheint erstmals in dem amerikanischen Verlag Dutton (= 30/3) ein Buch von ihr. Im Jahr darauf (= 21/3) lernt sie den Schauspieler Rupert Pole kennen, und er wird jener große Liebhaber, auf den sie seit Jahren zwischen den unzähligen Affären gewartet hat. Er ist 17 Jahre jünger als sie (sein Geburtstag ist nur zwei Tage vor ihrem), ein 1-5er. Allerdings ist es hauptsächlich die Erotik, die sie bindet, intellektuell ist er ihr nicht ebenbürtig. Nin wird ihn 1956 heimlich heiraten, da sie ihm vorgeschwindelt hat, von ihrem bisherigen Ehemann geschieden zu sein. Warum nicht Bigamistin sein, sagt sie sich, wenn man dabei glücklich ist. Doch bei ihrem bisherigen Mann bleibt sie auch, weil ihre Analytikerin gesagt hat, er würde eine vollständige Trennung nicht verkraften. Zu diesem Zeitpunkt dämmert Anaïs, dass sie ihr ganzes Leben in einer Form von Dualität verbringen müssen wird.

Sogar ihr Schreiben ist gespalten – in Romane, die von wenigen Intellektuellen bewundert werden, sich aber nicht verkaufen, und in ihr Tagebuch (das viele als ihre wahre Begabung bezeichnen). Der große Durchbruch lässt noch lange auf sich warten. Jahrelang pendelt Nin zwischen der Ostküste (= Ehemann Nr. 1) und Westküste (= Geliebter und Ehemann Nr. 2) hin und her.

Am 29. (= 2) 1.1953 wird ihr ein Tumor am Eierstock entfernt. Am 3.11.1965 (21/3) werden abermals Tumore aus der Bauchhöhle entfernt, die voller krebsartiger Wucherungen ist, was ihr aber die Ärzte verschweigen (sogar hier ist noch Täuschung im Spiel). Auffallenderweise hat sie kurz vorher, am 11. (= 2) 8., den Vertrag zur Herausgabe ihrer Tagebücher unterzeichnet, was einerseits einen Höhepunkt ihres literarischen Ringens um Anerkennung bedeutet, andererseits einen qualvollen Kampf, wie viel sie von sich zu entblößen (herzugeben) bereit ist. Im Januar 1966 (= 22/4) kommt es zu einer weiteren Operation, bei der ihr auch ein Teil des Darms entfernt wird.

Nach der Veröffentlichung des ersten Tagebuchbandes loben sie nun endlich auch die Kritiker der großen Tageszeitungen. Keine Rezension fällt negativ aus. Zu einer Signierstunde am 12. (= 3) 6. in New York stehen die Menschen Schlange bis auf den Bürgersteig. Bei einer Lesung am 29. (= 2) Juni in Hollywood bilden sich Warteschlangen. Besonders bei den jungen Menschen findet sie Anklang. Die andere große Gruppe sind Frauen, die in Nin ein Vorbild für Emanzipation sehen. Die Tagebücher verkaufen sich gut. Die Bearbeitung ihrer langen Aufzeichnungen wird sie bis zum Tod fortführen.

1970 wird abermals ein Tumor im Uterus diagnostiziert, der diesmal nicht mehr operiert werden kann. Anaïs wird bestrahlt und erhält eine Strahlenkapsel in die Vagina eingepflanzt. Doch sie rechnet sich nicht zu den krebskranken Menschen, die sie im Krankenhaus sieht. Diesmal wirkt das Leugnen der Realität lebensverlängernd. Ein Höhepunkt ihres Schriftstellerlebens ist wohl auch die Verleihung der Ehrendoktorwürde am 31. (= 4) 5. 1973 (= 20/2) durch das Philadelphia College of Arts.

Anfang 1975 breitet sich der Krebs auf Darm und Blase aus, Bestrahlungen helfen nicht mehr. Die Entstellung durch einen künstlichen Darmausgang erträgt sie, die ihr ganzes Leben von und für Schönheit gelebt hat, nicht. Es beginnt die Zeit der Schmerzen. Chemotherapie. Gerade jetzt, da sie glaubt, den schönsten Augenblick ihres Lebens zu haben – geliebt, geachtet, gut situiert –, endlich eine selbstständige Person, da sie sich innerlich von ihrem langjährigen Ehemann losgesagt hat.

Als Nin im 74. (= 11/2) Lebensjahr an Krebs stirbt, erscheinen zwei Traueranzeigen von zwei verschiedenen Männern in Tageszeitungen – beide bezeichnen sich als »Ehemann«. Es gibt sogar zwei Beerdigungsfeierlichkeiten, würdig für eine Frau, die es schaffte, zwei so sehr voneinander getrennte Ichs zu leben ...

(Quelle: Linde Salber: Tausendundeine Frau – die Geschichte der Anaïs Nin, Reinbek 1995)

Experimente

» Versuch macht klug.«

(Sprichwörtlich)

Wie wirke ich?

Wer schon erste kabbalistische Schritte unternommen hat, wird früher oder später die Versuchung zum Experiment verspürt haben. In vielen zeitgenössischen Büchern über Zahlen wird mit der Zerlegung des Namens in Vokale und Konsonanten herumgespielt. Die in diesem Kapitel vorgestellte Art, die beiden Grundzahlen aus Name und Tag der Geburt zu addieren, wird in Cheiros *Buch der Zahlen* nur angedeutet. Ich halte diese Vorgehensweise nach ausführlichen Experimenten für sinnvoll, aber für nicht sehr bedeutend. Die Methode ist allerdings wertvoll bei einer Synthese von Kabbala und Astrologie, ein Thema, das den Rahmen dieses Buches sprengen würde.

Aus der Addition der beiden Grundzahlen kann man ableiten, wie man auf andere Menschen wirkt. Während die Grundzahl des Geburtstages den sichtbaren Wesenszug erkennen lässt, die Grundgestimmtheit der Welt gegenüber, verrät die (einstellige) Zahl des Namens eher die spirituell-geistige Dimension eines Menschen. Wie diese Mischung der Energien, ausgedrückt durch die beiden Grundzahlen, harmoniert, wurde im Kapitel »Die Zahl des Namens« dargestellt. Nun kann es sein, dass z. B. ein Mensch mit den Grundzahlen 6-5 weder eine diplomatisch-ästhetische Ader (6 = Venus) erkennen lässt noch dass eine intellektuelle Seite (5 = Merkur) sichtbar wird. Oder jemand hat die beiden Grundzahlen 4 (Uranus) und 1 (Sonne) – es kann sich um eine sehr spirituelle Person oder um einen Philosophen handeln. Aber wie erfährt ihn die Umwelt? 4 + 1 ergibt 5, der Mensch hat eine intellektuelle Ausstrahlung. Die Summe der beiden Grundzahlen verrät, wie ein Mensch uns erscheint.

Man sollte unbedingt sein Augenmerk darauf richten, wie die einstellige Zahl entstanden ist, dass also eine 2 als Summe aus 4 + 7 = 11/2 ein wenig anders zu bewerten ist als 5 + 6. Jemand mit den Zahlen 9 + 9 = 18/9 ist stark marsisch, mit all seinen Vor- und Nachteilen, wogegen jemand mit den beiden Grundzahlen 4 und 5 auf andere nur marsisch wirkt auf Grund seiner selbstbestimmten Haltung, in der Regel aber die übrigen Charakteristika der Zahl 9 vermissen lässt.

Als Beispiel sei die Schauspielerin Joan Collins erwähnt: Sie ist an einem 3er-Tag geboren, und die Grundzahl ihres Namens ergibt ebenfalls eine 3. Daraus ließe sich ein extremer Ehrgeiz schließen, für den dieser Mensch einen weiten Weg zu gehen bereit ist und der viel erreichen wird. Ihre Anziehung auf Männer ist aus den zwei Dreien nicht unmittelbar einleuchtend. Die Summe der beiden Grundzahlen, 3 + 3, ergibt die Venuszahl 6, die ihren erotischen Schein erklärt. (Wobei die 6 auch für die Waage charakteristisch ist. Um beim Beispiel einer Frau mit den Grundzahlen 3 und 3 zu bleiben – sie könnte auch erfolgreiche Politikerin oder Geschäftsfrau sein.) Eine Frau dagegen, deren Grundzahlen 1 und 5 sind, wird ebenfalls auf ihre Umwelt attraktiv wirken, obwohl sie gänzlich anderer Natur (1 = Tatmensch, 5 = Kopfmensch) ist.

»Gute« und »schlechte« Zahlen

Wer gewohnt ist, sich systematisch selbst zu beobachten, wird vielleicht entdeckt haben, dass das Leben kaum so mechanisch verläuft, wie die Tage im Kalender aufeinander folgen. Manchmal scheint alles schief zu gehen: Die Straßenbahn fährt einem vor der Nase davon, es beginnt zu regnen, man hat den Regenschirm vergessen, der Chef ist schlecht gelaunt, der Anruf erfolglos, die Mitarbeiter sind geistesabwesend, der Kellner im Lokal ist auf Tauchstation, man schlägt sich Knie und Ellbogen an jeder zweiten Ecke an. Dann wieder gibt es Tage, wo einfach alles stimmt, die Sonne scheint, man die Welt umarmen und Bäume ausreißen könnte.

Die Frage ist, ob sich dahinter ein gewisses Muster verbirgt, und wenn ja, ob es einen Weg gibt, es zu erkennen und zu nutzen. Die Lehre vom Biorhythmus (wobei die Annahme, dass wir alle seit der Geburt in einem 28- oder 33- bzw. 23-Tage-Rhythmus schwingen, m. E. nicht stimmt) behauptet so etwas, und die meisten Menschen ahnen es dunkel. Leider sind wir in unserer naturwissenschaftsgläubigen Zeit sehr dazu geneigt, unsere guten und schlechten Gefühle der eigenen Hormonproduktion anzulasten, bestenfalls dem Einfluss von Föhn, Vollmond und Biowetter unterworfen.

Der kabbalistischen Lehre nach schwingt der Kosmos.

Die dabei entstehenden Energien sind nur einige wenige, neun an der Zahl (die alle aus einer einzigen Energiequelle hervorgegangen sind, dem Tao oder der Kethera der Kabbalisten). Diese neun Grundschwingungen/Energieformen wiederholen sich unablässig wie Tag und Nacht oder die Jahreszeiten. Diesem ewigen Wechsel ist jedes Individuum unterworfen, und der Wandel findet nicht nur im Äußeren statt, er vollzieht sich spiegelgleich in unserem Innenleben. Jeder reagiert auf diese Veränderungen gemäß der eigenen »Grundsubstanz«, sprich seiner Grundzahlen.

Ohne mich philosophisch darüber auslassen zu wollen, was Glück alles sein kann, lässt sich wie gesagt ganz pragmatisch feststellen, dass es Tage gibt, an denen es uns glänzend geht, und solche, an denen die Dinge nicht so laufen, wie wir wollen. Ich möchte allen Lesern und Leserinnen empfehlen, einmal zwei Monate lang ihr Leben aufzuzeichnen. Am Ende eines jeden Tages fällt man ein Urteil in Form von Stichworten, etwa: Die Welt war heute garstig zu mir; bekam viele Komplimente; der Schaffensdrang war groß, alles misslungen usw. Und dann versuchen Sie, ein Muster zu finden. Und zwar derart, ob jene Tage, an denen es Ihnen besonders gut (besonders schlecht) ging, eine gemeinsame einstellige Zahl haben.

In der Theorie der Kabbalistik ist der Tag der Geburt besonders förderlich und deswegen auch jeder Tag, der dieselbe Quersumme aufweist. Wenn jemand also an einem 30. geboren ist, wären dieser Anschauung zufolge der 3., der 12., der 21. und eben der 30. eines jeden Monats förderlich. Förderlich vor allem in äußeren Belangen, in weltlichen Dingen. Allerdings gibt es zwei Ausnahmen, nämlich die etwas »schwierigen« Zahlen 4 und 8. Menschen, die an einem 4er-Tag geboren sind (4., 13., 22. oder 31. eines Monats), sollten Entscheidungen oder wichtige Unternehmungen bevorzugt an 1er-Tagen durchführen (also an einem 1., 10., 19. oder 28. eines Monats). An einem 8er-Tag Geborene (8., 17. oder 26.) hingegen sollten sich an Tage halten, deren Quersumme 3 ergibt. Dennoch werden auch die notorischen 4er erleben, dass viele wichtige Vorhaben und Ereignisse (die durchaus positiven Charakter und ebensolche Ergebnisse haben) an 4er-Tagen stattfinden oder beginnen.

Wiewohl Cheiros Beobachtung zutreffend ist, halte ich es für günstig, außerdem noch zu untersuchen, welche Qualität ein Tag hat, wenn man beide Grundzahlen (des Geburtstages und des Namens) dazuaddiert. Ein Beispiel: Herr Anton Baum erblickte das Licht der Welt am 31. 4. 1950. Aus dem 31. gewinnen wir die erste Grundzahl: 4. Baums Namenszahl lässt sich auf eine 8 reduzieren (Anton [= 1 + 5 + 4 + 7 + 5 = 22] Baum [= 2 + 1 + 6 + 4 = 13]; in Summe 35/8). Wenn Herr Baum nun herausfinden will, welche Wirkung einzelne Tage auf ihn haben werden, sei ihm folgende Methode empfohlen.

Er bilde zuerst die Summe aus seinen beiden Grundzahlen – 4 + 8 = 12, kabbalisiert 3. Dann zähle er die Zahl des Tages hinzu. Will er etwa wissen, ob der 30. Mai kommenden Jahres für ihn günstig oder nicht sein wird, lässt er den Monat und das Jahr beiseite und nimmt die Zahl des Tages (30/3). Seine beiden Grundzahlen und die Zahl des Tages ergeben in Summe 4 + 8 + 3 = 15/6 – ein Tag, der etwa für gesellige Treffen oder erotische Vorhaben förderlich ist.

Wie die Wirkungen der einzelnen Tage zu beurteilen sind, können Sie anhand der folgenden Übersicht rasch erkennen:

- 1er-Tage: eine aktive Zeit, förderlich für kreative Vorhaben, die tatkräftig und furchtlos angepackt werden sollten. Trüben Gedanken sollte an diesem Tag kein Platz gelassen werden. Erfolg versprechend für private und berufliche Vorhaben.
- 2er-Tage: eher passive Tage, gut geeignet zum Beobachten und Wahrnehmen. Intensive Gefühle, starke Ausstrahlung, gut zum Verlieben und um andere verliebt zu machen. Ein Tag für Geselligkeiten, ein Tag der schwankenden Stimmungen. Keinesfalls sollten große Vorhaben (Abkommen, Verträge, Unterschriften) an diesem Tag ins Auge gefasst werden. An Börsen können sich auffällige Veränderungen abzeichnen.
- 3er-Tage: schöpferische Tage – und produktive dazu! Künstler und Journalisten dürfen sie keinesfalls ungenutzt verstreichen lassen. Ein ruhiges, selbstsicheres Gefühl ermöglicht ein großes Arbeitspensum. Gut für Seminare.
- 4er-Tage: unruhige Tage, die unerwartete Umbrüche bereithalten können. Keine gute Zeit, Risiken einzugehen! Das Beste ist, wenn man seine Pflichten ins Auge fasst, hart arbeitet und nach Möglichkeit der Neigung, davonzulaufen oder alles liegen zu lassen, nicht nachgibt. Gute Tage, um etwas gezielt im Leben zu verändern. Vorsicht bei Börsengeschäften!
- 5er-Tage: sind offen nach beiden Seiten hin; an diesen Tagen hängt das Gelingen von der eigenen Stimmung ab. Empfohlen ist, den merkurischen Aspekt der Tage zu nutzen, sich mit Ideen und geistigen Angelegenheiten zu beschäftigen. Gut für Kommunikation, für Sprache und Übersetzungen.

- 6er-Tage: die Kraft der Venus spricht dafür, seinen familiären Bedürfnissen nachzugeben, eine Zeit der Erotik oder des Friedenschließens. Bekanntschaften oder Eheschließungen stehen unter einem guten Stern. Tage, um Feste zu feiern und um zu genießen.
- 7er-Tage: verstärken spirituelle Bedürfnisse. Wenn Sie schon immer einmal in einem »Weisheitsbuch« nachblättern wollten, tun Sie es an einem 7er-Tag. Da er der Kraft »Pluto« (= Skorpion) untersteht, sind Extreme möglich – total materialistisch oder total meditativ. Ein Tag der Abenteuer!?
- 8er-Tag: die Zahl der Macht, des Geldes, des Sparens. Gut für Geschäfte, für Organisation, konstruktive Arbeit. Tage der Finanzwelt. Man vermag Kompetenz und Einsichten zu vermitteln.
- 9er-Tage: energiereiche Tage, durchaus Glück verheißend. Tage der Triebkraft und der großen Herausforderungen und Provokationen. Nicht unbedingt geeignet zur Sammlung, zur Meditation. Vorsicht vor zu viel aggressiver Energie. Sex liegt in der Luft. Aktienkurse könnten sich dramatisch verändern.

Noch ein Beispiel zur Verdeutlichung: Der 15. eines beliebigen Monats ist an sich ein förderlicher Tag, er steht unter dem Einfluss der Venus. Wenn aber jemand herausfinden will, wie solche Venustage (also auch alle 6. und 24. eines Monats) auf *ihn* wirken, muss er seine beiden Grundzahlen dazuzählen. Will nun der oben erwähnte Anton Baum wissen, welcher Tag denn bei geschäftlichen Vorhaben für *ihn* günstig sei, könnte er sich z. B. eine Tabelle anlegen (siehe Tabelle).

Tag	+	Summe der Grundzahlen	Wirkung
1.	+	4 + 8 (= 13)	4
2.	+	4 + 8 (= 14)	5
3.	+	4 + 8 (= 15)	6
4.	+	4 + 8 (= 16)	7
5.	+	4 + 8 (= 17)	8
6.	+	4 + 8 (= 18)	9
7.	+	4 + 8 (= 19/10)	1
8.	+	4 + 8 (= 20)	2
9.	+	4 + 8 (= 21)	3

Ab dem 10. eines jeden Monats wiederholt sich das obige Muster, da ja alle weiteren Daten bis zum Monatsende durch Quersummenbildung wieder auf eine einstellige Zahl zurückgeführt werden können. Bewirbt sich Herr Baum nun um eine neue Stelle, wird er nach Möglichkeit ein Datum wählen, das ihm eine 1er- oder 3er-Wirkung verspricht; in unserem Falle wären das der 7., 16., 25. bzw. 9., 18., 27. eines jeden Monats.

Fortgeschrittene können das Experiment vertiefen, indem sie die Qualität eines Tages näher bestimmen. Obiges Raster ist nur ein grobes Muster. Auf der Stufe 2 kann eine Tagesqualität verfeinert werden, indem noch der Wert des Monats (zur Umrechnung siehe die Tabelle auf Seite 213 mit kalkuliert wird. Auf Stufe 3 sollte man die Jahreszahl mit einbeziehen.

Nun werden bei diesen drei Berechnungen (zu den beiden Grundzahlen von Geburtstag und Namen der Zieltag, Zieltag plus Monat, Zieltag plus Monat und Jahr) zumeist unterschiedliche Zahlenwerte entstehen. Erinnern wir uns an Herrn Anton Baum von vorhin, dessen Grundzahlen 4 und 8 sind. Nun möchte er wissen, welche Qualität der 31. 3. 2001 für ihn haben wird. Erste Überlegung: Es handelt sich um einen 4er-Tag, und da er an einem 4er-Tag geboren ist, wird er grundsätzlich nicht schlecht sein. Nun zu den kabbalistischen Operationen:

a) Die beiden Grundzahlen 4 und 8 plus die Tageszahl des Zieldatums (31/4) ergibt 16/7.

b) Die beiden Grundzahlen 4 und 8 plus die Tageszahl (= 16) plus den Monatswert (31.3. ist Widder, also 9). Da die Addition von 9 nicht die Grundzahl verändert, bekommen wir »zufällig« denselben Wert wie bei a, nur aus einer anderen Doppelzahl 25/7. Bitte beachten Sie die unterschiedliche Qualität der Doppelzahlen von Berechnung a und b.

c) Die beiden Grundzahlen von Herrn Baum, 4 und 8, plus Tageszahl 4 plus Monatszahl 9, ergibt 25/7 plus Jahreszahl 3 (ergibt sich aus der Ziffernaddition 2001). In Summe 28/1.

Nun haben wir also drei Werte: 16/7, 25/7 und 28/1. Was gilt nun? Alle drei, aber auf unterschiedlichen Ebenen. Das Ergebnis a charakterisiert den Tag. Es wird zu einer Konfrontation kommen. Zwangsweise? Nein. Wenn er will, kann Herr Baum den Tag im Bett verbringen (aber dann erhält er vielleicht einen bösen Telefonanruf). Da durch Ausweichen im Leben kein Wachstum möglich ist, wird sich Herr Baum der Herausforderung stellen. Wie geht er daraus hervor? Die Doppelzahl 25 weist auf erfolgreichen Umgang mit der Situation hin, da man stark genug erscheint. Und das Ergebnis? Die Zahl 28 aus Berechnung c empfiehlt, vorsichtig zu sein und auf die inneren Widersprüche zu achten. Eine klassische Lernsituation also.

Wer nun die Eingebung hat und vermutet, die drei Ergebnisse charakterisieren den körperlichen, geistigen und seelischen Zustand zu einem bestimmten Zeitpunkt, sei herzlichst aufgefordert, selbst entsprechende Erfahrungen zu machen …

Den Namen ändern?

Cheiro ging davon aus, dass im Leben eines Menschen die (einstellige) Zahl des Geburtstages die wichtigste ist. Sie steht eher für die materielle, weltliche Seite. Die Namenszahl hingegen ist nicht in jedem Fall ganz eindeutig zu bestimmen und eher für die geistige, okkulte Seite eines Menschen zuständig. In Cheiros Lehre zählt vor allem der am häufigsten gebrauchte Name, unabhängig davon, was auf dem Geburtsschein oder im Pass steht. Dieser Anschauung widerspricht vollkommen Reichstein, der auch im Namen ein unabänderliches Schicksal sieht, das im Geburtsschein dokumentiert ist. Wie schon erwähnt, halte ich die Anschauung Cheiros für zutreffend. Weswegen jemand mit einer ungünstigen Zahlenkombination die Möglichkeit hat, seine persönliche Schwingung etwas zu verändern. (Siehe zum Thema »Namensänderung« auch Seite 93.) Nehmen wir unser fiktives Beispiel von vorhin: Herr Anton Baum hat die beiden Grundzahlen 4 und 8, die nach Cheiro die schwierigste alle Kombinationen ist. Die zweistellige Zahl des Gesamtnamens ergibt 35, was der

Deutung der Zahl 26 entspricht: ein hartes Arbeitsleben. Würde Herr Baum zu einem Kabbalisten gehen, könnte er ihm empfehlen, seinen Namen zu ändern. Namensänderungen gibt es übrigens in vielen Kulturen. Bei den australischen Ureinwohnern nimmt man im Laufe des Lebens jenen Namen an, der am ehesten zu den eigenen Talenten passt, etwa »Die-am-besten-Geschichten-erzählen-kann«. Auch die indianischen Schamanen haben neben ihrem Rufnamen einen zweiten, durch eine Vision erworbenen »Medizinnamen«, der ihre inneren Stärken und Leitmotive wiedergibt. Mit diesem Namen drückt sich das *Besondere* eines Menschen aus.

Das klingt für unser modernes Empfinden wie Humbug. Doch ich kann Ihnen im Bedarfsfalle nur empfehlen, es selbst auszuprobieren. Vollständige Namensänderungen sind meist aufwendig und schwierig. Und gar nicht nötig. In unserem erdachten Beispiel muss Herr Anton Baum davon ausgehen, dass die »schwierige« Zahl 4 seines Geburtstages unabänderlich ist; diese Energiestruktur ist ihm vererbt worden, und diesen seinen Lebensrahmen wird er nie verlassen können. Was ihn aber keineswegs daran hindern muss, ein sehr erfülltes Leben zu führen. Er darf nur nicht mit der ihn hemmenden Zahl 3 – sprich: mit seinem Verlangen nach Sicherheit, Konstanz und Härte – in Konflikt kommen, denn seine 4 will genau das Gegenteil. Um es noch einmal zu wiederholen: Es ist nicht eine »läppische«, auf ein Blatt Papier hingemalte Zahl, die solch unheimlichen Einfluss auf unser Geschick ausübt. Doch sie hat eine Entsprechung, sie steht für einen Energiezustand. Nämlich für eine jener Schwingungen, die unser Weltall zu diesem Zeitpunkt durchziehen. Die Zahl steht für eine Kraft, die bestimmte Ereignisse fördert oder hemmt. Die Schwingung der Zahl 9 ruft immer wieder Taten der Aggression hervor, das haben unsere Urahnen über viele Generationen hinweg beobachtet, bis es für sie zu einer Wahrheit wurde. (Wie gesagt, es ist nicht die Zahl selbst, die das bewirkt – sie misst bloß die vorhandene energetische Qualität.)

Der große Vorteil der Kabbalistik liegt nun darin, dass die Namensanalyse auch auf Geschäftsnamen oder Markennamen ausgedehnt werden kann. Ob es wohl Zufall ist, dass die bekannteste Marke der Welt durch ihren Gleichklang besticht? Coca-Cola ist ein auffallend harmonischer Name und hat den Wert 28 (3 +7 + 3 + 1, 3 + 7 + 3 + 1): zu besonderen Leistungen ausersehen. Die Deutung warnt aber vor Rückschlägen ... (Das Unternehmen wurde übrigens 1886 gegründet; der »innere Wert« des 86er Jahres ist 14, dieselbe Zahl wie »Coca« bzw. »Cola«; diese dreifache Übereinstimmung weist auf großen Erfolg hin.)

Zurück zu unserem Herrn Baum. Wenn er seinen Namen ändert, wird er darauf achten müssen, keinem Wunschdenken zu verfallen. Zu seiner Geburtszahl 4 würde am besten die Zahl 1 passen. Also gibt er sich nun inoffiziell einen neuen Vornamen, oder er fügt einen Buchstaben ein, als Abkürzung seines zweiten Vornamens. Also etwa Anton B. Baum. Dann hat sich die Doppelzahl seines Gesamtnamens von zuerst 35 auf 37 optimiert, was eine völlig andere Deutung ergibt (siehe im Kapitel »Doppelzahlen« unter »Die Zahl 37«). Auch seine Namensgrundzahl hat sich dadurch verändert, und zwar auf eine 1. Aus dem ehemalig quälenden 4-8er ist nun ein eher Glück verheißender 4-1er geworden.

Die bei Hollywoodschauspielern zu beobachtenden Namensverschönerungen sind normalerweise nicht zahlenphilosophisch berechnet – aber wenn man die alte mit der neuen Namenszahl vergleicht, wird man in der Regel eine Verbesserung (Harmonisierung) feststellen können. Obwohl, wie erwähnt, das Potenzial schon vorher vorhanden sein muss.

Ein Beispiel: Er war ein richtiger Lausbub, der am 13. (= 4) 8. 1940 in Linz geborene Harald Grafinger. Seine Zahlen sind die schwierige, aber abenteuerliche 4 und eine sehr förderliche 1 (Harald [= 16/7] und Grafinger [= 30/3] ergibt 10/1). Ein wesentliches Jahr findet sich häufig, wenn man zum Geburtsjahr dessen Quersumme addiert: 1940 = 14 = 1954. Tatsächlich verließ er schon im Alter von 14 Jahren die Schule und begann im elterlichen Betrieb mit einer Friseurlehre. Für den fleißigen und geschickten Jungen war das Land bald zu eng – im Frühjahr 1965 (= 21/3) nahm er sein Erspartes und schiffte sich nach New York ein. Da er weder Geld hatte noch Englisch konnte, musste er sich anfangs als Schuh- und Fensterputzer durchschlagen. Sein Geschick machte sich bald bemerkbar, als er 1966 (= 22/4) in einem Friseursalon unterkam. Schon im Jahr darauf (1967 = 23/5) wurde er zum »Harry of Vienna«: Er änderte seinen Vornamen Harald auf Harry (= 11/2), was seine Namenszahl von der eher schöpferischen 1 zu der stärker die Kommunikation und das Geschäftsleben betonende 5 veränderte. Im selben Jahr (5er-Jahr!) wurde er Weltmeister bei den Friseuren und über Nacht zum Star. Kann er die 5 leben? Ja, die Zahl seines Geburtsjahres ist 14/5.

Jet-Setter waren nun seine Kunden, die er in einer dicken Limousine besuchte. Sieht so das Leben eines 4er-Menschen aus? Nein. Grafinger verliebte sich beim Schlittschuhlaufen im New Yorker Central Park in eine gebürtige Schweizerin.

Die beiden heirateten bald und bekamen einen Sohn. Da hielt es Harry in dem »Schickimickigewerbe« nicht länger aus. Er wollte etwas Neues (= 4) beginnen, am besten etwas radikal (= 4) anderes.

Harry begann, als Vertreter einer Kirchenausstattungsfirma durchs Land zu tingeln. Ein hektischer Job. Am meisten Erholung fand er, wenn er sich mit seinem Aquarium beschäftigte. Es wäre kein echter 4er, hätte Grafinger nicht aus dem Hobby gleich einen neuen Beruf gemacht (die Schaffenskraft der 1 wirkt immer noch!). Im sonnigen North Carolina startete Grafinger mit einer Tierhandlung, die er bald zu einer Kette ausbaute. Der ungewöhnliche Harry züchtete nun erfolgreich Tiger, Jaguare und Pythons. Die Riesenschlangen waren vor allem bei den Soldaten in der nahe gelegenen Kaserne begehrt. Als Grafingers Frau die Leitung der Tierhandlung übernahm, begann Harry, mit Paramilitaria zu handeln, und entwickelte jenes Buschmesser, das Sylvester Stallone in seinen Rambo-Filmen zur Schau trug. Wie passt ein Messer (Waffe bzw. Eisen = Mars = 9) zu jemandem mit den Grundzahlen 4 und 1? Wenig. Aber erinnern wir uns, Grafinger änderte Harald in Harry und wurde so zu einem 5er Namen, was in Summe mit der Geburtszahl 4 eben 9 ergibt.

1984 (= 22/4) holte Grafinger seinen jüngeren Bruder aus Linz nach, der ihm bei seinem neuesten Projekt – neun Nachtclubläden – half. Mittlerweile hat Harry die Lokale verkauft und verbringt viel Zeit auf seiner 20-Meter-Yacht. Wenn sein Sohn mit dem Tierarztstudium fertig ist, möchte er gern mit ihm zu einer Bootsfahrt in den Amazonas aufbrechen und ein Buch über die brasilianische Tierwelt herausbringen …

Zahlen und Zweierbeziehungen

Wie passen wir zusammen? Das ist eine häufig gestellte Frage, die ich eher ungern beantworte, da Menschen zu komplex sind, um sie mit zwei Grundschwingungen des Charakters (Tag der Geburt, Zahl des Namens) vollständig zu erfassen. Allein auf dieser Basis sollte man weder Urteile fällen noch Entscheidungen treffen. Wer dennoch versuchen möchte, mittels kabbalistischer Instrumente eine Beziehung einzuschätzen, sollte zuerst die beiden Personen ausführlich analysieren und sich dann erst an einen Harmonievergleich wagen.

Als Hilfe werden im Folgenden einige wenige empirische Befunde genannt, wie Energien miteinander harmonieren. Die Urteile sollten auf keinen Fall absolut genommen werden, da auch disharmonische Schwingungen unter bestimmten Umständen gut miteinander auskommen können – es hängt davon ab, was man voneinander erwartet. Wer einen periodischen Kick in einer Wochenendbeziehung sucht, braucht einen anderen Partner als jemand, der eine Familie wünscht und eng und voller Vertrauen zusammenleben will.

Sind die Beziehungswünsche beider Partner klar (und übereinstimmend!) und liegt eine Analyse der beiden Charaktere vor, lässt sich über den vermutlichen Verlauf der Beziehung durchaus ein Urteil bilden. Doch selbst bei ungünstigen Aussichten sollte man allen Menschen genügend Wachstumspotenzial zutrauen, um sich nicht dauerhaft an Reibungsflächen zu entzünden.

Eine kleine Anregung zum Vergleich der Geburts-Grundzahlen (siehe auch das Kapitel »Die Zahl des Charakters«).

Harmonisch sind:
- 1 und 4: schöpferisch anregend, funktioniert, wenn beide selbstständig sind.
- 3 und 4: beide sollten selbstbewusst sein und in weltanschaulicher Hinsicht zusammenpassen.
- 3 und 9: wenn beide unternehmungs- und reiselustig sind.
- 2 und 7: gut bei gemeinsamen künstlerischen/spirituellen Interessen.
- 6 und 7: könnten sexuell exzessiv sein.
- 6 und 9: wenn beide gern ausgehen.

Schlechter zueinander passen:
- 2 und 3: Beide sollten Interesse an sozialen Fragen haben (wenn die 2 eher neptunisch als mondhaft ist).
- 2 und 4: Man findet einander an- und aufregend, lebt aber nicht dauerhaft zusammen.
- 2 und 8: funktionieren eher, wenn 8 der ältere Partner ist, den 2 sich wünscht.
- 2 und 9: Wenn die 9 von der Frau kommt, die 2 dagegen vom Mann, ist ein dauerhaftes Auskommen auf Grund massiver männlicher Ego-Kränkung unwahrscheinlich.
- 2 und 6: Die Beziehung kann nur funktionieren, wenn die Frau ihre mütterliche (= 2) und venusische Seite (= 6) gut integriert hat. Mond und Venus gelten zwar als die urweiblichen Energien, vertragen sich aber nur schwer, da die Venus entweder erdschwer und sinnenhaft ist oder leicht und beziehungshungrig. Der Mond dagegen will in den tiefsten Wässern der Gefühle versinken.

- 4 und 8: Uranus und Saturn können einander nicht ausstehen, egal, wer nun welchen Geschlechts ist.
- 8 und 9: Einer ist vorsichtig, der andre draufgängerisch; kann in gegenseitige Vernichtung ausarten.

Die Initialen eines Namens

Ob an Bäumen oder alten Gemäuern: Die Sehnsucht, mit den Anfangsbuchstaben des eigenen Namens eine Spur zu hinterlassen, ist quer durch die Jahrhunderte ungebrochen groß. Wer seine Initialen öffentlich sichtbar verewigt, will sich zeigen und doch verborgen bleiben. Es ist sozusagen ein Code für Eingeweihte, wenn jemand in eine Wand ritzt: A. B. liebt C. D. und ein Datum.

Die Initialen verraten auch etwas über ihre Träger. Für die folgende Deutung kann ich auf keine Quelle verweisen, sie entstammt meiner eigenen Erkenntnis. Und der zufolge weisen die Initialen eines Menschen auf seine Haupthürde im Leben hin, auf eine grundsätzliche Charakterschwäche, auf das wesentlichste Defizit, das es zu überwinden gilt. Wobei immer ein Zuviel oder ein Zuwenig einer bestimmten Energie möglich sind. Ein Mensch mit den Initialen K. S. (= 2 + 3 = 5) ist dieser Anschauung zufolge entweder zu sehr Kopfmensch oder bloß geschwätzig oder vermag es nicht, den ewigen Monolog im eigenen Hirn abzustellen. Die Person, die sich hinter M. T. verbirgt, hat mit der 8 zu ringen, ist also entweder zu engherzig, sparsam, starr oder hat zu wenig Ausdauer. Manchmal sind Initialen nicht eindeutig zu bestimmen (es geht in diesem System immer um den Klang). Ein Name, der mit St oder Sch beginnt, sollte bei der Berechnung der Initialen nicht bloß auf »S« reduziert werden. Hier ist Intuition gefragt.

Einen kleinen Hinweis, wie die Initialen gedeutet werden können, gibt die folgende Auflistung. Die Wirkung einer Energie kann zu stark oder zu schwach sein; bisweilen können in einem Menschen beide Varianten der Zahl auftreten, und zwar dann, wenn die übrigen Zahlen einmal förderlich und einmal hinderlich sind. Sagen wir, jemand mit den Initialen 1 ist an einem 3er-Tag geboren, dann wird sein Problem auf der »übertriebenen Seite« der 1 zu suchen sein. Nun ergibt aber seine Namenszahl 8, was bedeutet, dass danach wieder Phasen folgen, in denen er zu wenig 1-betont ist:

1 – setzt sich gern in den Mittelpunkt, eitel, überoptimistisch, Neigung zu Größenwahn; ambitionslos, erschöpft, glaubt, sich nicht anstrengen zu müssen.

2 – zu weich, zu nachgiebig, zu gefühlsbetont, schnell beleidigt, Männer tun sich mit Frauen schwer; zu wenig einfühlsam, schlechter Zugang zu den Gefühlen, Suchtneigung, lässt sich gehen, schnell verzagt, bequem, Hypochonder.

3 – zu hohe Erwartungen (an sich, den Partner, die Umwelt), zu eitel, zu jovial und statusbewusst, zu sehr von sich eingenommen, will der Umwelt um jeden Preis gefallen; wartet auf sein Glück, klagt über mangelnde Anerkennung, Furcht vor Kritik und Konfrontationen.

4 – zu nüchtern, gierig, materialistisch, tut alles, um zu Erfolg zu kommen, hält sich für unfehlbar, versucht durch exzentrisches Verhalten aufzufallen; stolze Abkapselung.

5 – nimmt Leben bevorzugt über den Kopf wahr, nervös (schnell überreizt von Außeneindrücken), schwatzhaft, zu sehr von der Meinung anderer abhängig, Kritiksucht, Kompensation durch Exzesse, Sturschädel; lässt sich zu sehr beeinflussen, geistig langsam und schwerfällig, große Angst, sich zu blamieren.

6 – will zwanghaft Wirkung auf andere überprüfen, nutzt Sex, um den gesellschaftlichen Status zu verbessern, dem guten Leben ergeben (arbeitet nur hart, wenn unmittelbare Belohnung herausschaut), bequem, opportunistisch, vergesslich, geldgierig; ersetzt Sex durch Essen, wenig engagiert, zu harmoniebedürftig, erträgt Kritik nicht.

7 – bezieht sein Selbstwertgefühl aus der Fantasie, unrealistische Sicht der Dinge, dünkt sich im Stillen über alle anderen erhaben, Hochstapler; passiv, Neigung zu psychosomatischen Erkrankungen, Suchtneigung, will Unangenehmes nicht sehen, fühlt sich unterschätzt und reagiert mit Ressentiments und Groll.

8 – Sehnsucht nach Kontrolle, versucht Unsicherheiten zu überspielen, verträgt Kritik nicht, geizig, hart; Kompensationsverhalten (gibt sich z. B. betont großzügig oder selbstbewusst), hat große Angst davor, sich schwach zu zeigen, zu wenig Struktur.

9 – nimmt negative Erscheinungen nur gefiltert und verzögert wahr, stur, eifersüchtig. Gefühle werden nur im intimsten Rahmen gezeigt; von seinem Mut überzeugt, tatsächlich feige, da unsicher, fürchtet sich vor Konfrontationen und Blamagen.

Eine Feinanalyse nimmt natürlich Rücksicht darauf, aus welchen zwei Zahlen sich die Initialen zusammensetzen.

Ein Mann mit den Initialen V. K. hat ein 8er-Problem, vermutlich will er das Sagen haben und verträgt Kritik schlecht (V = 6 = Venus, will beliebt sein). Ein anderer Mann mit den Initialen G. H. hat ebenfalls eine 8er-Hürde zu nehmen, nur wird hier das Problem eher in gespielter Selbstsicherheit liegen (G = 3 = Jupiter). Hinweise über das Zusammenwirken der beiden Zahlen gibt das Kapitel »Die Zahl des Namens«. Klar ist aber, dass die 8 in jedem Falle innere Unsicherheit andeutet, egal, welche Stellung der/die Betreffende in der Öffentlichkeit einnimmt (übrigens kommt 8 als Zahl der Initialen recht häufig vor ...).

Die Zahl des Todes

Jeder, der sich intensiver mit Zahlen beschäftigt, sieht sich eines Tages mit der Frage nach dem Tod konfrontiert. Namen und Geburtsdaten verraten uns so viel über einen Menschen – wie weit lässt sich daraus der Tod eines Individuums ablesen? Die Antwort kurz und bündig vorweg: Unsere Lebensspanne lässt sich aus Name und Zahl allein nicht ablesen. Es gibt kein einziges esoterisches System, das den Tod verlässlich vorhersagen kann. Zwar ist mit der Geburt eines Menschen sein Lebensrahmen abgesteckt und mithin auch seine verfügbare Lebensenergie, sprich: seine Lebensfrist. Doch wird diese in der Regel viel ausgedehnter sein, als mancher ahnen möchte. Ob man mit seiner Lebensenergie haushälterisch umgeht oder sie in einem kurzen, intensiven Leben verjubelt, hängt von individuellen Vorlieben und vom Einsichtsvermögen ab.

Häufiger ist es der Fall, dass Menschen ihre Lebensenergie rascher ausgeben, als sie sich wieder auffüllen kann. Hier ist es absolut unvorhersehbar, wann exakt die Lebensflamme erlischt. Auch hat im Prinzip jeder Mensch die Freiheit, sein Leben selbst zu beenden. Dennoch kann ein Selbstmord nicht vorhergesagt werden – denn sonst wäre er im Schicksal eines Menschen angelegt, was nach metaphysischen Gesichtspunkten nicht sein kann, da es auf ein Leben hinausliefe, dem die Chance des Erkennens von vornherein genommen wäre.

Es gibt bekanntermaßen Lebensrhythmen, doch ist nicht vorherzusagen, wann sie abreißen. Dasselbe gilt für die Synchronizität, die aber nur bei manchen Menschen zu beobachten ist. Andy Warhol z. B. kam am 6.8.1928 zur Welt, er ist also ein 6er. Seine Namensgrundzahl ist 8 (Andy [= 11/2] Warhol [= 24/6] ergibt zusammen 8). Der Typus 6-8 ist beharrlich (= 8) im künstlerischen Schaffen (= 6), aber ansonsten ist diese Kombination nicht allzu günstig; die Namens-Doppelzahl 35 (gedeutet wie 26) weist zusätzlich auf Hürden im Leben hin. In Warhols Zahlen kommt weder die Willenszahl 1 noch die Zahl des Ehrgeizes (3) vor, es fehlt auch die Zahl der Vitalität (9). Sein Schicksalsverlauf könnte eher ungünstig sein, das Geburtsjahr 1928 (= 20), eine problematische Zahl, liefert auch keine gegenteiligen Hinweise. Vor allem wird er sich vor der Zahl 4 hüten müssen, da, wie wir schon wissen, 4 und 8 die »schwierigste Konstellation« bedeuten. Andy Warhols Leben verlief synchronistisch exakt:

1928 (1 + 9 + 2 + 8 = 20)
+ 20
1948 (1+ 9 + 4 + 8 = 22)
+ 22
1970 (1 + 9 + 7 + 0 = 17)
+ 17
1987

Tatsächlich starb Warhol im Jahre 1987, im Alter von 58 Jahren (5 + 8 = 13/4!). Sein Sterbetag war übrigens der 22. 2., ein 4er-Tag ...

Bei manchen Menschen tritt der Tod ein, wenn ihre beiden Grundzahlen »zusammentreffen«. Walt Disney ist an einem 5. 12. geboren und die Grundzahl seines Namens ist die 6 (Walt [= 14/5] Disney [19/1] ergibt 33/6). Tatsächlich starb er im Alter von 65 Jahren, an einem 6er-Tag (15. 12.). Oder der Fall einer relativ jung verstorbenen slowakischen Kammersängerin. Geboren am 12. (= 3) 11. 1939, ist ihre erste Grundzahl die 3. Die Namenszahl ist schnell berechnet: Lucia (= 14/5) Popp (= 31/4), also die Grundzahl 9. Dem versierten Zahlenforscher sticht sofort ins Auge, dass sich ihre Grundzahlen 3-9 im Jahrgang 39 spiegeln. Lucia Popp war in der Jugend Schwimmmeisterin und liebäugelte mit der Laufbahn einer Kinderärztin, doch als sie einmal eine Gesangsrolle in einem Theaterstück übernahm, wurde ihre Stimme entdeckt. Sie debütierte 1963 in Wien, wo sie große Anerkennung fand. Sie starb an einem Krebsleiden im Jahre 1993, wieder die 3 und die 9 ihres Geburtsjahrganges und ihrer Grundzahlen. Sogar ihr Alter – 54 – spiegelt die beiden Grundzahlen von Vor- und Nachname.

Ich will nicht leugnen, dass durch die bisher erwähnten

Angaben einiges an Deutungsmaterial vorhanden ist. Man kann also Zeiten von Schwachpunkten vorauskalkulieren – aber es lässt sich kaum sagen, wie sie sich auswirken: Geht ein geschäftliches Projekt schief? Stirbt ein Angehöriger? Wird man selber krank? Ein fixes Sterbedatum lässt sich weder mit den Zahlen noch astrologisch berechnen, genauso wenig, wie Selbstmord vorherbestimmt ist. Aber selbst wenn dem so wäre: Nur die wenigsten Menschen sind derart gefestigt, solch ein Wissen mit echtem Gleichmut ertragen zu können, ohne dass es ihr Leben aus der Bahn würfe.

In unserer hedonistischen Gesellschaft ist die Vorstellung verbreitet, man müsse mächtig auf die Pauke hauen, eventuell sogar noch eine Bank ausrauben, sobald der Arzt einem eröffnet hat, dass man nur noch wenige Wochen zu leben habe. Im Zen-Buddhismus ist genau der gegenteilige Gedanke vertreten: Selbst wenn der Zen-Meister, vom Tiger verfolgt, in den Abgrund stürzt, soll er noch in den letzten Sekunden seine Gelassenheit und Würde bewahren und während des Sturzes die Blume in der Felswand bewundern …

Schlusswort

»Die Zahl enthält wie der Gottesbegriff
den letzten Sinn der Welt als Natur,
deshalb darf man das Dasein von Zahlen
ein Mysterium nennen, dem sich das religiöse Den-
ken
aller Kulturen nie entzogen hat.«

(Oswald Spengler)

Wer willens ist, über seine Nasenspitze hinauszusehen, hat nur zwei Möglichkeiten: angesichts des (scheinbaren) Chaos zu kapitulieren oder eine Gesetzmäßigkeit im Universum zu suchen – irgendeinen roten Faden, der einen Sinn ins Dasein bringt. Es gibt unzählige esoterische Systeme, vom eher primitiven Sonnenanbeter und Animisten bis zur vertrackten Kosmologie eines Gurdjieff. Ihnen allen gemeinsam ist der Versuch, die Welt zu erklären, ein Modell zu finden, welches dem Dasein Zweck und Ziel zuschreibt, das es zu erreichen gilt. Während sich die Wissenschaft auf die Frage nach dem Wie konzentriert, versucht die Esoterik das Warum zu ergründen.

Auf diesem Weg ist auch Wissen notwendig – neben der Entwicklung des Fühlens (hin zur echten Intuition) ist Verstehen unabdingbar. Das eine kommt nicht automatisch durch das andere, wohl aber das Verlangen danach. Wer *spürt*, dass das gesamte Sein einer Quelle entspringt, der wird früher oder später das Verlangen danach entwickeln, einen Sinn dahinter festzustellen.

Lassen Sie sich bitte nicht täuschen von der scheinbaren Einfachheit der Zahlenphilosophie. Wer nur eine Schublade sucht, in die er sich und andere einordnen kann, der hat in wenigen Minuten die notwendigen Berechnungen vorgenommen und kann sich zufrieden zurücklehnen und den Fernseher einschalten. Doch echte Sucher, die bereit sind, tiefer zu graben, werden auf einen unermesslichen Schatz stoßen. In den Zahlen 1 bis 9 (plus der Null) ist die gesamte Mathematik verborgen ... und der Bauplan des ganzen Universums! So wie der Grundschüler nicht die leiseste Ahnung haben kann von der Schönheit und Tiefe der Mathematik (obwohl er im Prinzip ihr komplettes Material kennt), vermag auch der Eleve auf dem *Weg* nicht abzuschätzen, in welchen Tiefen die Deutung von Zahl und Namen (oder des kabbalistischen Baumes oder des Enneagramms) ihn zu führen vermag.

So wie es auch angehenden Astrologen geraten wird, würde ich jedem Sucher empfehlen, ein Tagebuch anzulegen, in dem Stärken und Schwächen, Glück und Unglück, Langeweile und Begehren tagtäglich aufgezeichnet werden. Sobald man ein Muster darin entdeckt, lassen sich Unternehmungen besser planen. Ein guter Ausgangspunkt für die Suche nach Lebensrhythmen ist jenes Jahr, das man erhält, wenn man zum Geburtsjahr dessen Quersumme addiert: Jemand, der 1958 (= 23) geboren ist, wird 1981 vermutlich ein wichtiges Jahr erleben. Aber seien Sie nicht zu buchhalterisch – die Auslösung kann auch ein Jahr früher oder später eintreffen ...

Die nächste Stufe besteht darin, Zyklen in den verschiedenen Lebensbereichen (Liebe, Beruf, Kreativität usw.) zu suchen. Verwenden Sie zuerst die Grundzahl des Geburtstages, dann jene des Namens, eventuell auch die Summe aus beiden. Treffen sich zwei dieser Wellenbewegungen in einem Jahr, ist mit Sicherheit eine wichtige Lebenssituation erreicht.

Seien Sie bei alledem offen und vorurteilslos. Freuen Sie sich über jede neue »Entdeckung«, die vielleicht nichts anderes ist als eine *Erinnerung*. Bis eines Tages den unermüdlich nach (Selbst-)Erkenntnis Strebenden der Hauch der absoluten Stille streift und er zu *verstehen* beginnt. Was dann kommt, ist in Worten nicht leicht auszudrücken, doch es ist *da*, direkt in Ihnen, und die *Zahl* ist nur ein Meditationsobjekt ...

ARKANA
GOLDMANN

Persönlichkeit & Schicksal – die Zahlenmystik

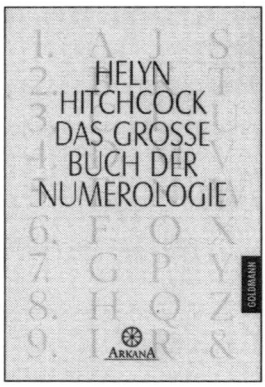

Helyn Hitchcock, Das große Buch
der Numerologie   21534

Faith Javane/Dusty Bunker,
Zahlenmystik   12248

Goldmann • Der Taschenbuch-Verlag

ARKANA
GOLDMANN

Hexen und Magie

Sandra,
Hexenrituale   12193

Sandra, Weiße Magie,
Schwarze Magie, Satanismus   21527

Starhawk,
Der Hexenkult als Ur-Religion
der Großen Göttin   12170

Enrico Malizia,
Das Hexenrezeptbuch   21538

Goldmann • Der Taschenbuch-Verlag

Der Nr.1-Bestseller in den USA
zur Schattenarbeit:

Debbie Ford, Die dunkle Seite der Lichtjäger.
Kreativität und positive Energie durch die
Arbeit am eigenen Schatten   14167

Neben den lichtvollen Seiten gehört zu unserer Persönlichkeit auch
der »Schatten« - Charakterzüge, die wir nicht wahrhaben wollen und
daher verdrängen. Erst wenn wir die Schattenseiten unseres Wesens
anerkennen und heilen, können wir Zufriedenheit, innere Ausge-
glichenheit und tiefes Wohlbefinden erlangen. Debbie Ford ermutigt
jeden, sich den Abgründen und Ängsten der eigenen Psyche zu stellen.

GANZHEITLICH HEILEN

ARKANA
GOLDMANN

Engel-Kräfte

John Randolph Price,
Engel-Kräfte   21517

Terry L. Taylor / Mary B. Grain,
Engelweisheit   21584

Terry L. Taylor, Lichtvolle Wege zu
deinem Engel   12201

Terry L. Taylor, Warum Engel
fliegen können   12117

Goldmann • Der Taschenbuch-Verlag

ARKANA
GOLDMANN

Hühnersuppe für die Seele

Canfield/Hansen, Hühnersuppe
für die Seele – Für Frauen   21546

Canfield/Hansen, Hühnersuppe
für die Seele – Für Mütter   21564

Canfield/Hansen, Hühnersuppe
für die Seele – Für Partner   21565

Canfield/Hansen, Hühnersuppe
für die Seele – Für Tierfreunde 21563

Goldmann • Der Taschenbuch-Verlag

ARKANA
GOLDMANN

Tarot-Bücher von Hajo Banzhaf

Der Crowley-Tarot   21500
als Set mit einem Crowley-
Tarotkarten-Deck: 21537

Das Tarot-Handbuch   21503

Tarot-Deutungsbeispiele   21502

Tarot als Wegbegleiter   21501

Goldmann • Der Taschenbuch-Verlag

ARKANA
GOLDMANN

Bestseller von Thorwald Dethlefsen

Krankheit als Weg
(mit Ruediger Dahlke)   21558

Schicksal als Chance   11723

Das Leben nach dem Leben   11748

Das Erlebnis der Wiedergeburt 11749

Goldmann • Der Taschenbuch-Verlag

GOLDMANN

Bitte senden Sie mir das neue kostenlose Gesamtverzeichnis

Name: _____

Straße: _____

PLZ / Ort: _____